가장 쉬운 독학
일본어 단어장

지은이 **김연수**

 동양북스

가장 쉬운 독학
일본어 단어장

초판 인쇄 | 2016년 10월 5일
초판 6쇄 | 2022년 1월 5일

지은이 | 김연수
발행인 | 김태웅
편 집 | 길혜진, 이선민
디자인 | 남은혜, 신효선
일러스트 | 이원준
마케팅 | 나재승
제 작 | 현대순

발행처 | 동양북스
등 록 | 제 2014-000055호(2014년 2월 7일)
주 소 | 서울시 마포구 동교로22길 14 (04030)
구입 문의 | 전화 (02)337-1737   팩스 (02)334-6624
내용 문의 | 전화 (02)334-6624   dybooks2@gmail.com

ISBN 979-11-5703-202-0 03730
이 도서의 국립중앙도서관 출판예정도서목록(CIP)은 서지정보유통지원시스템 홈페이지
(http://seoji.nl.go.kr)와 국가자료공동목록시스템(http://www.nl.go.kr/kolisnet)에서 이용하실 수
있습니다.(CIP제어번호: CIP2016021284)

▶ 본 책은 저작권법에 의해 보호를 받는 저작물이므로 무단 전재와 복제를 금합니다.
▶ 잘못된 책은 구입처에서 교환해드립니다.
▶ 도서출판 동양북스에서는 소중한 원고, 새로운 기획을 기다리고 있습니다.
   http://www.dongyangbooks.com

　　우리는 남보다 더 나은 실력을 갖추지 않으면 살아남기 힘든 치열한 경쟁 속에서 살고 있습니다. 대부분의 사람들은 그 경쟁력을 높이기 위해 어학 공부를 선택하고 있습니다. 영어는 필수 언어가 되어 버렸고, 제2외국어로 차별을 두려는 사람들이 늘고 있습니다.

　　일본어를 공부하는 사람들의 동기나 목적은 제각기 다르겠지만 자신의 경쟁력을 한 단계 높이고자 하는 목표는 동일하다고 봅니다. 일본어 회화를 공부하고 싶은 사람은 회화를 배울 것이고, JPT나 JLPT를 볼 사람은 문법을 공부하고 문제를 풀 것입니다. 이러한 일본어 공부의 기본이 되는 것은 무엇일까요? 바로 어휘입니다. 단어 실력이 뛰어나야 문법도 회화도 잘할 수 있고 시험에도 합격할 수 있는 것입니다. 어학 공부에서 어휘의 중요성은 아무리 강조해도 지나침이 없습니다.

　　이 책은 하루 일과를 7개의 파트로 나누고, 그 안에 각각 5개의 상황을 넣어 우리 생활에 밀접한 생활단어로 구성했습니다. 그러므로 회화를 공부하는 분들께는 적극 권장하고 싶습니다. 또한 일본어능력시험 등에 자주 나오는 단어도 함께 수록되어 있어서 시험을 대비하는 분들에게도 많은 도움이 되리라 확신합니다.

　　일본어는 우리말과 어순이 같고 한자도 비슷하게 사용하고 있어서 단어를 외우다 보면 쉽게 문장을 만들 수 있고, 한자 학습에도 도움이 됩니다. 이렇게 단어 실력이 쌓여 가면 여러분 스스로 일본어 실력이 하루가 다르게 늘어가는 것을 느끼게 될 겁니다.

　　외국어 학습은 시간, 노력, 의욕의 삼박자에 좋은 교재가 뒷받침되면 금상첨화겠지요. 아무쪼록 이 단어장이 여러분의 일본어 공부에 밑거름이 되어 더 쉽고 편하게 일본어 공부를 할 수 있게 되길 바랍니다.

김연수 드림

이 책은 일상생활에서 잘 사용되는 단어를 예문과 함께 익힐 수 있는 초급 단어장입니다. **총 7개의 PART**이며, 하나의 PART는 **5개의 scene으로 구성**되어 있습니다. 각 scene은 주제에 맞는 단어와 예문으로 정리되어 있습니다. 발음을 확인할 수 있는 MP3 파일과 글자를 가릴 수 있는 셀로판지를 함께 이용하여 더욱 효과적으로 학습해 보세요.

■ PART

하루 일과를 7개의 PART로 나누어 단어를 정리하였습니다. 일상생활에 자주 쓰이는 단어들로 구성했으며, 일본 현지에서도 매우 유용합니다.

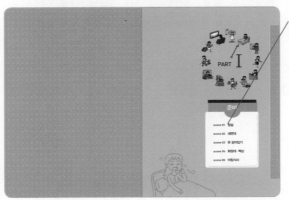

5개의 scene
각 PART는 일상생활의 한 장면을 주제로 한 5개의 scene으로 구성되어 있습니다.

▪ scene

해당 scene의 주요 단어를 한눈에 볼 수 있는 그림을 통해 더욱 재미있게 단어를 공부해 보세요.

scene의 주요 단어들 MP3 파일을 들으면서 발음을 따라해 보세요. 단어 앞의 번호는 MP3 파일의 발음 순서입니다.

▪ 예문으로 익히는 생활단어

해당 scene에 관련된 단어들을 예문과 함께 정리하였습니다.

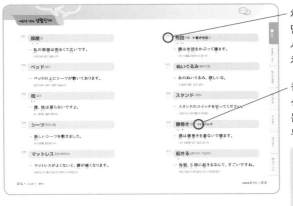

체크박스
단어 왼쪽의 체크박스를 사용하여 암기한 단어를 체크하며 공부해 보세요.

참고 내용
생활단어 옆에 참고가 되는 단어와 설명을 정리해 두었습니다.

= 유의어
↔ 반대어
※ 관련 단어 및 추가 설명

■ 실력을 확인해보는 **연습문제**

생활단어에서 암기한 내용을 한 번 더 확인해 볼 수 있도록 연습문제 페이지를
마련하였습니다.

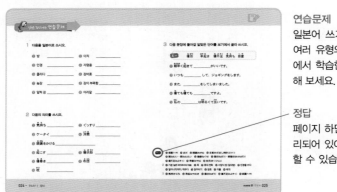

연습문제
일본어 쓰기, 뜻 쓰기 등
여러 유형의 문제들로 앞
에서 학습한 내용을 확인
해 보세요.

정답
페이지 하단에 정답이 정
리되어 있어 손쉽게 확인
할 수 있습니다.

■ 알아두면 더 좋은 **보충단어**

여러 가지 작은 주제들을 모아 단어를 정리하였습니다.

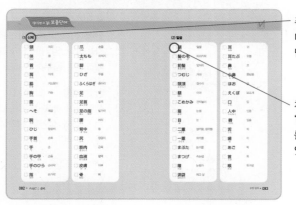

주제별 보충단어
다양한 주제로 정리된 보충
단어들도 학습해 보세요.

체크박스
'생활단어'처럼 체크박스
를 활용하여 학습할 수
있습니다.

■ 찾아보기

생활단어를 오십음도순으로 나열하였습니다. 단어를 찾아보기 쉽도록 단어의
페이지 번호를 함께 표기하였습니다.

오십음도순 정렬
오십음도순으로 분류하
여 한눈에 알아보기 쉽습
니다.

페이지 번호 표기
페이지 번호를 표기하여
단어를 쉽게 찾을 수 있습
니다.

학습자료 활용법 !

■ MP3 파일

단어와 예문의 정확한 일본어 발음을 확인할 수 있습니다. 원어민의
음성을 듣고 발음을 따라해 보세요.
MP3 파일은 동양북스 홈페이지(http://www.dongyangbooks.com)
〈도서자료실〉과 '콜롬북스' 어플에서 무료로 다운로드 받으실 수 있습
니다.

■ 셀로판지

생활단어의 뜻, 한자 읽는 법, 예문의 해석은 빨간 셀로판지로 가릴 수
있으니 암기 확인용으로 사용하세요.

차례

PART I

준비

寝室 침실
しん しつ

❶ 部屋 방
　へ や

❷ スタンド
　스탠드

❸ 眼鏡
　め がね
　안경

❹ ケータイ
　휴대 전화

⑫ 目覚まし時計 자명종
　め ざ　　 ど けい

⑪ ベッド
　침대

⑩ 枕 베개
　まくら

❾ ぬいぐるみ
　봉제 인형

❽ 寝巻き 잠옷
　ね ま

❺ シーツ 침대 시트

❻ マットレス 침대 매트리스

❼ 布団 이불
　ふ とん

⑬ **起きる** 일어나다, 기상하다
　お

⑭ **起こす** 일어나게 하다, 깨우다
　お

⑮ **眠い** 졸리다
　ねむ

⑯ **寝不足** 잠이 부족함
　ね ぶ そく

⑰ **あくび** 하품

⑱ **伸び** 기지개
　の

⑲ **寝坊** 늦잠
　ね ぼう

⑳ **早起き** 일찍 일어남
　はや お

㉑ **片付ける** 정리하다
　かた づ

㉒ **洋間** 서양식 방 (침대방)
　よう ま

㉓ **和室** 다다미방, 일본식 방
　わ しつ

I 준비

II 출근·등교

III 사회생활

IV 집안일

V 외출 1

VI 외출 2

VII 개인시간

0001 ☐ **部屋** 방
へ や

···→ 私の部屋は明るくて広いです。
わたし へ や あか ひろ

나의 방은 밝고 넓습니다.

0002 ☐ **ベッド** 침대

···→ ベッドの上にシーツが敷いてあります。
うえ し

침대 위에 시트가 깔려 있습니다.

0003 ☐ **枕** 베개
まくら

···→ 僕、枕は要らないですよ。
ぼく まくら い

저, 베개는 필요 없어요.

0004 ☐ **シーツ** 침대 시트

···→ 新しいシーツを敷きました。
あたら し

새 시트를 깔았습니다.

0005 ☐ **マットレス** 침대 매트리스

···→ マットレスがよくないと、腰が痛くなります。
こし いた

매트리스가 좋지 않으면 허리가 아파집니다.

0006

☐ **布団** 이불 ※**敷き布団** 요
ふ とん　　　　 し ぶ とん

⋯ **僕は布団をかぶって寝ます。**
ぼく　 ふ とん　　　　　　　 ね

나는 이불을 덮어쓰고 잡니다.

0007

☐ **ぬいぐるみ** 봉제.인형

⋯ **あのぬいぐるみ、欲しいな。**
ほ

저 봉제 인형, 갖고 싶다.

0008

☐ **スタンド** 스탠드

⋯ **スタンドのスイッチを切ってください。**
き

스탠드의 스위치를 꺼 주세요.

0009

☐ **寝巻き** 잠옷 ＝**パジャマ**
ね ま

⋯ **僕は寝巻きを着ないで寝ます。**
ぼく 　ね ま　　 き　　　　 ね

나는 잠옷을 입지 않고 잡니다.

0010

☐ **起きる** 일어나다. 기상하다
お

⋯ **毎朝、5時に起きるなんて、すごいですね。**
まいあさ　 ご じ　 お

매일 아침 5시에 일어나다니 대단하네요.

I 준비

II 출근·등교

III 사회생활

IV 집안일

V 외출 1

VI 외출 2

VII 개인 시간

0011

☐ **起こす** 일어나게 하다, 깨우다
　　お

⋯▸ **母が子供を起こしています。**
　　はは　　こども　　お

엄마가 아이를 깨우고 있습니다.

0012

☐ **目覚まし時計** 자명종　=アラーム
　　め　ざ　　　　どけい

⋯▸ **目覚まし時計が鳴っても、起きにくいです。**
　　め　ざ　　　どけい　　な　　　　　　　お

자명종이 울려도 일어나기 어렵습니다.

0013

☐ **眼鏡** 안경　※ サングラス 선글라스
　　め　がね

⋯▸ **これは父の眼鏡です。**
　　　　ちち　め　がね

이것은 아버지의 안경입니다.

0014

☐ **ケータイ** 휴대 전화　=携帯(電話)
　　　　　　　　　　　　けいたい　でん　わ

⋯▸ **最近のケータイはデザインもいいし、性能もいい。**
　　さいきん　　　　　　　　　　　　　　　　　　せいのう

최근의 휴대 전화는 디자인도 좋고 성능도 좋다.

0015

☐ **眠い** 졸리다　=眠たい
　　ねむ　　　　　　　ねむ

⋯▸ **彼は眠い目をしています。**
　　かれ　ねむ　め

그는 졸린 눈을 하고 있습니다.

0016 ☐
寝不足 잠이 부족함
ね ぶ そく

⋯→ 寝ても寝ても寝不足ですよ。
　　ね　　　ね　　　ねぶそく

자도 자도 잠이 부족해요.

0017 ☐
あくび 하품

⋯→ あくびをしている人が山下さんです。
　　　　　　　　　ひと　やました

하품을 하고 있는 사람이 야마시타 씨입니다.

0018 ☐
伸び 기지개
の

⋯→ 伸びをしながら、あくびをします。
　　の

기지개를 켜면서 하품을 합니다.

0019 ☐
寝坊 늦잠 ＝朝寝坊 ※寝坊する 늦잠 자다
ね ぼう　　　あさ ね ぼう　　　　ね ぼう

⋯→ また、寝坊をしてしまいました。
　　　　　ね ぼう

또 늦잠을 자 버렸습니다.

0020 ☐
早起き 일찍 일어남
はや お

⋯→ いつも早起きして、ジョギングをします。
　　　　　はや お

항상 일찍 일어나서 조깅을 합니다.

Ⅰ 준비
Ⅱ 출근·등교
Ⅲ 사회생활
Ⅳ 집안일
Ⅴ 외출 1
Ⅵ 외출 2
Ⅶ 개인 시간

0021

片付ける 정리하다
かた づ

⋯ 自分の部屋ぐらい、自分で片付けなさい。
じ ぶん へ や じ ぶん かた づ

자기 방 정도는 스스로 정리하렴.

0022

洋間 서양식 방 (침대방) =洋室
よう ま ようしつ

⋯ この部屋は洋間で、ベッドがついています。
へ や ようま

이 방은 서양식 방으로 침대가 딸려 있습니다.

0023

和室 다다미방, 일본식 방
わ しつ

⋯ 和室は日本の伝統的な部屋です。
わ しつ に ほん でんとうてき へ や

다다미방은 일본의 전통적인 방입니다.

0024

かける (안경을) 쓰다, (전화를) 걸다, (걱정을) 끼치다, 걸다, 앉다, (파마를) 하다, (다림질) 하다, 잠그다

⋯ 目が悪くて眼鏡をかけています。
め わる め がね

눈이 나빠서 안경을 쓰고 있습니다.

⋯ 夕べ、友達は私に電話をかけました。
ゆう ともだち わたし でん わ

어젯밤 친구는 나에게 전화를 걸었습니다.

018 • PART I 준비

… **両親に心配をかけてしまった。**
りょうしん　　しんぱい
부모님에게 걱정을 끼치고 말았다.

… **壁に絵がかけてあります。**
かべ　え
벽에 그림이 걸려 있습니다.

… **椅子におかけになってください。**
いす
의자에 앉아 주세요.

… **パーマをかけました。**
파마를 했습니다.

… **アイロンをかけています。**
다림질을 하고 있습니다.

… **ドアの鍵をかけました。**
かぎ
문의 열쇠를 잠갔습니다.

0025

はずす (안경을) 벗다, 떼내다, (자리를) 비우다

… **眼鏡をはずして、コンタクトをします。**
め　がね
안경을 벗고 콘택트렌즈를 합니다.

… **壁の絵をはずしてください。**
かべ　え
벽의 그림을 떼 주세요.

… **席をはずしています。**
せき
자리를 비우고 있습니다.

0026 ☐

気分 기분 (몸의 상태에 따라 좌우되는 마음) ※ **気分転換** 기분 전환
きぶん   き ぶん てん かん

···▸ **よく寝て気分がいいです。**
         ね   き ぶん

잘 자서 기분이 좋습니다.

0027 ☐

気持ち 기분 (넓은 의미로서의 마음)
き も

···▸ **朝早く起きて気持ちがいいです。**
   あさはや お   き も

아침 일찍 일어나서 기분이 좋습니다.

0028 ☐

まだ 아직

···▸ **彼女はまだ寝ています。**
   かのじょ   ね

그녀는 아직 자고 있습니다.

0029 ☐

また 또, 다시

···▸ **また、寝坊したので急がなければなりません。**
       ね ぼう   いそ

또 늦잠 자서 서두르지 않으면 안 됩니다.

0030 ☐

鳴る (시계 따위가) 울리다 ※ **なる** 되다
な

···▸ **朝、時計が鳴らなくて起きられなかった。**
   あさ と けい な   お

아침에 시계가 울리지 않아서 일어나지 못했다.

0031

□

鳴らす (시계, 종 따위를) 울리다
な

⋯▸ 昔は鐘を鳴らして、時間を知らせた。
むかし かね な じ かん し

옛날에는 종을 울려서 시간을 알렸다.

0032

□

しまう 안에 넣다, 간수하다 ※ ~てしまう ~해 버리다

⋯▸ 押し入れに布団をしまいました。
お い ふ とん

붙박이장에 이불을 넣었습니다.

0033

□

ぐっすり 푹(깊이 잠든 모양)

⋯▸ ぐっすり寝て、気分爽快です。
ね き ぶんそうかい

푹 자서 기분이 상쾌합니다.

0034

□

やっと 겨우

⋯▸ やっと目が覚めました。
め さ

겨우 눈이 떠졌습니다.

0035

□

覚める 떠지다, 깨다 ※冷める 식다
さ　　　　　　　　　　　　　　さ

⋯▸ 大きな音で目が覚めた。
おお おと め さ

큰 소리에 눈이 떠졌다.

Ⅰ 준비

Ⅱ 출근·등교

Ⅲ 사회생활

Ⅳ 집안일

Ⅴ 외출1

Ⅵ 외출2

Ⅶ 개인시간

0036

覚ます 뜨다, 깨다
さ

···▶ 鳥の声を聞いて目を覚ましました。
とり こえ き め さ

새소리를 듣고 눈을 떴습니다.

0037

人形 인형
にんぎょう

···▶ 昔、姉と人形を持ってよく遊びました。
むかし あね にんぎょう も あそ

옛날에 언니와 인형을 가지고 자주 놀았습니다.

0038

枕元 머리맡
まくらもと

···▶ 枕元に何かありますよ。
まくらもと なに

머리맡에 뭔가 있어요.

0039

畳 다다미 (마루방에 까는 일본식 돗자리)
たたみ

···▶ 僕の部屋は畳の和室です。
ぼく へや たたみ わしつ

내 방은 다다미로 된 일본식 방입니다.

0040

寝起き 자고 일어났을 때의 기분, 자고 일어나는 것
ね お

···▶ あなたは寝起きがいい方ですか。
ね お ほう

당신은 자고 일어났을 때 기분이 괜찮은 편입니까?

0041

二度寝 다시 잠
にどね

⋯➤ 眠くて、二度寝してしまいました。
　　ねむ　　　にどね

졸려서 다시 자 버렸습니다.

0042

寝坊助 잠꾸러기
ねぼすけ

⋯➤ 寝坊助でいつも遅れます。
　　ねぼすけ　　　　おく

잠꾸러기라서 항상 늦습니다.

0043

寝癖 잠버릇
ねぐせ

⋯➤ あいつは寝癖が悪いんだから、気をつけて。
　　　　　ねぐせ　わる　　　　　　き

저 녀석은 잠버릇이 나쁘니까 조심해.

0044

目やに 눈곱
め

⋯➤ 目やにがたまってるよ。
　　め

눈곱이 꼈어요.

0045

早寝 일찍 잠
はやね

⋯➤ 夕べ早寝して、今日の調子よさそうだな。
　　ゆう　はやね　　　きょう　ちょうし

어젯밤 일찍 자서 오늘 컨디션 좋을 것 같아.

Ⅰ 준비

Ⅱ 출근·등교

Ⅲ 사회생활

Ⅳ 집안일

Ⅴ 외출 1

Ⅵ 외출 2

Ⅶ 개인 시간

실력을 확인해보는 연습문제

1 다음을 일본어로 쓰시오.

❶ 방 _____　❷ 아직 _____

❸ 안경 _____　❹ 자명종 _____

❺ 졸리다 _____　❻ 잠버릇 _____

❼ 늦잠 _____　❽ 잠이 부족함 _____

❾ 일찍 잠 _____　❿ 머리맡 _____

2 다음의 의미를 쓰시오.

❶ 気持ち _____　❷ ぐっすり _____

❸ ケータイ _____　❹ 洋間 _____

❺ 眼鏡をかける _____

❻ 起こす _____　❼ 寝坊助 _____

❽ 寝巻き _____　❾ 布団 _____

❿ 枕 _____

3 다음 문장에 들어갈 알맞은 단어를 보기에서 골라 쓰시오.

> 보기　　　寝坊（ねぼう）　早起き（はやお）　寝不足（ねぶそく）　気持ち（きも）　部屋（へや）

① 朝早く起きて（あさはや）（お）＿＿＿＿＿＿＿＿がいいです。

② いつも＿＿＿＿＿＿＿＿ して、ジョギングをします。

③ また、＿＿＿＿＿＿＿＿をしてしまいました。

④ 寝ても寝ても（ね）（ね）＿＿＿＿＿＿＿＿ですよ。

⑤ 私の（わたし）＿＿＿＿＿＿＿＿は明るくて広いです。（あか）（ひろ）

scene 02 洗面所 세면대
せん めん じょ

❶ 洗顔 세수
せんがん

❷ 歯ブラシ 칫솔
は

❸ 電動歯ブラシ
でんどう は
전동칫솔

❹ 歯ブラシ立て
は　　　　　た
칫솔걸이

❺ ティッシュ
티슈

❻ 剃刀
かみそり
면도기

❼ せっけん 비누

❽ せっけん置き
비누 받침대 お

❾ 蛇口 수도꼭지
じゃぐち

⓿ スリッパ 슬리퍼

⓫ 水 물
みず

⓬ タオル
수건

⓭ タオルかけ
수건걸이

⓮ 鏡 거울
かがみ

⓯ 歯磨き粉 치약
は みが こ

⑯ **トイレットペーパー**
두루마리 휴지

⑰ **便座** 변기
べんざ

⑱ **トイレ** 화장실

⑲ **流す** 흘려보내다. (물을) 내리다
なが

⑳ **洗う** 씻다. 감다
あら

㉑ **詰まる** 막히다
つ

㉒ **拭く** (물기를) 닦다
ふ

㉓ **磨く** (윤이 나게) 닦다
みが

㉔ **うがい** 가글

㉕ **漱ぐ** (입안을) 헹구다
すす

Ⅰ 준비
Ⅱ 출근·등교
Ⅲ 사회생활
Ⅳ 집안일
Ⅴ 외출1
Ⅵ 외출2
Ⅶ 개인시간

0046
鏡 거울
かがみ

⋯▸ 鏡の前に立っている人は誰でしょうか。
かがみ　まえ　た　　　　　　ひと　だれ

거울 앞에 서 있는 사람은 누구일까요?

0047
水 물
みず

⋯▸ 水が冷たいです。
みず　つめ

물이 차갑습니다.

0048
蛇口 수도꼭지
じゃぐち

⋯▸ 蛇口から水が出ています。
じゃぐち　　　みず　で

수도꼭지에서 물이 나오고 있습니다.

0049
洗う 씻다, 감다　※皿を洗う 설거지하다
あら　　　　　　　　　　　　さら　あら

⋯▸ 顔を洗ってください。　얼굴을 씻어 주세요.
かお　あら

⋯▸ 髪を洗っています。　머리를 감고 있습니다.
かみ　あら

0050
磨く (윤이 나게) 닦다
みが

⋯▸ 一日三回、歯を磨いています。
いちにちさんかい　は　みが

하루 세 번 이를 닦고 있습니다.

0051 □ **せっけん** 비누

⋯▸ せっけんで手を洗います。

비누로 손을 씻습니다.

0052 □ **せっけん置き** 비누 받침대

⋯▸ せっけん置きにせっけんがありません。

비누 받침대에 비누가 없습니다.

0053 □ **タオル** 수건

⋯▸ タオルを持って来てください。

수건을 가지고 와 주세요.

0054 □ **タオルかけ** 수건걸이

⋯▸ タオルはタオルかけにちゃんとかけておきました。

수건은 수건걸이에 잘 걸어 놓았습니다,

0055 □ **歯ブラシ** 칫솔

⋯▸ 歯ブラシで歯を磨きます。

칫솔로 이를 닦습니다.

I 준비

II 출근·등교

III 사회생활

IV 집안일

V 외출 1

VI 외출 2

VII 개인 시간

0056

☐

歯ブラシ立て 칫솔걸이
は　　　　　　　た

⋯▸ たまには歯ブラシ立ても洗わなければなりません。
　　　　　　は　　　た　　　　あら

가끔은 칫솔걸이도 씻지 않으면 안 됩니다.

0057

☐

電動歯ブラシ 전동칫솔
でんどう は

⋯▸ 電動歯ブラシは便利だからよく使われている。
　でんどう は　　　　べん り　　　　　　つか

전동칫솔은 편리해서 자주 사용되고 있다.

0058

☐

歯磨き粉 치약 = 歯磨き(歯磨きは 양치질의 의미도 있음)
は みが こ　　　　　　　　は みが　　は みが

⋯▸ 歯磨き粉は食べてはいけません。
　は みが こ　　た

치약을 먹어서는 안 됩니다.

0059

☐

剃刀 면도기
かみそり

⋯▸ 剃刀に気をつけてください。
　かみそり　き

면도기를 조심하세요.

0060

☐

剃る 면도하다
そ

⋯▸ ひげを剃っています。
　　　　そ

수염을 깎고 있습니다.

0061

スリッパ 슬리퍼

···▶ スリッパを履きます。

슬리퍼를 신습니다.

0062

ティッシュ 티슈

···▶ ティッシュを無駄に使わないでください。

티슈를 낭비해서 사용하지 마세요.

0063

洗顔 세수
せんがん

···▶ 洗顔はきれいなはだのためにもとても大切ですよ。
せんがん　　　　　　　　　　　　　　　　　　　　たいせつ

세수는 깨끗한 피부를 위해서도 아주 중요해요.

0064

トイレ 화장실 ＝お手洗い
て あら

···▶ トイレはどこですか。

화장실은 어디입니까?

便座 변기 ＝便器
べん ざ　　　　　べん き

···▶ 便座に座っています。
べん ざ　 すわ

변기에 앉아 있습니다.

I 준비

II 출근·등교

III 사회생활

IV 집안일

V 외출 1

VI 외출 2

VII 개인 시간

0066 トイレットペーパー 두루마리 휴지

···→ トイレットペーパーはトイレで使います。

두루마리 휴지는 화장실에서 사용합니다.

0067 流す 흘려보내다, (물을) 내리다 ※ 流れる 흐르다

···→ 水を流しています。

물을 흘려보내고 있습니다.

0068 詰まる 막히다 ※ 鼻が詰まる 코가 막히다

···→ 便器が詰まって水が流れません。

변기가 막혀서 물이 내려가지 않습니다.

0069 拭く (물기를) 닦다 ※ 吹く (바람이) 불다

···→ タオルで顔を拭きます。

수건으로 얼굴을 닦습니다.

0070 うがい 가글 ※ うがいする (가글하듯이) 헹구다

···→ うがいをしています。

입안을 헹구고 있습니다.

0071 ☐ 漱ぐ (입안을) 헹구다 ※ 濯ぐ (옷을) 헹구다
すす　　　　　　　　　　すす

⋯▶ 歯を磨いてから、口の中を漱ぎます。
　　は　みが　　　　　くち　なか　すす

　　이를 닦고 나서 입안을 헹굽니다.

0072 ☐ 入る 들어가다 ※ 예외적 1그룹 동사 ※ お風呂に入る 목욕하다
はい　　　　　　　　　　　　　　　　　ふ　ろ　はい

⋯▶ 朝起きて、まずトイレに入ります。
　　あさお　　　　　　　　　　はい

　　아침에 일어나서 먼저 화장실에 갑니다.

0073 ☐ 止める 잠그다, 세우다, 멈추다
と

⋯▶ 水を止めてください。
　　みず　と

　　물을 잠가 주세요.

⋯▶ 車を止めてください。
　　くるま　と

　　차를 세워 주세요.

0074 ☐ 止まる 멈추다, 서다, 멎다 ※ 泊まる 묵다, 숙박하다
と　　　　　　　　　　　　　　　　と

⋯▶ 電動歯ブラシが止まってしまった。
　　でんどうは　　　　　　　と

　　전동칫솔이 멈춰 버렸다.

Ⅰ 준비

Ⅱ 출근·등교

Ⅲ 사회생활

Ⅳ 집안일

Ⅴ 외출 1

Ⅵ 외출 2

Ⅶ 개인 시간

0075
切れる 다 떨어지다, 끊어지다 ※**切る** 끊다, 자르다
き

…⟩ トイレットペーパーが切れています。
き

두루마리 휴지가 다 떨어졌습니다.

…⟩ 電気が切れています。
でん き き

전기가 끊어져 있습니다.

0076
伸ばす 기르다, 펴다, 뻗다 ※**延ばす** 연기하다, 미루다
の の

…⟩ ひげを剃らないで、伸ばしています。
そ の

수염을 깎지 않고 기르고 있습니다.

0077
伸びる 자라다
の

…⟩ 子供の背が3センチ伸びました。
こ ども せ さん の

아이의 키가 3센티미터 자랐습니다.

0078
洗面道具 세면도구
せんめんどう ぐ

…⟩ 旅行に洗面道具は必須です。
りょこう せんめんどう ぐ ひっ す

여행에 세면도구는 필수입니다.

0079 **コンタクトレンズ** 콘택트렌즈

⋯▸ 外に出る時はコンタクトレンズをつけます。
そと で とき
밖에 나갈 때는 콘택트렌즈를 낍니다.

0080 **おしっこ** 소변, 오줌

⋯▸ 男の子がおしっこをしている。
おとこ こ
남자아이가 소변을 누고 있다.

0081 **故障する** 고장 나다
こ しょう

⋯▸ 便器が故障していて使えません。
べん き こ しょう つか
변기가 고장 나서 사용할 수 없습니다.

0082 **漏れる** 새다
も

⋯▸ 便器が故障して水が漏れている。
べん き こ しょう みず も
변기가 고장 나서 물이 새고 있다.

0083 **しぼりだす** 짜다, 쥐어 짜다

⋯▸ 歯磨き粉をしぼりだします。
は みが こ
치약을 짭니다.

Ⅰ 준비

Ⅱ 출근·등교

Ⅲ 사회생활

Ⅳ 집안일

Ⅴ 외출 1

Ⅵ 외출 2

Ⅶ 개인 시간

0084

☐ **むくむ** (수분 섭취로) 붓다 ※ **腫れる** (병, 상처로) 붓다
　　　　　　　　　　　　　　　は

⋯→ 夕べ、ラーメンを食べて顔がむくんでいる。
　　ゆう　　　　　　　た　　かお

　어젯밤 라면을 먹어서 얼굴이 부어 있다.

0085

☐ **方** 쪽, 편 ※ **方** 분(사람), 방법
　　　　　　　かた
　ほう

⋯→ トイレはまっすぐ行って右の方です。
　　　　　　　　　　　い　　みぎ　ほう

　화장실은 똑바로 가서 오른쪽 편입니다.

0086

☐ **つもり** 예정, (속)셈

⋯→ 朝起きてひげを剃るつもりでした。
　　あさ お　　　　　　そ

　아침에 일어나서 수염을 깎을 예정이었습니다.

0087

☐ **自分** 자기, 자신
　じ ぶん

⋯→ 鏡で自分の顔を見ている。
　　かがみ　じ ぶん　かお　み

　거울로 자기 얼굴을 보고 있다.

0088

☐ **一人で** 혼자서 ※ **一人暮らし** 독신 생활
　　　　　　　　　ひとり ぐ
　ひとり

⋯→ 私は一人で暮らしています。
　　わたし　ひとり　く

　나는 혼자서 생활하고 있습니다.

0089
☐ **ビデ** 비데

⋯⋯ ビデを使うのが、すっきりしますね。

비데를 사용하는 것이 개운하네요.

0090
☐ **虫歯** 충치
    むし ば

⋯⋯ 虫歯になる前にしっかり歯を磨きましょう。

충치가 생기기 전에 확실하게 이를 닦읍시다.

0091
☐ **あごひげ** 턱수염 ※ 口ひげ 콧수염
                              くち

⋯⋯ あごひげが伸びて剃らなければならない。

턱수염이 자라서 면도하지 않으면 안 된다.

0092
☐ **素顔** 민낯
    す がお

⋯⋯ お前は素顔の方がきれいなんだ。

너는 민낯이 예뻐.

0093
☐ **素肌** 맨몸, 맨살
    す はだ

⋯⋯ 素肌のままセーターを着ました。

맨몸에 스웨터를 입었습니다.

1 **다음을 일본어로 쓰시오.**

❶ 거울 _____

❷ 칫솔 _____

❸ 화장실 _____

❹ 치약 _____

❺ 비누 _____

❻ 면도기 _____

❼ 수건 _____

❽ 고장 나다 _____

❾ 물 _____

❿ 비데 _____

2 **다음을 연결하여 문장을 완성하시오.**

❶ 顔を   ・   ・ 磨く。

❷ 歯を   ・   ・ 切れる。

❸ ひげを   ・   ・ 止める。

❹ 電気が   ・   ・ 剃る。

❺ 水を   ・   ・ 洗う。

3 다음의 의미를 쓰시오.

① 顔を洗う _____ ② 水を流す _____

③ 歯を磨く _____ ④ 蛇口 _____

⑤ トイレットペーパー _____

⑥ 漏れる _____ ⑦ 洗面道具 _____

⑧ むくむ _____ ⑨ 素顔 _____

⑩ スリッパを履く _____

정답 1 ❶ 鏡(かがみ)　❷ 歯(は)ブラシ　❸ トイレ・お手洗(てあら)い
　　　❹ 歯磨(はみが)き粉(こ)・歯磨(はみが)き　❺ せっけん　❻ 剃刀(かみそり)　❼ タオル
　　　❽ 故障(こしょう)する　❾ 水(みず)　❿ ビデ
　　2 ❶ 洗(あら)う。❷ 磨(みが)く。❸ 剃(そ)る。❹ 切(き)れる。❺ 止(と)める。
　　3 ❶ 얼굴을 씻다　❷ 물을 흘려보내다, 물을 내리다　❸ 이를 닦다　❹ 수도꼭지　❺ 두루마리 휴지
　　　❻ 새다　❼ 세면도구　❽ (수분 섭취로) 붓다　❾ 민낯　❿ 슬리퍼를 신다

着替え 옷 갈아입기
きが

①服 옷
ふく

⑭ ハンガー 옷걸이

⑬ 洋服ダンス
ようふく
옷장

②ボタン 단추

⑫下着 속옷
したぎ

⑪ ブラウス
블라우스

③財布 지갑
さいふ

⑩袖 소매
そで

④ハンカチ
손수건

⑨ ファスナー
지퍼

⑤ ハンドバッグ
핸드백

⑥ スカート
치마

⑧ ストッキング
스타킹

⑦ ハイヒール 하이힐

⑮ **持つ** 들다, 지니다
　　も

⑯ **着替える** 갈아입다
　　き　が

⑰ **着こなす** 맵시 있게 입다
　　き

⑱ **着る** 입다
　　き

⑲ **かぶる** 덮어쓰다

⑳ **はめる** (시계를) 차다, (반지를) 끼다

㉑ **履く** 신다, (바지, 치마를) 입다
　　は

㉒ **しめる** (벨트, 넥타이를) 착용하다

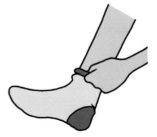

I 준비

II 출근·등교

III 사회생활

IV 집안일

V 외출 1

VI 외출 2

VII 개인 시간

0094

服 옷 ※ **服装** 복장
ふく　　ふく そう

…▶ 彼女は服が多い方です。
　　かのじょ　ふく　おお　ほう

그녀는 옷이 많은 편입니다.

0095

着る 입다 ※ **切る** 자르다, 끄다, 썰다
き　　　　　き

…▶ 彼女は僕が買ってあげた服を着ています。
　　かのじょ　ぼく　か　　　　　　ふく　き

그녀는 내가 사 준 옷을 입고 있습니다.

0096

ブラウス 블라우스

…▶ 彼女は高いブラウスを着てますね。
　　かのじょ　たか　　　　　　　　き

그녀는 비싼 블라우스를 입고 있네요.

0097

袖 소매 ※ **半袖** 반소매, **そでなし** 민소매
そで　　　　はんそで

…▶ 勉強にじゃまで袖をまくりました。
　　べんきょう　　　　そで

공부에 방해되어 소매를 걷었습니다.

0098

ボタン 단추 ※ **とれる** (단추가) 떨어지다

…▶ ボタンがとれてしまいました。

단추가 떨어져 버렸습니다.

0099

スカート 치마

⋯▶ 最近は短いスカートが流行っていますよ。
さいきん　みじか　　　　　　　　　　　はや

최근에는 짧은 치마가 유행하고 있어요.

0100

ファスナー 지퍼

⋯▶ この服はファスナーが壊れて、着られません。
ふく　　　　　　　　　こわ　　　き

이 옷은 지퍼가 고장 나서 입을 수가 없습니다.

0101

下着 속옷 ※上着 웃옷
うわぎ
した ぎ

⋯▶ プレゼントで下着をもらいました。
した ぎ

선물로 속옷을 받았습니다.

0102

ハンカチ 손수건

⋯▶ このハンカチは母が作ってくれたものです。
はは　つく

이 손수건은 어머니가 만들어 준 것입니다.

0103

財布 지갑
さい ふ

⋯▶ ハンドバッグの中に財布が入っている。
なか　さい ふ　はい

핸드백 안에 지갑이 들어 있다.

Ⅰ 준비
Ⅱ 출근·등교
Ⅲ 사회생활
Ⅳ 집안일
Ⅴ 외출1
Ⅵ 외출2
Ⅶ 개인 시간

0104 ハイヒール 하이힐

···→ ハイヒールを履いて足の指が痛くありませんか。
は　　　あし　ゆび　いた

하이힐을 신어서 발가락이 아프지 않습니까?

0105 洋服ダンス 옷장
ようふく

···→ 洋服ダンスの中に服がたくさんあります。
ようふく　　　なか　ふく

옷장 안에 옷이 많이 있습니다.

0106 ハンガー 옷걸이

···→ 服が多くて、ハンガーが足りません。
ふく　おお　　　　　　　　　た

옷이 많아서 옷걸이가 모자랍니다.

0107 ズボン 바지

···→ ズボンが濡れています。　바지가 젖어 있습니다.
ぬ

0108 履く 신다,(바지,치마를)입다
は

···→ スリッパを履いたまま、出かけてしまいました。
は　　　　　で

슬리퍼를 신은 채로 나가 버렸습니다.

···→ 黒いズボンを履いている。　검은 바지를 입고 있다.
くろ　　　　　　　　は

0109 **ストッキング** 스타킹

⋯ ストッキングを履いています。
_は

스타킹을 신고 있습니다.

0110 **持つ** 들다, 지니다 ※ **お金持ち** 부자
_も _{かね も}

⋯ かばんを持っています。
_も

가방을 들고 있습니다.

⋯ お金を持っています。
_{かね} _も

돈을 지니고 있습니다.

0111 **着替える** 갈아입다 ※ **着替え** 갈아입음, 갈아입을 옷
_{き が} _{き が}

⋯ 早く新しい服に着替えてください。
_{はや} _{あたら} _{ふく} _{き が}

빨리 새 옷으로 갈아입으세요.

0112 **はめる** (시계를) 차다, (반지를) 끼다

⋯ 古い時計をはめています。
_{ふる} _{と けい}

낡은 시계를 차고 있습니다.

⋯ 彼女のはめている指輪は高い。
_{かのじょ} _{ゆび わ} _{たか}

그녀가 끼고 있는 반지는 비싸다.

Ⅰ 준비

Ⅱ 출근·등교

Ⅲ 사회생활

Ⅳ 집안일

Ⅴ 외출1

Ⅵ 외출2

Ⅶ 개인시간

0113

しめる (벨트, 넥타이를) 착용하다 ※する 하다, (액세서리 등을) 착용하다

⋯→ ベルトをしめている。

벨트를 착용하고 있다.

⋯→ ネクタイをしめています。

넥타이를 착용하고 있습니다.

0114

ジーパン 청바지 =ジーンズ

⋯→ ジーパンは着_きやすい。

청바지는 입기 편하다.

0115

ポケット 주머니

⋯→ このズボンにはポケットが多_{おお}い。

이 바지에는 주머니가 많다.

0116

Tシャツ 티셔츠
ティー

⋯→ このTシャツ、素敵ですね。
　　　ティー　　　すてき

이 티셔츠 멋지군요.

0117
☐ **キャップ** 캡, 야구모자

⋯ キャップをかぶって、若く見えます。
<small>わか　み</small>

캡을 써서 젊어 보입니다.

0118
☐ **ベルト** 벨트

⋯ この服はベルトがポイントです。
<small>ふく</small>

이 옷은 벨트가 포인트입니다.

0119
☐ **リュック** 배낭 ＝リュックサック

⋯ リュックをかけて、出かけています。
<small>で</small>

배낭을 메고 외출하고 있습니다.

0120
☐ **腕時計** 손목시계
<small>うで　ど　けい</small>

⋯ この腕時計は正確です。
<small>うで　ど　けい　　せいかく</small>

이 손목시계는 정확합니다.

0121
☐ **靴下** 양말
<small>くつした</small>

⋯ 靴下が汚いです。
<small>くつした　きたな</small>

양말이 더럽습니다.

0122 運動靴 운동화

うんどうぐつ

⋯ 運動靴を履いて来てください。
うんどうぐつ　は　　き

운동화를 신고 와 주세요.

0123 クローゼット 붙박이장

⋯ 僕の部屋にはクローゼットがついています。
ぼく　へや

내 방에는 붙박이장이 딸려 있습니다.

0124 棚 선반

たな

⋯ 棚の上に何かありますか。
たな　うえ　なに

선반 위에 무언가 있습니까?

0125 帽子 모자

ぼうし

⋯ 大きい帽子ですね。
おお　　ぼうし

큰 모자군요.

0126 かぶる 덮어쓰다 ※猫をかぶる 내숭 떨다
ねこ

⋯ 白い帽子をかぶります。
しろ　ぼうし

하얀 모자를 씁니다.

0127

ネクタイ 넥타이

⋯➤ ネクタイは誰のですか。
<small>だれ</small>

넥타이는 누구의 것입니까?

スーツ 양복(정장)

⋯➤ 黒いスーツを着ている。
<small>くろ</small> <small>き</small>

검은 양복을 입고 있다.

0129

ワイシャツ 와이셔츠

⋯➤ このワイシャツ、格好いいですね。
<small>かっこう</small>

이 와이셔츠, 멋지네요.

0130

ワンピース 원피스

⋯➤ 黄色いワンピースを買いました。
<small>き いろ</small> <small>か</small>

노란 원피스를 샀습니다.

0131

コート 코트

⋯➤ 今度の冬には新しいコートが必要です。
<small>こん ど ふゆ あたら ひつよう</small>

이번 겨울에는 새 코트가 필요합니다.

I 준비

II 출근 · 등교

III 사회생활

IV 집안일

V 외출 1

VI 외출 2

VII 개인 시간

0132
ベスト 조끼 =チョッキ

···→ ベストは着なくてもいいです。
き

조끼는 입지 않아도 됩니다.

0133
セーター 스웨터

···→ 母の編んでくれたセーターを着ています。
はは　あ　　　　　　　　　　　　　き

엄마가 짜 준 스웨터를 입고 있습니다.

0134
カーディガン 카디건

···→ ちょっと寒気がしてカーディガンを着ました。
さむ け　　　　　　　　　　　　　き

조금 오한이 나서 카디건을 입었습니다.

0135
マフラー 머플러

···→ 恋人からもらったマフラーです。
こいびと

애인으로부터 받은 머플러입니다.

0136
スカーフ 스카프

···→ 素敵なスカーフですね。
す てき

멋진 스카프군요.

0137
ジャンパー 점퍼

…▸ 黒いジャンパーがよく似合いますね。

검은 점퍼가 잘 어울리네요.

0138
ドレス 드레스

…▸ とても派手なドレスですね。

아주 화려한 드레스군요.

0139
ハンドバッグ 핸드백

…▸ ドレスにハンドバッグは要りません。

드레스에 핸드백은 필요하지 않습니다.

0140
ストライプ 줄무늬 ※チェック 체크무늬

…▸ あのストライプのシャツを見せてください。

저 줄무늬 셔츠를 보여 주세요.

0141
着こなす 맵시 있게 입다

…▸ スーツの着こなし方を教えてあげましょうか。

양복을 맵시 있게 입는 방법을 가르쳐 드릴까요?

I 준비
II 출근·등교
III 사회생활
IV 집안일
V 외출 1
VI 외출 2
VII 개인 시간

1 다음을 일본어로 쓰시오.

❶ 지갑 _____   ❷ 손수건 _____

❸ 옷 _____   ❹ 속옷 _____

❺ 스타킹 _____   ❻ 소매 _____

❼ 코트 _____   ❽ 스웨터 _____

❾ 점퍼 _____   ❿ 양말 _____

2 다음과 어울리는 것을 골라 문장을 완성하시오.

❶ ズボンを (履く / 着る)。

❷ 帽子を (かぶる / 着る)。

❸ 靴を (履く / 着る)。

❹ ネクタイを (しめる / 着る)。

❺ ワイシャツを (履く / 着る)。

3 다음의 의미를 쓰시오.

① ハンドバッグ _____

② ベルトをしめる _____

③ ボタンがとれる _____

④ 時計をはめる _____

⑤ 着替える _____   ⑥ ワンピース _____

⑦ クローゼット _____   ⑧ マフラー _____

⑨ ドレス _____   ⑩ 着こなす_____

정답 1 ① 財布(さいふ) ② ハンカチ ③ 服(ふく) ④ 下着(したぎ) ⑤ ストッキング
        ⑥ 袖(そで) ⑦ コート ⑧ セーター ⑨ ジャンパー ⑩ ストッキング
    2 ① 履(は)く ② かぶる ③ 履(は)く ④ しめる ⑤ 着(き)る
    3 ① 핸드백 ② 벨트를 착용하다 ③ 단추가 떨어지다 ④ 시계를 차다 ⑤ 갈아입다
        ⑥ 원피스 ⑦ 붙박이장 ⑧ 머플러 ⑨ 드레스 ⑩ 맵시 있게 입다

scene 04 化粧台・机 화장대·책상
けしょうだい　つくえ

❶ 化粧台 화장대
けしょうだい

❷ 香水 향수
こうすい

❸ くし 빗

❹ 化粧水
けしょうすい
스킨

❺ ローション
로션

❻ ヘアバンド
머리띠

❼ マスカラ
마스카라

❽ アイシャドー
아이섀도

⑭ ファンデーション
파운데이션

⑬ パウダー
파우더

⑫ ブラシ
브러시

⑪ 化粧品
けしょうひん
화장품

⑩ チーク
볼 터치

❾ 口紅 립스틱
くちべに

⑮ **パーマ** 파마

⑯ **切る** 자르다, 끄다, 썰다
き

⑰ **染める** 염색하다
そ

⑱ **とかす** 빗다

⑲ **入れる** 넣다
い

⑳ **取り出す** 꺼내다
と だ

㉑ **開く** (책을) 펼치다, 열다
ひら

㉒ **閉じる** (책을) 덮다, (눈을) 감다
と

㉓ **ドライヤー** 드라이어

㉔ **乾かす** 말리다
かわ

Ⅰ 준비

Ⅱ 출근·등교

Ⅲ 사회생활

Ⅳ 집안일

Ⅴ 외출 1

Ⅵ 외출 2

Ⅶ 개인시간

0142 ☐ **化粧台** 화장대

け しょうだい

⋯→ **化粧台で化粧をしています。**
  け しょうだい　 け しょう

화장대에서 화장을 하고 있습니다.

0143 ☐ **化粧品** 화장품

け しょうひん

⋯→ **韓国の化粧品の人気は最高ですよ。**
  かんこく　 け しょうひん　にん き　 さいこう

한국 화장품의 인기는 최고예요.

0144 ☐ **口紅** 립스틱 =ルージュ

くちべに

⋯→ **口紅の色がきれいですね。**
  くちべに　いろ

립스틱 색깔이 예쁘네요.

0145 ☐ **塗る** 바르다, 칠하다

ぬ

⋯→ **口紅を塗っています。**
  くちべに　ぬ

립스틱을 바르고 있습니다.

0146 ☐ **化粧水** 스킨

け しょうすい

⋯→ **洗顔の後、化粧水を塗ります。**
  せんがん　あと　 け しょうすい　ぬ

세수한 다음 스킨을 바릅니다.

0147 □ **ローション** 로션

⋯ この会社の化粧水、ローションはいいです。
かいしゃ けしょうすい

이 회사의 스킨, 로션은 좋습니다.

0148 □ **アイシャドー** 아이섀도

⋯ アイシャドーを厚くしないでください。
あつ

아이섀도를 진하지 않게 해 주세요.

0149 □ **マスカラ** 마스카라

⋯ このまつげにはマスカラをした方がいいです。
ほう

이 속눈썹에는 마스카라를 하는 편이 좋습니다.

0150 □ **パウダー** 파우더

⋯ 明るい色のパウダーが好きです。
あか いろ す

밝은 색의 파우더를 좋아합니다.

0151 □ **ファンデーション** 파운데이션

⋯ ファンデーションを薄くしてください。
うす

파운데이션을 연하게 해 주세요.

I 준비
II 출근·등교
III 사회생활
IV 집안일
V 외출1
VI 외출2
VII 개인시간

0152 ☐ **チーク** 볼 터치

⋯⟶ **チークが赤すぎます。**
あか

볼 터치가 너무 빨갛습니다.

0153 ☐ **香水** 향수
こうすい

⋯⟶ **香水の香り、いいですね。**
こうすい　かお

향수 향기, 좋군요.

0154 ☐ **くし** 빗

⋯⟶ **化粧台の上にくしがある。**
け しょうだい　うえ

화장대 위에 빗이 있다.

0155 ☐ **ブラシ** 브러시

⋯⟶ **ブラシは洗面所にありました。**
せんめんじょ

브러시는 세면대에 있었습니다.

0156 ☐ **とかす** 빗다

⋯⟶ **長い髪をとかしている。**
なが　かみ

긴 머리를 빗고 있다.

0157

ヘアバンド 머리띠

⋯➤ 髪をとかしてから、ヘアバンドをしました。
かみ

머리를 빗고 머리띠를 했습니다.

0158

描く 그리다
えが

⋯➤ 眉毛をきれいに描く。
まゆ げ　　　　　えが

눈썹을 예쁘게 그리다.

0159

整える 정리하다 ↔ 散らかす 어지르다
ととの　　　　　　　　　　　ち

⋯➤ 髪を整えてください。
かみ ととの

머리카락을 정리해 주세요.

0160

乾かす 말리다 ※ 乾く 마르다
かわ　　　　　　　　　　　かわ

⋯➤ ドライヤーで髪を乾かしている。
かみ　かわ

드라이어로 머리를 말리고 있다.

0161

染める 염색하다 ※ 髪染め 염색
そ　　　　　　　　　　　　かみ そ

⋯➤ 髪を黄色く染めました。
かみ　き いろ　そ

머리를 노랗게 염색했습니다.

I 준비

II 출근 · 등교

III 사회생활

IV 집안일

V 외출 1

VI 외출 2

VII 개인 시간

0162

☐ **切る** 자르다, 끄다, 썰다 ※ 예외적 1그룹 동사
き

⋯→ **髪を切りたいです。**
かみ　き

　　머리를 자르고 싶습니다.

⋯→ **スイッチを切ってください。**
き

　　스위치를 꺼 주세요.

⋯→ **ねぎを細かく切ってください。**
こま　　き

　　파를 잘게 썰어 주세요.

0163

☐ **パーマ** 파마 ※ パーマをかける 파마를 하다

⋯→ **パーマをかけるつもりです。**

　　파마를 할 생각입니다.

0164

☐ **ドライヤー** 드라이어

⋯→ **ドライヤーで濡れている髪を乾かします。**
ぬ　　　　　　かみ　かわ

　　드라이어로 젖은 머리를 말립니다.

0165

☐ **BBクリーム** BB 크림
ビービー

⋯→ **最近は BB クリームが流行っている。**
さいきん　　ビービー　　　　　　　はや

　　최근에는 BB 크림이 유행하고 있다.

0166

机 책상
つくえ

⋯▶ 机で勉強する習慣を持とう。
つくえ　べんきょう　しゅうかん　も

책상에서 공부하는 습관을 가지자.

0167

椅子 의자
い す

⋯▶ 椅子に座ったまま、眠ってしまった。
い す　すわ　　　　　　ねむ

의자에 앉은 채 잠들어 버렸다.

0168

かばん 가방

⋯▶ かばんを持って来なくてもいいかな。
も　こ

가방을 들고 오지 않아도 될까?

0169

引出し 서랍
ひき だ

⋯▶ 引出しの中に何がありますか。
ひき だ　なか　なに

서랍 안에 무엇이 있습니까?

0170

ノート 노트

⋯▶ ノートに字を書きます。
じ　か

노트에 글자를 씁니다.

I 준비

II 출근·등교

III 사회생활

IV 집안일

V 외출1

VI 외출2

VII 개인시간

0171

☐

本 책
ほん

⋯ とても厚い本ですね。
あつ　ほん

매우 두꺼운 책이군요.

0172

☐

辞書 사전　=辞典, 字引
じ　しょ　　　　　　じ　てん　じ　びき

⋯ 辞書を持って来てもいいです。
じ しょ　も　　き

사전을 가지고 와도 좋습니다.

0173

☐

鉛筆 연필
えんぴつ

⋯ 鉛筆で書かないでください。
えんぴつ　か

연필로 쓰지 마세요.

0174

☐

色鉛筆 색연필　=カラーペンシル
いろえんぴつ

⋯ 色鉛筆で描いてください。
いろえんぴつ　えが

색연필로 그려 주세요.

0175

☐

がびょう 압정

⋯ 絵をがびょうでとめてください。
え

그림을 압정으로 꽂아 주세요.

I 준비

II 출근 · 등교

III 사회생활

IV 집안일

V 외출 1

VI 외출 2

VII 개인 시간

0176

クレパス 크레파스 ※ クレヨン 크레용

··· 小学校の時はクレパスが必要だった。
しょうがっこう とき ひつよう

초등학교 때는 크레파스가 필요했다.

0177

ボールペン 볼펜

··· 必ずボールペンで書いてください。
かなら か

반드시 볼펜으로 써 주세요.

0178

筆箱 필통
ふでばこ

··· 筆箱の中に何がありますか。
ふでばこ なか なに

필통 안에 무엇이 있습니까?

0179

消しゴム 지우개
け

··· 消しゴムできれいに消してください。
け け

지우개로 깨끗이 지워 주세요.

0180

電気スタンド 전기 스탠드
でんき

··· 机の上に電気スタンドが置いてあります。
つくえ うえ でんき お

책상 위에 전기 스탠드가 놓여 있습니다.

0181
☐ **入れる** 넣다 ※ **入る** 들어가다
い　　　　　　　　　は い

… **かばんの中に本を入れます。**
　　　なか　　ほん　い
가방 안에 책을 넣습니다.

0182
☐ **取り出す** 꺼내다
と　　だ

… **要らない本を取り出します。**
　　い　　　　　ほん　と　だ
필요 없는 책을 꺼냅니다.

0183
☐ **開く** (책을) 펼치다, 열다
ひら

… **本を開いています。**
　　ほん　ひら
책을 펼치고 있습니다.

… **会議を開きます。**
　　かい ぎ　ひら
회의를 엽니다.

0184
☐ **閉じる** (책을) 덮다, (눈을) 감다
と

… **本を閉じます。**
　　ほん　と
책을 덮습니다.

… **目を閉じてください。**
　　め　と
눈을 감아 주세요.

0185 **無くなる** 없어지다 ※**亡くなる** 죽다
な　　　　　　　　　　　　　　な

…→ レポートが無くなりました。
　　　　　　　　　　な

리포트가 없어졌습니다.

0186 **探す** (원하는 것을) 찾다
さが

…→ 探しても、ありませんでした。
　　さが

찾아도 없었습니다.

0187 **見つかる** 발견되다, 찾아지다 ※**見つける** 발견하다
み　　　　　　　　　　　　　　　　　　み

…→ やっと見つかりました。
　　　　　　み

겨우 찾았습니다.

0188 **本棚** 책꽂이
ほんだな

…→ 本棚で本を探しています。
　　ほんだな ほん さが

책꽂이에서 책을 찾고 있습니다.

0189 **散らかる** 어지러지다 ※**散らかす** 어지르다
ち　　　　　　　　　　　　　　　ち

…→ 机の上が散らかっている。
　　つくえ うえ ち

책상 위가 어질러져 있다.

Ⅰ 준비

Ⅱ 출근·등교

Ⅲ 사회생활

Ⅳ 집안일

Ⅴ 외출 1

Ⅵ 외출 2

Ⅶ 개인 시간

1 **다음을 일본어로 쓰시오.**

❶ 화장품 _____ ❷ 머리띠 _____

❸ 로션 _____ ❹ 향수 _____

❺ 빗 _____ ❻ 사전 _____

❼ 서랍 _____ ❽ 의자 _____

❾ 연필 _____ ❿ 책상 _____

2 **다음을 반대어끼리 연결하시오.**

❶ 閉じる •　　　　　• 取り出す

❷ 切る •　　　　　• 無くなる

❸ 入れる •　　　　　• 開く

❹ 見つかる •　　　　　• つける

3 다음의 의미를 쓰시오.

❶ 整_{とと}える _____ ❷ 筆箱_{ふでばこ} _____

❸ 化粧水_{けしょうすい}を塗_ぬる_____

❹ 眉毛_{まゆげ}を描_{えが}く_____

❺ 髪_{かみ}をとかす_____

❻ 辞書_{じしょ}を開_{ひら}く_____

❼ パーマをかける _____

❽ 散_ちらかる _____ ❾ 本棚_{ほんだな} _____

❿ 消_けしゴム_____

정답 1 ❶化粧品(けしょうひん) ❷ヘアバンド ❸ローション ❹香水(こうすい) ❺くし
　　 ❻辞書(じしょ)・辞典(じてん)・字引(じびき) ❼引出(ひきだ)し ❽椅子(いす)
　　 ❾鉛筆(えんぴつ) ❿机(つくえ)
　　2 ❶開(ひら)く ❷つける ❸取(と)り出(だ)す ❹無(な)くなる
　　3 ❶정리하다 ❷필통 ❸스킨을 바르다 ❹눈썹을 그리다 ❺머리를 빗다
　　 ❻사전을 펼치다 ❼파마를 하다 ❽어지러지다 ❾책꽂이 ❿지우개

朝食 아침식사
ちょうしょく

❶ **朝ご飯** 아침밥
あさ　はん

⑫ **トースト**
토스트

❷ **マグカップ**
머그잔

⑪ **食パン** 식빵
しょく

❸ **ミルク**
우유

❿ **皿** 접시
さら

❹ **シリアル**
시리얼

❺ **バター** 버터

❾ **コーヒー**
커피

❻ **食卓** 식탁
しょくたく

❽ **ジャム** 잼

❼ **テーブルクロス**
식탁보

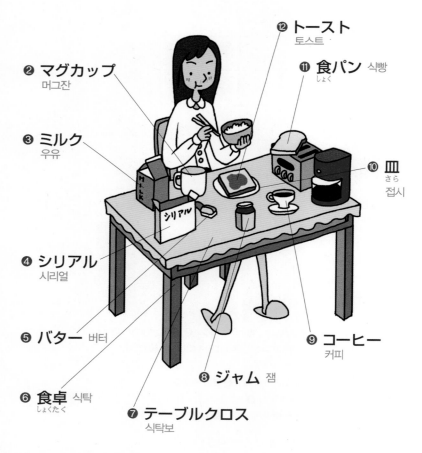

⑬ **食べる** 먹다
　　た

⑭ **飲む** 마시다
　　の

⑮ **味** 맛
　　あじ

⑯ **ご飯** 밥
　　　はん

⑰ **食べ物** 음식
　　た　もの

⑱ **おかず** 반찬

⑲ **ジュース** 주스

⑳ **飲み物** 음료
　　の　もの

㉑ **コップ** 컵

I 준비

II 출근·등교

III 사회생활

IV 집안일

V 외출 1

VI 외출 2

VII 개인 시간

예문으로 익히는 **생활단어**

0190
☐ **朝ご飯** 아침밥 ※ **朝食** 아침식사
　あさ　はん

… **朝ご飯はパンにしています。**
　　あさ　はん

아침밥은 빵으로 하고 있습니다.

0191
☐ **テーブルクロス** 식탁보

… **テーブルクロスはよく汚くなりますね。**
　　　　　　　　　　きたな

식탁보는 잘 더러워지네요.

0192
☐ **食卓** 식탁
　しょくたく

… **食卓の上にテーブルクロスを敷きました。**
　　しょくたく　うえ　　　　　　　　　し

식탁 위에 식탁보를 깔았습니다.

0193
☐ **マグカップ** 머그잔

… **マグカップの中のコーヒーはまだ温かいです。**
　　　　　　　　なか　　　　　　　　あたた

머그잔 속의 커피는 아직 따뜻합니다.

0194
☐ **飲む** 마시다
　の

… **お茶とコーヒーとどちらを飲みますか。**
　　ちゃ　　　　　　　　　　　の

차와 커피 중 어느 쪽을 마시겠습니까?

---

070 • PART I 준비

0195 コーヒー 커피

⋯→ コーヒーを飲んでから、仕事を始めます。
　　　　　　　の　　　　　　　しごと　　はじ
커피를 마시고 나서 일을 시작합니다.

0196 皿 접시
　　　さら

⋯→ 皿を割ってしまいました。
　　さら　わ
접시를 깨 버렸습니다.

0197 シリアル 시리얼

⋯→ 僕はシリアルが大好きです。
　　ぼく　　　　　　　　だい す
나는 시리얼을 아주 좋아합니다.

0198 ミルク 우유 =牛乳
　　　　　　　　　　　ぎゅうにゅう

⋯→ ミルクはカルシウムが多くて骨にいいでしょう。
　　　　　　　　　　　　おお　　ほね
우유는 칼슘이 많아서 뼈에 좋지요.

0199 味 맛 ※味わう 맛보다
　　あじ　　　　あじ

⋯→ 手作りの料理ですが、味はどうですか。
　　てづく　　りょうり　　　あじ
직접 만든 요리입니다만, 맛은 어때요?

I 준비

II 출근·등교

III 사회생활

IV 집안일

V 외출 1

VI 외출 2

VII 개인 시간

0200

脂っこい 느끼하다
あぶら

⋯→ 何か脂っこくない？あっさりした味が欲しい。
なに　あぶら　　　　　　　　　　　あじ　ほ　く

원가 느끼하지 않아? 담백한 맛을 원해.

0201

淡白だ 담백하다
たんぱく

⋯→ 淡白な味が好きです。
たんぱく　あじ　す

담백한 맛을 좋아합니다.

0202

トースト 토스트

⋯→ 朝はトーストとミルクで十分です。
あさ　　　　　　　　　　　じゅうぶん

아침은 토스트와 우유로 충분합니다.

0203

ジャム 잼

⋯→ これはいちごジャムです。

이것은 딸기 잼입니다.

0204

バター 버터

⋯→ バターはたくさん塗らない方がいい。
ぬ　　　ほう

버터는 많이 바르지 않는 편이 좋다.

0205

食パン 식빵
しょく

⋯ 食パンにジャムとバターを塗って食べます。
しょく 　　　　　　　　　　ぬ 　　 た

식빵에 잼과 버터를 발라 먹습니다.

0206

食べる 먹다
た

⋯ ご飯と味噌汁を食べます。
はん み そ しる た

밥과 된장국을 먹습니다.

0207

用意 준비 ＝支度, 準備
よう い　　　　　　 し たく じゅん び

⋯ 朝ご飯の用意ができました。
あさ はん よう い

아침밥 준비가 다 되었습니다.

0208

おいしい 맛있다 ＝うまい (p.207 참조)

⋯ あの食堂はおいしいです。
しょくどう

저 식당은 맛있습니다.

0209

まずい 맛없다

⋯ この料理はまずいので二度と食べたくない。
りょう り　　　　　　　　　　に ど 　 た

이 요리는 맛없어서 다시는 먹고 싶지 않다.

Ⅰ 준비
Ⅱ 출근·등교
Ⅲ 사회생활
Ⅳ 집안일
Ⅴ 외출 1
Ⅵ 외출 2
Ⅶ 개인 시간

0210
☐

甘い 달다
あま

···→ このケーキ、甘すぎます。
　　　　　　　あま

이 케이크, 너무 답니다.

0211
☐

辛い 맵다 ※ 辛い 괴롭다
から　　　　　　つら

···→ このラーメン、本当に辛いです。
　　　　　　　　ほんとう　から

이 라면, 정말 맵습니다.

0212
☐

食べ物 음식
た　もの

···→ 食べ物の中で何が好きですか。
　　　た　もの　なか　なに　す

음식 중에서 무엇을 좋아합니까?

0213
☐

飲み物 음료
の　もの

···→ 飲み物は何にしますか。
　　　の　もの　なに

음료는 무엇으로 하겠습니까?

0214
☐

塩辛い 짜다
しおから

···→ 塩辛い食べ物は体に悪いです。
　　　しおから　た　もの　からだ　わる

짠 음식은 몸에 나쁩니다.

0215 すっぱい 시다

··· すっぱい食べ物が体にいいそうです。
신 음식이 몸에 좋답니다.

0216 にがい 쓰다

··· 薬は、にがくても体にはいいです。
약은 써도 몸에는 좋습니다.

0217 ジュース 주스

··· ジュースを一杯飲みました。
주스를 한 잔 마셨습니다.

紅茶 홍차
こうちゃ

··· 紅茶を飲んでいる。
홍차를 마시고 있다.

0219 ゆでたまご 삶은 달걀

··· ゆでたまごを持って、遠足に行きます。
삶은 달걀을 가지고 소풍을 갑니다.

I 준비

II 출근·등교

III 사회생활

IV 집안일

V 외출1

VI 외출2

VII 개인시간

0220

目玉焼き 달걀 프라이 ※ **白身** 흰자, **黄身** 노른자
めだまや　　　　　　　　しろみ　　　　きみ

⋯▶ **朝は目玉焼きとコーヒーにします。**
　　あさ　　めだまや

아침은 달걀 프라이와 커피로 합니다.

0221

大盛り 곱빼기 ※ **普通** 보통, 일반 양
おおも　　　　　　　　ふつう

⋯▶ **大盛りでお願いします。**
　　おおも　　　　　ねが

곱빼기로 부탁합니다.

0222

サラダ 샐러드

⋯▶ **いろいろな野菜で作ったサラダはおいしいです。**
　　　　　　　　やさい　つく

여러 가지 야채로 만든 샐러드는 맛있습니다.

0223

ホットケーキ 핫케이크

⋯▶ **ホットケーキは好きですか。**
　　　　　　　　　す

핫케이크 좋아하세요?

0224

オムレツ 오믈렛

⋯▶ **オムレツを作って食べました。**
　　　　　　つく　た

오믈렛을 만들어서 먹었습니다.

0225 □ スープ 수프

⋯ スープにパンをつけて食べます。

수프에 빵을 찍어서 먹습니다.

0226 □ ご飯 밥 ※お粥 죽
はん　　　　　かゆ

⋯ 韓国人はご飯を食べます。
かんこくじん　　はん　た

한국인은 밥을 먹습니다.

0227 □ ちゃわん 밥그릇

⋯ 大盛り用のちゃわんです。
おおも　よう

곱빼기용 밥그릇입니다.

0228 □ 味噌汁 된장국 ※汁 국(물)
み　そ　しる　　　　　　　しる

⋯ 日本人は味噌汁が好きです。
に ほんじん　み そ しる　す

일본인은 된장국을 좋아합니다.

0229 □ コップ 컵

⋯ コップに水を注ぎました。
みず　そそ

컵에 물을 따랐습니다.

0230

☐ **おぼん** 쟁반

⋯→ おぼんに置いてください。
　　　　　　　お

쟁반에 놓아 주세요.

0231

☐ **箸** 젓가락
　　はし

⋯→ 箸を使ったら、頭が良くなるんですって。
　　はし　つか　　　あたま　よ

젓가락을 사용하면 머리가 좋아진대요.

0232

☐ **のり** 김

⋯→ のり弁当が好きです。
　　　　べんとう　す

김 도시락을 좋아합니다.

0233

☐ **おかず** 반찬

⋯→ どんなおかずが好きですか。
　　　　　　　　　　す

어떤 반찬을 좋아합니까?

0234

☐ **焼き魚** 생선구이
　　や　ざかな

⋯→ 朝ご飯のおかずは焼き魚です。
　　あさ　はん　　　　　　や　ざかな

아침밥의 반찬은 생선구이입니다.

0235

卵焼き 계란말이
たまご や

⋯→ 卵焼きが上手です。
たまご や　　じょう ず

계란말이를 잘합니다.

0236

毎朝 매일 아침
まいあさ

⋯→ 毎朝、ちゃんと食事をとります。
まいあさ　　　　　しょく じ

매일 아침 꼭 식사를 합니다.

0237

今朝 오늘 아침
け さ

⋯→ 今朝もトーストでした。
け さ

오늘 아침도 토스트였습니다.

0238

ぺこぺこ 배고픈 모양　※ お腹がすく 배가 고프다
なか

⋯→ 何も食べなくてお腹がぺこぺこだ。
なに　た　　　　　なか

아무것도 먹지 않아서 배가 고프다.

0239

好き嫌いをする 편식을 하다
す　 きら

⋯→ 食事の時、好き嫌いをするのは、健康によくない。
しょく じ　とき す　 きら　　　　　　　けんこう

식사 때 편식을 하는 것은 건강에 좋지 않다.

I 준비

II 출근·등교

III 사회생활

IV 집안일

V 외출 1

VI 외출 2

VII 개인 시간

1 다음을 일본어로 쓰시오.

❶ 커피 _____ ❷ 맛있다 _____

❸ 우유 _____ ❹ 아침밥 _____

❺ 먹다 _____ ❻ 음료 _____

❼ 맵다 _____ ❽ 삶은 달걀 _____

❾ 홍차 _____ ❿ 짜다 _____

2 다음의 의미를 쓰시오.

❶ 用意(ようい) _____ ❷ 飲(の)む _____

❸ 味噌汁(みそしる) _____ ❹ まずい _____

❺ 甘(あま)い _____ ❻ 今朝(けさ) _____

❼ サラダ _____ ❽ おかず _____

❾ ちゃわん _____ ❿ ぺこぺこ _____

3 다음 문장에 들어갈 알맞은 단어를 보기에서 골라 쓰시오.

> 보기 　好き嫌いをする　用意　ペコペコ　おかず　朝ご飯

❶ 何も食べなくてお腹か ＿＿＿＿＿＿＿＿だ。

❷ どんな ＿＿＿＿＿＿＿＿が好きですか。

❸ 食事の時、＿＿＿＿＿＿＿＿をするのは、健康によくない。

❹ 朝ご飯の ＿＿＿＿＿＿＿＿ができました。

❺ ＿＿＿＿＿＿＿＿はパンにしています。

정답　1 ❶ コーヒー　❷ おいしい・うまい　❸ ミルク・牛乳(ぎゅうにゅう)　❹ 朝(あさ)ご飯(はん)
　　　❺ 食(た)べる　❻ 飲(の)み物(もの)　❼ 辛(から)い　❽ ゆでたまご　❾ 紅茶(こうちゃ)
　　　❿ 塩辛(しおから)い
　　2 ❶ 준비　❷ 마시다　❸ 된장국　❹ 맛없다　❺ 달다
　　　❻ 오늘 아침　❼ 샐러드　❽ 반찬　❾ 밥그릇　❿ 배고픈 모양
　　3 ❶ ペコペコ　❷ おかず　❸ 好(す)き嫌(きら)いをする　❹ 用意(ようい)　❺ 朝(あさ)ご飯(はん)

(1) 신체

☐ **頭** あたま	머리	☐ **爪** つめ	손톱
☐ **体** からだ	몸	☐ **太もも** ふと	허벅지
☐ **首** くび	목	☐ **脚** あし	다리
☐ **肩** かた	어깨	☐ **ひざ**	무릎
☐ **脇** わき	겨드랑이	☐ **ふくらはぎ**	종아리
☐ **胸** むね	가슴	☐ **足** あし	발
☐ **腹** はら	배	☐ **足首** あしくび	발목
☐ **へそ**	배꼽	☐ **足の指** あし　ゆび	발가락
☐ **腕** うで	팔	☐ **腰** こし	허리
☐ **ひじ**	팔꿈치	☐ **背中** せなか	등
☐ **手首** てくび	손목	☐ **尻** しり	엉덩이
☐ **手** て	손	☐ **筋肉** きんにく	근육
☐ **手の甲** て　こう	손등	☐ **血液** けつえき	혈액
☐ **手のひら** て	손바닥	☐ **皮膚** ひふ	피부
☐ **指** ゆび	손가락	☐ **骨** ほね	뼈

(2) 얼굴

☐ **顔** かお	얼굴	☐ **耳** みみ	귀
☐ **髪の毛** かみ け	머리카락	☐ **耳たぶ** みみ	귓볼
☐ **前髪** まえがみ	앞머리	☐ **鼻** はな	코
☐ **つむじ**	가마	☐ **小鼻** こ ばな	콧방울
☐ **頭頂** とうちょう	정수리	☐ **ほお**	볼
☐ **額** ひたい	이마	☐ **えくぼ**	보조개
☐ **こめかみ**	관자놀이	☐ **口** くち	입
☐ **眉** まゆ	눈썹	☐ **人中** じんちゅう	인중
☐ **目** め	눈	☐ **唇** くちびる	입술
☐ **二重** ふたえ	쌍꺼풀, 쌍까풀	☐ **舌** した	혀
☐ **一重** ひとえ	외까풀	☐ **歯** は	이
☐ **まぶた**	눈꺼풀	☐ **あご**	턱
☐ **まつげ**	속눈썹	☐ **首** くび	목
☐ **瞳** ひとみ	눈동자	☐ **喉** のど	목구멍
☐ **涙袋** なみだぶくろ	애교 살		

(3) 색깔

☐ **赤** あか	빨강	☐ **にじの七色** なないろ	무지개 일곱색깔
☐ **黄色** き いろ	노랑	☐ **せき**	빨
☐ **青** あお	파랑	☐ **とう**	주
☐ **黒** くろ	검정	☐ **おう**	노
☐ **白** しろ	하양	☐ **りょく**	초
☐ **茶色** ちゃいろ	갈색	☐ **せい**	파
☐ **緑** みどり	초록	☐ **らん**	남
☐ **紫** むらさき	보라	☐ **し**	보
☐ **ピンク**	분홍		
☐ **灰色** はいいろ	회색		
☐ **橙色** だいだいいろ	주황		
☐ **藍色** あいいろ	남색		

(4) 동물

☐ 猫 ねこ	고양이	☐ たぬき	너구리
☐ 犬 いぬ	개	☐ うさぎ	토끼
☐ 牛 うし	소	☐ かめ	거북
☐ 馬 うま	말	☐ 蛇 へび	뱀
☐ 豚 ぶた	돼지	☐ 鶏 にわとり	닭
☐ 猪 いのしし	멧돼지	☐ ねずみ	쥐
☐ 象 ぞう	코끼리	☐ 鳥 とり	새
☐ 虎 とら	호랑이	☐ きつね	여우
☐ 獅子, ライオン しし	사자	☐ 狼 おおかみ	늑대
☐ 熊 くま	곰	☐ パンダ	팬더
☐ 鹿 しか	사슴	☐ キリン	기린
☐ 羊 ひつじ	양	☐ カモ	오리
☐ やぎ	염소	☐ シマウマ	얼룩말
☐ 猿 さる	원숭이	☐ ペンギン	펭귄

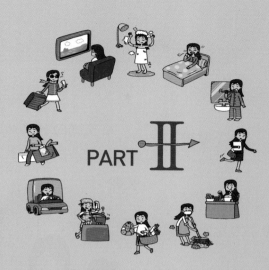

PART II

출근·등교

玄関 현관
げん かん

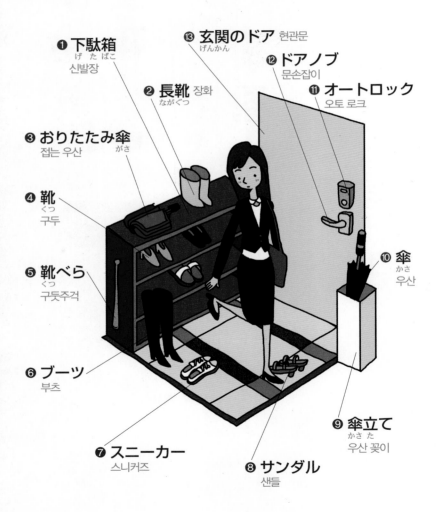

❶ **下駄箱** 신발장
げ た ばこ

❷ **長靴** 장화
ながぐつ

❸ **おりたたみ傘** 접는 우산
がさ

❹ **靴** 구두
くつ

❺ **靴べら** 구둣주걱
くつ

❻ **ブーツ** 부츠

❼ **スニーカー** 스니커즈

❽ **サンダル** 샌들

❾ **傘立て** 우산 꽂이
かさ た

❿ **傘** 우산
かさ

⓫ **オートロック** 오토 로크

⓬ **ドアノブ** 문손잡이

⓭ **玄関のドア** 현관문
げんかん

⑭ **エレベーター** 엘리베이터

⑮ **隣の人** 옆집 사람
　　となり　ひと

⑯ **挨拶する** 인사하다
　　あいさつ

⑰ **階段** 계단
　　かいだん

⑱ **廊下** 복도
　　ろう か

⑲ **庭** 뜰, 정원
　　にわ

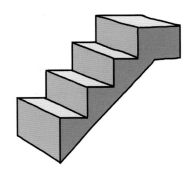

⑳ **鍵** 열쇠
　　かぎ

㉑ **レインコート** 레인코트

I 준비

II 출근·등교

III 사회생활

IV 집안일

V 외출1

VI 외출2

VII 개인시간

0240

玄関のドア 현관문
げんかん

··· **玄関のドアを開けました。**
げんかん　　　　　　あ

현관문을 열었습니다.

0241

オートロック 오토 로크

··· **うちの玄関はオートロックです。**
げんかん

우리집 현관은 오토 로크입니다.

0242

ドアノブ 문손잡이

··· **ドアノブが壊れてしまいました。**
こわ

문손잡이가 고장 나 버렸습니다.

0243

傘 우산
かさ

··· **傘を差しています。**
かさ　さ

우산을 쓰고 있습니다.

0244

おりたたみ傘 접는 우산
がさ

··· **おりたたみ傘があってよかった。**
がさ

접는 우산이 있어서 다행이다.

0245

傘立て 우산 꽂이
かさ た

⋯▶ 傘立てが倒れている。
　　 かさ た　　　　たお

우산 꽂이가 쓰러져 있다.

0246

靴 구두
くつ

⋯▶ 靴を磨いて、靴がピカピカしている。
　　 くつ みが　　　くつ

구두를 닦아서 구두가 번쩍번쩍하다.

0247

下駄箱 신발장
げ た ばこ

⋯▶ 下駄箱の中に靴がたくさんある。
　　 げ た ばこ なか くつ

신발장 안에 구두가 많이 있다.

0248

靴べら 구둣주걱
くつ

⋯▶ 最近靴べらを見ていません。
　　 さいきんくつ　　　 み

최근에 구둣주걱을 본 적이 없습니다.

0249

スニーカー 스니커즈

⋯▶ スニーカーは履きやすい。
　　　　　　　　 は

스니커즈는 신기 편하다.

I 준비

II 출근·등교

III 사회생활

IV 집안일

V 외출 1

VI 외출 2

VII 개인 시간

0250 □ ブーツ 부츠

···▶ 寒い時はブーツが最高です。
さむ　とき　　　　　　さいこう

추울 때는 부츠가 최고입니다.

0251 □ サンダル 샌들

···▶ サンダルを履いて海へ遊びに行きました。
　　　　　は　　うみ　あそ　　い

샌들을 신고 바다에 놀러 갔습니다.

0252 □ 長靴 장화
ながぐつ

···▶ 雨の日は長靴の方がいい。
あめ　ひ　ながぐつ　ほう

비 오는 날은 장화 쪽이 낫다.

0253 □ 鍵 열쇠
かぎ

···▶ 鍵を落としてしまいました。
かぎ　お

열쇠를 잃어버렸습니다.

0254 □ エレベーター 엘리베이터

···▶ エレベーターのボタンを押しています。
　　　　　　　　　　　　　　お

엘리베이터 버튼을 누르고 있습니다.

0255

☐ **階段** 계단
かいだん

⋯▸ 階段で上がってきて汗だくです。
かいだん　あ　　　　　あせ

계단으로 올라와서 땀투성이입니다.

0256

☐ **庭** 뜰, 정원　※ **庭園** 정원
にわ　　　　　　　　ていえん

⋯▸ 庭のある家が欲しいです。
にわ　　　いえ　ほ

정원이 있는 집을 갖고 싶습니다.

0257

☐ **花** 꽃　※ **つぼみ** 꽃봉오리
はな

⋯▸ 花を嫌いな女の人がいるだろうか。
はな　きら　　おんな　ひと

꽃을 싫어하는 여자가 있을까?

0258

☐ **木** 나무　※ **植える** 심다
き　　　　　　　　う

⋯▸ 木を植えている。
き　う

나무를 심고 있다.

0259

☐ **草** 풀　※ **刈る** 깎다, 베다
くさ　　　　　　　か

⋯▸ 草を刈ります。
くさ　か

풀을 벱니다.

I 준비

II 출근·등교

III 사회생활

IV 집안일

V 외출 1

VI 외출 2

VII 개인 시간

0260

芝生 잔디
しば ふ

⋯→ 芝生の中に入らないでください。
しば ふ　なか　はい

잔디 안에 들어가지 마세요.

0261

廊下 복도
ろう か

⋯→ 「廊下で走らないでください。」と書いてある。
ろう か　はし　　　　　　　　　か

'복도에서 뛰지 마세요.'라고 쓰여 있다.

0262

長い 길다
なが

⋯→ 細くて長い傘です。
ほそ　　なが　かさ

가늘고 긴 우산입니다.

0263

短い 짧다
みじか

⋯→ 髪の毛が短いですよ。
かみ　け　みじか

머리가 짧아요.

0264

差す (우산을) 쓰다　↔ **たたむ** (우산을) 접다
さ

⋯→ 急に雨が降ってきたので、傘を差しました。
きゅう　あめ　ふ　　　　　　　かさ　さ

갑자기 비가 내려서 우산을 썼습니다.

0265

咲く 피다
さ

⋯▸ 桜が咲いています。
さくら　さ

벚꽃이 피어 있습니다.

0266

散る (꽃이)지다　※ 예외적1그룹 동사
ち

⋯▸ 花が散っているのを見ると、何だか寂しい。
はな　ち　　　　　み　　　なん　　さび

꽃이 지는 것을 보니 왠지 쓸쓸하다.

0267

花壇 화단
か だん

⋯▸ 花壇に花が咲いています。
か だん　はな　さ

화단에 꽃이 피어 있습니다.

0268

雑草 잡초　※ 抜く 뽑다
ざっそう　　　　ぬ

⋯▸ 芝生に雑草が多かったので抜きました。
しば ふ　ざっそう　おお　　　　ぬ

잔디에 잡초가 많아서 뽑았습니다.

0269

知る 알다, 식별하다　※ 예외적1그룹 동사
し

⋯▸ あの人を知っていますか。
ひと　し

저 사람을 아세요?

I 준비

II 출근·등교

III 사회생활

IV 집안일

V 외출 1

VI 외출 2

VII 개인 시간

0270

知り合い _{아는 사람} ＝知人
　し　　あ　　　　　　　　　　　　ち じん

…▶ 彼は私の知り合いですが。
　　かれ　わたし　し　あ

그는 제가 아는 사람입니다만.

0271

隣の人 _{옆집 사람}
　となり　　ひと

…▶ 毎朝、同じ時間に隣の人に会います。
　　まいあさ　おな　じ かん　となり　ひと　あ

매일 아침 같은 시간에 옆집 사람을 만납니다.

0272

挨拶する _{인사하다}
　あいさつ

…▶ お互いに挨拶した方がいい。
　　たが　　　あいさつ　　ほう

서로 인사하는 편이 좋다.

0273

レインコート _{레인코트}

…▶ 彼女はレインコートもきれいです。
　　かのじょ

그녀는 비옷도 예쁩니다.

0274

土 _흙
　つち

…▶ 健康のため土を踏んだ方がいいそうだ。
　　けんこう　　　　つち　ふ　　ほう

건강을 위해서 흙을 밟는 편이 좋다고 한다.

0275 枝 가지
えだ

⋯→ 木の枝に鳥が座っています。
　　き　　えだ　　とり　　すわ

나뭇가지에 새가 앉아 있습니다.

0276 回転ドア 회전문
かいてん

⋯→ 子供に回転ドアは危ないかも。
　　こ ども　　かいてん　　あぶ

어린이에게 회전문은 위험할지도 몰라.

0277 自動ドア 자동문
じ どう

⋯→ 自動ドアが故障している。
　　じ どう　　こ しょう

자동문이 고장 나 있다.

0278 障子 미닫이문
しょう じ

⋯→ 風が入るから障子をちゃんと閉めてください。
　　かぜ　　はい　　　　しょう じ　　　　　し

바람이 들어오니까 미닫이문을 잘 닫아 주세요.

0279 履き替える 갈아 신다
は　　か

⋯→ 楽な靴に履き替えた。
　　らく　　くつ　　は　　か

편한 신발로 갈아 신었다.

I 준비

II 출근·등교

III 사회생활

IV 집안일

V 외출 1

VI 외출 2

VII 개인 시간

1 다음을 일본어로 쓰시오.

① 잔디 _____

② 아는 사람 _____

③ 복도 _____

④ 계단 _____

⑤ 열쇠 _____

⑥ 화단 _____

⑦ 옆집 사람 _____

⑧ 신발장 _____

⑨ 길다 _____

⑩ 짧다 _____

2 다음의 의미를 쓰시오.

① 玄関のドア _____

② 挨拶する _____

③ サンダル _____

④ 花が散る _____

⑤ ドア _____

⑥ ドアノブ _____

⑦ エレベーター _____

⑧ ブーツ _____

⑨ 靴べら _____

⑩ 鍵 _____

3 다음 문장에 들어갈 알맞은 단어를 보기에서 골라 쓰시오.

> **보기** 抜(ぬ)く 咲(さ)く 差(さ)す 植(う)える 履(は)き替(か)える

❶ 花(はな)が _____。

❷ 靴(くつ)を _____。

❸ 雑草(ざっそう)を _____。

❹ 木(き)を _____。

❺ 傘(かさ)を _____。

정답 1 ❶ 芝生(しばふ) ❷ 知(し)り合(あ)い・知人(ちじん) ❸ 廊下(ろうか) ❹ 階段(かいだん) ❺ 鍵(かぎ)
❻ 花壇(かだん) ❼ 隣(となり)の人(ひと) ❽ 屋根(やね) ❾ 下駄箱(げたばこ) ❿ 短(みじか)い

2 ❶ 현관문 ❷ 인사하다 ❸ 샌들 ❹ 꽃이 지다 ❺ 문
❻ 문손잡이 ❼ 엘리베이터 ❽ 부츠 ❾ 구둣주걱 ❿ 열쇠

3 ❶ 咲(さ)く ❷ 履(は)き替(か)える ❸ 抜(ぬ)く ❹ 植(う)える ❺ 差(さ)す

道 길
みち

❶ **道** 길
　　みち

❷ **つきあたり**
　　막다른 곳

❸ **向こう側**
　　む　　　　がわ
　　건너편

❹ **反対側**
　　はんたいがわ
　　반대편

❺ **角** 모퉁이
　　かど

❻ **踏み切り**
　　ふ　　き
　　(철도) 건널목

❼ **交差点**
　　こう さ てん
　　교차로

❽ **横断歩道**
　　おうだん ほ どう
　　횡단보도

❾ **左側**
　　ひだりがわ
　　좌측

❿ **右側**
　　みぎがわ
　　우측

⓭ **歩道橋**
　　ほ どうきょう
　　육교

⓬ **道路**
　　どう ろ
　　도로

⓫ **信号**
　　しんごう
　　신호, 신호등

⑭ **出る** _で 나가다, 나오다

⑮ **曲がる** _ま 구부러지다, 돌다 (방향을 바꾸다)

⑯ **まっすぐ** 곧장, 똑바로

⑰ **少し** _{すこ} 조금

⑱ **走る** _{はし} 달리다

⑲ **行く** _い 가다

⑳ **来る** _く 오다

㉑ **渡る** _{わた} 건너다

㉒ **歩く** _{ある} 걷다

㉓ **かかる** 걸리다

㉔ **着く** _つ 도착하다

I 준비

II 출근·등교

III 사회생활

IV 집안일

V 외출1

VI 외출2

VII 개인시간

0280

道 길
みち

⋯▶ 道に迷っています。
みち まよ

길을 잃어 헤매고 있습니다.

0281

道路 도로
どう ろ

⋯▶ 広くて新しい道路です。
ひろ あたら どう ろ

넓고 새로운 도로입니다.

0282

信号 신호, 신호등
しんごう

⋯▶ 信号は、守らなければ危ない。
しんごう まも あぶ

신호는 지키지 않으면 위험하다.

0283

曲がる 구부러지다, 돌다 (방향을 바꾸다)
ま

⋯▶ 左に曲がって、まっすぐ行ってください。
ひだり ま い

왼쪽으로 돌아서 곧장 가세요.

0284

渡る 건너다
わた

⋯▶ この道は子供一人で渡りにくいです。
みち こ ども ひとり わた

이 길은 어린이 혼자서 건너기 힘듭니다.

0285

横断歩道 횡단보도
おうだん ほ どう

⋯▶ 横断歩道を渡っている。
おうだん ほ どう　わた

횡단보도를 건너고 있다.

0286

踏み切り (철도)건널목
ふ　き

⋯▶ 踏み切りを渡る時は、注意しなければなりません。
ふ　き　　わた　とき　　ちゅう い

건널목을 건널 때는 주의하지 않으면 안 됩니다.

0287

交差点 교차로
こう さ てん

⋯▶ 二番目の交差点を渡って、右に曲がってください。
に ばん め　こう さ てん　わた　　みぎ　ま

두 번째 교차로를 건너서 오른쪽으로 도세요.

0288

歩道橋 육교
ほ どうきょう

⋯▶ 歩道橋はほとんど無くなった。
ほ どうきょう　　　　な

육교는 거의 없어졌다.

0289

つきあたり 막다른 곳

⋯▶ つきあたりまで歩いて行きます。
ある　　　い

막다른 곳까지 걸어갑니다.

I 준비

II 출근·등교

III 사회생활

IV 집안일

V 외출1

VI 외출2

VII 개인시간

0290 □

向こう側 건너편 ＝向かい側
むこう　がわ

⋯→ 向こう側に立っている。
　　むこう　がわ　　た

건너편에 서 있다.

0291 □

角 모퉁이
かど

⋯→ この角を曲がると、公園があります。
　　　　かど　ま　　　　こうえん

이 모퉁이를 돌면 공원이 있습니다.

0292 □

反対側 반대편
はんたいがわ

⋯→ 彼女は反対側に立っていた。
　　かのじょ　はんたいがわ　た

그녀는 반대편에 서 있었다.

0293 □

右側 우측
みぎがわ

⋯→ 右側に曲がると、何が見えますか。
　　みぎがわ　ま　　　　なに　み

우측으로 돌면 무엇이 보입니까?

0294 □

左側 좌측
ひだりがわ

⋯→ もう少し行くと左側に病院がありますが。
　　　すこ　い　　ひだりがわ　びょういん

조금 더 가면 왼쪽에 병원이 있습니다만.

0295
□

出る _で 나가다, 나오다 ※ ～を出る ～를 나서다

…▸ うちを出て、駅まで5分しかかかりません。
<ruby>出<rt>で</rt></ruby> <ruby>駅<rt>えき</rt></ruby> <ruby>5分<rt>ごふん</rt></ruby>

집을 나와 역까지 5분밖에 걸리지 않습니다.

0296
□

まっすぐ 곧장, 똑바로

…▸ まっすぐ行ってください。
<ruby>行<rt>い</rt></ruby>

똑바로 가세요.

0297
□

少し _{すこ} 조금

…▸ もう少し行ってみます。
<ruby>少<rt>すこ</rt></ruby> <ruby>行<rt>い</rt></ruby>

조금 더 가 보겠습니다.

0298
□

行く _い 가다

…▸ 学校へ行きます。
<ruby>学校<rt>がっこう</rt></ruby> <ruby>行<rt>い</rt></ruby>

학교에 갑니다.

0299
□

来る _く 오다

…▸ 駅の前で人が行ったり来たりしています。
<ruby>駅<rt>えき</rt></ruby> <ruby>前<rt>まえ</rt></ruby> <ruby>人<rt>ひと</rt></ruby> <ruby>行<rt>い</rt></ruby> <ruby>来<rt>き</rt></ruby>

역 앞에서 사람이 왔다 갔다 하고 있습니다.

I 준비

II 출근·등교

III 사회생활

IV 집안일

V 외출1

VI 외출2

VII 개인시간

0300

歩く 걷다
あ る

⋯⟶ 一人で道を歩き続けました。
　　　ひとり　　みち　　ある　　つづ

혼자서 길을 계속 걸었습니다.

0301

走る 달리다　※ 예외적 1그룹 동사
はし

⋯⟶ 走って、汗をかきました。
　　はし　　　　あせ

달려서 땀이 났습니다.

0302

かかる 걸리다　※ 病気にかかる 병에 걸리다
　　　　　　　　　　　　　びょうき

⋯⟶ 時間がけっこうかかりますね。
　　じ かん

시간이 꽤 걸리는군요.

0303

着く 도착하다　※ ~に着く ~에 도착하다
つ　　　　　　　　　　　　　つ

⋯⟶ 会社にもう着きましたよ。
　　かいしゃ　　　つ

회사에 벌써 도착했어요.

0304

便利だ 편리하다
べん り

⋯⟶ 会社までの交通は便利な方です。
　　かいしゃ　　　こうつう　　べん り　ほう

회사까지의 교통은 편리한 편입니다.

0305 不便だ 불편하다
ふ べん

⋯▸ エレベーターが故障しているのでとても不便です。
　　こしょう　　　　　　　　　　　　　　　ふ べん

엘리베이터가 고장 나서 아주 불편합니다.

0306 近い 가깝다
ちか

⋯▸ 駅まで近いです。
えき　　ちか

역까지 가깝습니다.

0307 遠い 멀다
とお

⋯▸ うちから駅まで遠いですか。
　　　　えき　　とお

집에서 역까지 멉니까?

0308 混む 붐비다, 혼잡하다, 밀리다
こ

⋯▸ 道が混んでいて、車が全然動きません。
みち　こ　　　　　くるま　ぜんぜんうご

길이 붐벼서 차가 전혀 움직이지 않습니다.

0309 通る 지나가다 ※通す 지나가게 하다
とお　　　　　　　　　とお

⋯▸ 学校の前を通りました。
がっこう　まえ　とお

학교 앞을 지나갔습니다.

I 준비

II 출근·등교

III 사회생활

IV 집안일

V 외출1

VI 외출2

VII 개인시간

0310

寄る 들르다　※ ～に寄る ～에 들르다
よ　　　　　　　　　よ

…→ うちへ帰る途中、文房具屋に寄りました。
　　　　　かえ　とちゅう　ぶんぼうぐや　　よ

집으로 돌아가는 도중에 문방구에 들렀습니다.

0311

過ぎる 지나치다
す

…→ うっかりして駅を過ぎてしまいました。
　　　　　　　　えき　す

깜빡해서 역을 지나쳐 버렸습니다.

0312

村 마을
むら

…→ この村はとてもきれいです。
　　　むら

이 마을은 매우 깨끗합니다.

0313

町 동네
まち

…→ 彼の町は田舎で、のんびりできます。
　　かれ　まち　いなか

그의 동네는 시골이라서 한가로이 지낼 수 있습니다.

0314

街 거리
まち

…→ この街はにぎやかで、人が多いです。
　　　まち　　　　　　　　ひと　おお

이 거리는 번화하고 사람이 많습니다.

0315

大通り 큰길
おおどお

⋯ ここから5分ぐらい歩くと、大通りに出ます。
　　 ごふん　　　　ある　　　おおどお　　　で

여기에서부터 5분 정도 걸으면 큰길이 나옵니다.

0316

売店 매점
ばいてん

⋯ 売店で何か買いましたか。
　　 ばいてん　なに　か

매점에서 뭔가 샀습니까?

0317

東西南北 동서남북
とうざいなんぼく

⋯ 東西南北の方向が全然分からなくて迷った。
　　 とうざいなんぼく　ほうこう　ぜんぜん わ　　　　　　まよ

동서남북 방향을 전혀 몰라서 헤맸다.

I 준비

II 출근·등교

III 사회생활

IV 집안일

V 외출1

VI 외출2

VII 개인시간

1 **다음을 일본어로 쓰시오.**

❶ 가깝다 _____ ❷ 멀다 _____

❸ 교차로 _____ ❹ 모퉁이 _____

❺ 편리하다 _____ ❻ 불편하다 _____

❼ 육교 _____ ❽ 길 _____

❾ 걷다 _____ ❿ 달리다 _____

2 **다음 문장에 알맞은 조사를 쓰시오.**

❶ 7時にうち____出ました。

❷ 会社____着きました。

❸ 駅____近いです。

❹ 時間____けっこうかかりますね。

❺ 踏み切り____渡ります。

3 다음의 의미를 쓰시오.

① 時間_{じかん}がかかる _____

② 学校_{がっこう}に着_つく _____

③ うちを出_でる _____

④ 横断歩道_{おうだんほどう}を渡_{わた}る _____

⑤ まっすぐ行_いく _____

⑥ 右側_{みぎがわ}に曲_まがる _____

⑦ 大通_{おおどお}り _____

⑧ つきあたり _____

⑨ 通_{とお}る _____

⑩ 過_すぎる _____

정답 1 **①** 近(ちか)い **②** 遠(とお)い **③** 交差点(こうさてん) **④** 角(かど) **⑤** 便利(べんり)だ
⑥ 不便(ふべん)だ **⑦** 歩道橋(ほどうきょう) **⑧** 道(みち) **⑨** 歩(ある)く **⑩** 走(はし)る
2 **①** を **②** に **③** まで **④** が **⑤** を
3 **①** 시간이 걸리다 **②** 학교에 도착하다 **③** 집을 나서다 **④** 횡단보도를 건너다 **⑤** 똑바로 가다
⑥ 우측으로 돌다 **⑦** 큰길 **⑧** 막다른 곳 **⑨** 지나가다 **⑩** 지나치다

scene 03 交通 교통
こう つう

❶ 電車
でんしゃ
전철

⓯ 手すり
て
난간

⓮ 居眠り
い ねむ
앉아서 좀

⑬ 広告
こうこく
광고

⑫ 荷物
に もつ
짐

❷ 優先席
ゆうせんせき
노약자석

❸ 吊革
つりかわ
손잡이

⑪ 網棚
あみだな
(지하철) 선반

❹ 譲る
ゆず
양보하다

❺ 立つ
た
서다

❻ 座る
すわ
앉다

⑩ 話し合う
はな あ
서로 이야기하다

❼ 定期券
てい き けん
정기권

❽ 切符
きっぷ
표

❾ 座席
ざ せき
좌석

⑯ **改札口** 개찰구
かいさつぐち

⑰ **切符売り場** 매표소
きっぷ う ば

⑱ **乗り換える** 갈아타다, 환승하다
の か

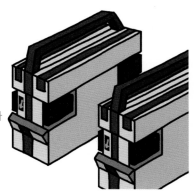

⑲ **バス** 버스

⑳ **バス停** 버스 정류장
てい

㉑ **降車ボタン** 하차 버튼
こうしゃ

㉒ **タクシー乗り場** 택시 타는 곳
の ば

㉓ **空車** 빈 택시
くうしゃ

㉔ **タクシー料金** 택시 요금
りょうきん

I 준비

II 출근·등교

III 사회생활

IV 집안일

V 외출 1

VI 외출 2

VII 개인 시간

0318

電車 전철 ※ 地下鉄 지하철
でんしゃ　　　　　　ち か てつ

⋯→ まもなく電車が参ります。
　　　　　　　でんしゃ　　まい

곧 전철이 도착합니다.

0319

座る 앉다
すわ

⋯→ 座ろうと思ったが、席がなかった。
　　すわ　　　　おも　　　　　せき

앉으려고 했지만 자리가 없었다.

0320

座席 좌석 ＝席 자리
ざ せき　　　　　　せき

⋯→ 座席にお座りください。
　　ざ せき　　　すわ

좌석에 앉아 주세요.

0321

優先席 노약자석
ゆうせんせき

⋯→ 優先席だから、若者たちは座ろうともしない。
　　ゆうせんせき　　　　わかもの　　　　　すわ

노약자석이라서 젊은 사람들은 앉으려고도 하지 않는다.

0322

手すり 난간
て

⋯→ 手すりにつかまってください。
　　て

난간을 잡아 주세요.

0323

吊革 손잡이 ※ **つかむ** 잡다
つりかわ

···→ 吊革をつかんでいる。
　　つりかわ

　　손잡이를 잡고 있다.

0324

網棚 (지하철) 선반
あみだな

···→ 網棚の 上に新聞があります。
　　あみだな　うえ　しんぶん

　　선반 위에 신문이 있습니다.

0325

荷物 짐
に もつ

···→ おばあさんの重い荷物を持ってあげました。
　　　　　　　おも　に もつ　も

　　할머니의 무거운 짐을 들어 드렸습니다.

0326

立つ 서다 ※ **経つ** (시간이) 경과하다, **役に立つ** 도움이 되다
た　　　　　　　た　　　　　　　やく　た

···→ 電車の中は立っている人も座っている人もいます。
　　でんしゃ　なか　た　　　ひと　すわ　　　ひと

　　전철 안은 서 있는 사람도, 앉아 있는 사람도 있습니다.

0327

話し合う 서로 이야기하다
はな　あ

···→ 話し合っている二人は誰ですか。
　　はな　あ　　　ふたり　だれ

　　서로 이야기하고 있는 두 사람은 누구입니까?

I 준비

II 출근·등교

III 사회생활

IV 집안일

V 외출 1

VI 외출 2

VII 개인시간

0328

譲る 양보하다
ゆず

⋯→ お年寄りに席を譲ってあげました。
   とし よ   せき ゆず

노인에게 자리를 양보해 주었습니다.

0329

居眠り 앉아서 졺 ※ 居眠り運転 졸음운전
い ねむ   い ねむ うんてん

⋯→ 居眠りしている人がいますか。
   い ねむ   ひと

앉아서 졸고 있는 사람이 있습니까?

0330

広告 광고
こうこく

⋯→ 電車の中は広告であふれています。
   でんしゃ なか こうこく

전철 안에는 광고가 넘쳐납니다.

0331

切符 표 =チケット
きっ ぷ

⋯→ 切符を忘れないようにしてください。
   きっ ぷ わす

표를 잃어버리지 않도록 해 주세요.

0332

定期券 정기권
てい き けん

⋯→ 定期券で通勤しています。
   てい き けん つうきん

정기권으로 통근하고 있습니다.

0333
☐ **駅** 역
えき

… うちから駅まで何分ぐらいかかるんですか。
　　　えき　　　なんぷん

집에서 역까지 몇 분 정도 걸립니까?

0334
☐ **駅員** 역무원
えきいん

… 駅員に道を聞いてみてください。
　　えきいん　みち　き

역무원에게 길을 물어봐 주세요.

0335
☐ **公衆電話** 공중전화
こうしゅうでん わ

… 公衆電話はどこにありますか。
　　こうしゅうでん わ

공중전화는 어디에 있습니까?

0336
☐ **切符売り場** 매표소
きっ ぷ う　ば

… 切符売り場で切符を買いました。
　　きっ ぷ う　ば　きっ ぷ　か

매표소에서 표를 샀습니다.

0337
☐ **改札口** 개찰구
かいさつぐち

… 改札口を出て南口に出てください。
　　かいさつぐち　で　みなみぐち　で

개찰구를 나와서 남쪽 출구로 나와 주세요.

Ⅰ 준비

Ⅱ 출근·등교

Ⅲ 사회생활

Ⅳ 집안일

Ⅴ 외출1

Ⅵ 외출2

Ⅶ 개인시간

0338
☐ **入口** 입구 ↔ **出口** 출구
でぐち
いりぐち

… **入口が見えません。**
いりぐち み

입구가 보이지 않습니다.

0339
☐ **バス** 버스 ※ **観光バス** 관광버스, **市内バス** 시내버스, **空港バス** 공항버스
かんこう しない くうこう

… **バスに乗らないで、電車に乗った方がいいです。**
の でんしゃ の ほう

버스를 타지 말고 전철을 타는 게 낫습니다.

0340
☐ **乗り遅れる** (전철 · 버스 등을) 놓치다
の おく

… **このバスに乗り遅れてはいけません。**
の おく

이 버스를 놓쳐서는 안됩니다.

0341
☐ **バス停** 버스 정류장
てい

… **バス停でバスを待っている。**
てい ま

버스 정류장에서 버스를 기다리고 있다.

0342
☐ **運転手さん** 운전기사 = **運転手**
うんてんしゅ
うんてんしゅ

… **運転手さんはとても親切です。**
うんてんしゅ しんせつ

운전기사는 매우 친절합니다.

0343
☐ **降車ボタン** 하차 버튼
こうしゃ

⋯▸ 降車ボタンを押します。
こうしゃ　　　　　お

하차 버튼을 누릅니다.

0344
☐ **バス路線図** 버스 노선도　※**地図** 지도
ろ せん ず　　　　　　　　　ち ず

⋯▸ バス路線図を見ても分かりません。
ろ せん ず　み　　　　わ

버스 노선도를 봐도 모르겠습니다.

0345
☐ **バス代** 버스 요금
だい

⋯▸ バス代はいくらですか。
だい

버스 요금은 얼마입니까?

0346
☐ **乗る** 타다　※**〜に乗る** 〜을 타다
の　　　　　　　　　　　の

⋯▸ バスに乗って市内観光をしました。
の　　し ないかんこう

버스를 타고 시내 관광을 했습니다.

0347
☐ **降りる** 내리다
お

⋯▸ バスから降りたら、雨が降っていました。
お　　　　あめ　ふ

버스에서 내렸더니 비가 내리고 있었습니다.

I 준비

II 출근·등교

III 사회생활

IV 집안일

V 외출 1

VI 외출 2

VII 개인 시간

0348
☐

乗り換える　갈아타다, 환승하다
の　　か

⋯→ この駅で乗り換えます。
えき　の　　か

이 역에서 갈아탑니다.

0349
☐

乗り過ごす　내릴 곳을 지나치다
の　す

⋯→ うっかりして乗り過ごしてしまいました。
の　す

깜빡해서 내릴 곳을 지나쳐 버렸습니다.

0350
☐

終電　마지막 전철
しゅうでん

⋯→ 次の電車は終電です。
つぎ　でんしゃ　しゅうでん

다음 전철은 마지막 전철입니다.

0351
☐

普通電車　보통 전철
ふつうでんしゃ

⋯→ 普通電車に乗って通います。
ふつうでんしゃ　の　　かよ

보통 전철을 타고 다닙니다.

0352
☐

急行　급행
きゅうこう

⋯→ 急行は速くて便利です。
きゅうこう　はや　べんり

급행은 빨라서 편리합니다.

0353

特急 특급
とっきゅう

⋯ 特急だから、途中で止まりません。
とっきゅう　　　　と ちゅう　と

특급이라서 도중에 서지 않습니다.

0354

～行き ～행(향함)
ゆ

⋯ この電車は大阪行きです。
でんしゃ　おおさか ゆ

이 전철은 오사카행입니다.

0355

～発 ～발(떠남)
はつ

⋯ この新幹線は名古屋発、東京行きです。
しんかんせん　な ご や はつ　とうきょう ゆ

이 신칸센은 나고야발, 도쿄행입니다.

0356

満員電車 만원 전철
まんいんでんしゃ

⋯ 満員電車は辛い。
まんいんでんしゃ　つら

만원 전철은 괴롭다.

0357

通勤時間 통근 시간
つうきんじ かん

⋯ 通勤時間はいつも混んでいる。
つうきんじ かん　こ

통근 시간은 언제나 붐빈다.

I 준비

II 출근·등교

III 사회생활

IV 집안일

V 외출1

VI 외출2

VII 개인시간

0358

☐ **ラッシュアワー** 러시아워

⋯▸ **ラッシュアワーは満員電車です。**
　　　　　　　　まんいんでんしゃ

러시아워는 만원 전철입니다.

0359

☐ **タクシー** 택시 ※**拾う** 줍다.(택시를) 잡다
　　　　　　　　　　ひろ

⋯▸ **タクシーを拾いにくい。**
　　　　　　ひろ

택시 잡기가 힘들다.

0360

☐ **タクシー乗り場** 택시 타는 곳
　　　　　　の　　ば

⋯▸ **タクシー乗り場でタクシーを拾いました。**
　　　　　　の　　ば　　　　　　　　　ひろ

택시 타는 곳에서 택시를 잡았습니다.

0361

☐ **空車** 빈 택시
　くうしゃ

⋯▸ **空車が通り過ぎました。**
　くうしゃ　とお　す

빈 택시가 그냥 지나갔습니다.

0362

☐ **初乗り運賃** 기본요금
　はつ　の　　うんちん

⋯▸ **東京のタクシーの初乗り運賃はいくらですか。**
　とうきょう　　　　　　はつ　の　うんちん

도쿄의 택시 기본요금은 얼마입니까?

0363

タクシー料金 택시 요금
りょうきん

···▸ タクシー料金を払いました。
りょうきん はら

택시 요금을 지불했습니다.

0364

片道 편도
かたみち

···▸ 片道チケットを買いました。
かたみち か

편도 티켓을 샀습니다.

0365

往復 왕복
おうふく

···▸ 往復で３時間以上かかります。
おうふく さん じ かん い じょう

왕복 3시간 이상 걸립니다.

0366

到着 도착 ↔ 出発 출발
しゅっぱつ
とうちゃく

···▸ もうそろそろ到着です。
とうちゃく

이제 곧 도착합니다.

0367

足もと 발밑
あし

···▸ 足もとにご注意ください。
あし ちゅう い

발밑을 주의해 주세요.

I 준비

II 출근·등교

III 사회생활

IV 집안일

V 외출1

VI 외출2

VII 개인시간

1 다음을 일본어로 쓰시오.

❶ 빈 택시 _____   ❷ 특급 _____

❸ 타다 _____   ❹ 내리다 _____

❺ ~행 _____   ❻ 마지막 전철 _____

❼ 노약자석 _____   ❽ 짐 _____

❾ 매표소 _____   ❿ 왕복 _____

2 다음 문장에 알맞은 조사를 쓰시오.

❶ バス＿＿＿乗ってください。

❷ 電車＿＿＿待っています。

❸ ボタン＿＿＿押しました。

❹ タクシー＿＿＿拾いにくい。

❺ 入口＿＿＿見えます。

3 다음의 의미를 쓰시오.

❶ 乗り換える _____ ❷ 切符 _____

❸ ラッシュアワー _____

❹ 駅員 _____ ❺ 居眠り _____

❻ 足もと _____ ❼ 譲る _____

❽ 話し合う _____ ❾ 初乗り運賃 _____

❿ 片道 _____

会社 회사
かい しゃ

❶ **事務室**
じ む しつ
사무실

⓬ **書類トレー**
しょるい
서류함

⓫ **タイムカード**
타임카드

⓾ **ユニフォーム**
유니폼

❾ **同僚**
どうりょう
동료

❷ **電卓**
でんたく
전자계산기

❸ **上司**
じょう し
상사

❽ **部下**
ぶ か
부하

❹ **紙**
かみ
종이

❺ **仕切り**
し き
칸막이

❻ **書類**
しょるい
서류

❼ **回転椅子**
かいてん い す
회전의자

⑬ **出社** 출근
しゅっしゃ

⑭ **退社** 퇴근, 퇴직
たいしゃ

⑮ **働く** 일하다
はたら

⑯ **休暇** 휴가
きゅうか

⑰ **給料** 월급
きゅうりょう

⑱ **転勤** 전근
てんきん

⑲ **履歴書** 이력서
りれきしょ

⑳ **忙しい** 바쁘다
いそが

㉑ **解雇** 해고
かいこ

㉒ **失業** 실업
しつぎょう

㉓ **定年退職** 정년퇴직
ていねんたいしょく

㉔ **退職金** 퇴직금
たいしょくきん

I 준비

II 출근·등교

III 사회생활

IV 집안일

V 외출1

VI 외출2

VII 개인시간

0368
☐

仕事 일
しごと

··· 仕事に夢中です。
しごと　むちゅう

일에 열중하고 있습니다.

0369
☐

事務室 사무실
じむしつ

··· 事務室で仕事を始めます。
じむしつ　しごと　はじ

사무실에서 일을 시작합니다.

0370
☐

ユニフォーム 유니폼

··· ユニフォームに着替えてください。
きが

유니폼으로 갈아입어 주세요.

0371
☐

仕切り 칸막이
しき

··· うちの事務室には仕切りがあります。
じむしつ　しき

우리 사무실에는 칸막이가 있습니다.

0372
☐

遅刻 지각
ちこく

··· 遅刻しないようにしてください。
ちこく

지각하지 않도록 해 주세요.

0373
遅れる 늦다 ＝遅刻する
おく   ちこく

⋯ 朝寝坊して会社に遅れてしまいました。
あさねぼう　　　かいしゃ　　おく

늦잠 자서 회사에 늦어 버렸습니다.

0374
上司 상사
じょうし

⋯ 遅刻して上司に叱られました。
ちこく　　　じょうし　　しか

지각해서 상사에게 야단맞았습니다.

0375
部下 부하
ぶか

⋯ 私には部下が３人います。
わたし　　　ぶか　　さんにん

나에게는 부하가 3명 있습니다.

0376
同僚 동료
どうりょう

⋯ 仕事の後、同僚と飲みに行った。
しごと　あと　どうりょう　の　　い

일이 끝난 뒤, 동료와 한잔하러 갔다.

0377
書類 서류
しょるい

⋯ 書類を送ってください。
しょるい　おく

서류를 보내 주세요.

I 준비

II 출근·등교

III 사회생활

IV 집안일

V 외출 1

VI 외출 2

VII 개인 시간

書類トレー 서류함
しょるい

··· 書類トレーを片付けてください。
　　しょるい　　　　かた づ

서류함을 정리해 주세요.

回転椅子 회전의자
かいてん い す

··· この回転椅子は腰が痛くなりません。
　　　かいてん い す　こし　いた

이 회전의자는 허리가 아프지 않습니다.

電卓 전자계산기
でんたく

··· 電卓で計算した方が確かです。
　　でんたく　けいさん　　ほう　たし

전자계산기로 계산하는 편이 정확합니다.

紙 종이
かみ

··· 紙に落書きをしました。
　　かみ　らく が

종이에 낙서를 했습니다.

会社員 회사원
かいしゃいん

··· 兄は会社員です。
　　あに　かいしゃいん

형은 회사원입니다.

0383 出社 しゅっしゃ 출근 ※ **出社する** しゅっしゃ 출근하다

⋯▸ 出社は何時までですか。
しゅっしゃ なん じ

출근은 몇 시까지입니까?

0384 退社 たいしゃ 퇴근, 퇴직 ※ **退社する** たいしゃ 퇴근하다, 퇴직하다

⋯▸ 9時過ぎて退社しました。
く じ す たいしゃ

9시 지나서 퇴근했습니다.

0385 通う かよ 다니다 ※ **通る** とお 지나가다

⋯▸ 毎日英会話スクールに通っている。
まいにちえいかい わ かよ

매일 영어 회화 학원에 다니고 있다.

0386 勤める つと 근무하다 ※ **努める** つと 노력하다, **〜に勤める** つと 〜에 근무하다

⋯▸ 彼女は郵便局に勤めています。
かのじょ ゆう びんきょく つと

그녀는 우체국에서 근무하고 있습니다.

0387 働く はたら 일하다 ※ **〜で働く** はたら 〜에서 일하다

⋯▸ 僕の妹はデパートで働いています。
ぼく いもうと はたら

내 여동생은 백화점에서 일하고 있습니다.

I 준비

II 출근·등교

III 사회생활

IV 집안일

V 외출 1

VI 외출 2

VII 개인시간

0388

辞める 그만두다 ※ 止める 중지하다
や

···→ 今の会社を辞めて新しい仕事を探すつもりです。
いま かいしゃ や あたら しごと さが

지금 회사를 그만두고 새 일을 찾을 생각입니다.

0389

喫煙室 흡연실 ※ 喫煙 흡연
きつえん

きつえんしつ

···→ 喫煙室でたばこを吸っています。
きつえんしつ す

흡연실에서 담배를 피우고 있습니다.

0390

禁煙室 금연실 ※ 禁煙 금연
きんえん

きんえんしつ

···→ ここは禁煙室です。
きんえんしつ

여기는 금연실입니다.

0391

忙しい 바쁘다
いそが

···→ 先週からとても忙しくなった。
せんしゅう いそが

지난주부터 아주 바빠졌다.

0392

社員食堂 사원 식당
しゃいんしょくどう

···→ 忙しくて社員食堂でお昼を食べました。
いそが しゃいんしょくどう ひる た

바빠서 사원 식당에서 점심을 먹었습니다.

0393 ☐ **暇だ** 한가하다 ※ **暇** 짬, 틈 (한가한 상태)
ひま　　　　　　　　　 ひま

⋯→ **昨日はとても暇でした。**
　　 きのう　　　　　ひま

어제는 아주 한가했습니다.

0394 ☐ **休む** 쉬다 ※ **休み** 휴일, 휴식
やす　　　　　　　 やす

⋯→ **休む時間もありません。**
　　 やす　 じ かん

쉴 시간도 없습니다.

0395 ☐ **休暇** 휴가, 휴일 ※ **休暇を取る** 휴가를 얻다
きゅう か　　　　　　　　　　 きゅうか　 と

⋯→ **休暇を取って、のんびりしています。**
　　 きゅう か　 と

휴가를 얻어서 느긋하게 있습니다.

0396 ☐ **週休2日制** 주 5일제
しゅうきゅうふつ か せい

⋯→ **週休2日制で、遊びに行く人が多い。**
　　 しゅうきゅうふつ か せい　 あそ　　 い　 ひと　 おお

주 5일제로 놀러 가는 사람이 많다.

0397 ☐ **給料** 월급 ※ **給料日** 월급날
きゅうりょう　　　　　　 きゅうりょう び

⋯→ **先輩が給料をもらってごちそうしてくれました。**
　　 せんぱい　 きゅうりょう

선배가 월급을 받아서 맛있는 것을 사 주었습니다.

0398

☐ **上がる** 오르다 ※ **上げる** 올리다
　　あ

… 来月から物価が上がります。
　らいげつ　　ぶっか　　あ

다음 달부터 물가가 오릅니다.

0399

☐ **下がる** 내려가다 ※ **下げる** 내리다
　　さ

… 値段が少し下がりました。
　ねだん　すこ　さ

가격이 조금 내려갔습니다.

0400

☐ **転勤** 전근
　　てんきん

… 田中さんは先月転勤しました。
　たなか　　　せんげつてんきん

다나카 씨는 지난달 전근 갔습니다.

0401

☐ **履歴書** 이력서
　　りれきしょ

… 履歴書を出さなければなりません。
　りれきしょ　だ

이력서를 내지 않으면 안 됩니다.

0402

☐ **失業** 실업 ※ **失業者** 실업자
　　しつぎょう　　　　しつぎょうしゃ

… 失業が大きな社会問題になっている。
　しつぎょう　おお　　しゃかいもんだい

실업이 큰 사회 문제가 되고 있다.

0403

定年退職 정년퇴직
ていねんたいしょく

⋯→ 父は去年、定年退職しました。
ちち きょねん ていねんたいしょく

아버지는 작년에 정년퇴직을 했습니다.

0404

退職金 퇴직금
たいしょくきん

⋯→ 退職金をもらって株に投資しました。
たいしょくきん かぶ とう し

퇴직금을 받아서 주식에 투자했습니다.

0405

押す 누르다, 밀다 ※引く 끌다, 당기다
お ひ

⋯→ このボタンを押してください。
お

이 버튼을 눌러 주세요.

⋯→ ドアを引かないで押してください。
ひ お

문을 당기지 말고 밀어 주세요.

0406

タイムカード 타임카드

⋯→ タイムカードを押します。
お

타임카드를 누릅니다.

0407
ボーナス 보너스

⋯ ボーナスをもらって気分がいいです。
　　　　　　　　き ぶん
보너스를 받아서 기분이 좋습니다.

0408
昇進 승진
しょうしん

⋯ 昇進、おめでとうございます。
　　しょうしん
승진 축하합니다.

0409
解雇 해고 ※ 首になる 해고되다
かい こ　　　　　　　くび

⋯ 会社から解雇されました。
　　かいしゃ　　　　かい こ
회사로부터 해고당했습니다.

0410
残業 잔업 ※ 残業する 잔업하다
ざんぎょう　　　　　ざんぎょう

⋯ 毎晩残業でデートする暇がありません。
　　まいばん ざんぎょう　　　　　　　ひま
매일 밤 잔업이라 데이트할 틈이 없습니다.

0411
勤務時間 근무 시간
きん む じ かん

⋯ 勤務時間は9時から6時までです。
　　きん む じ かん　く じ　　 ろく じ
근무 시간은 9시부터 6시까지입니다.

0412 大手企業 대기업
おお て き ぎょう

⋯ **大手企業で働いてみたい。**
おお て き ぎょう はたら

대기업에서 일해 보고 싶다.

0413 リストラ 구조 조정

⋯ **リストラされるかもしれないから、落ちつかない。**
お

구조 조정당할지도 몰라서 안정이 안 된다.

0414 素人 초보자, 초심자 ＝新米 ↔ 玄人 전문가, 숙련가
しろうと　　　　　　　しんまい　　くろうと

⋯ **素人でも大歓迎です。** 초보자도 대환영입니다.
しろうと　　だいかんげい

0415 方 분
かた

⋯ **あの方はどなたですか。** 저 분은 누구십니까?
かた

0416 大変だ 힘들다, 큰일이다
たいへん

⋯ **先週は残業で大変でした。**
せんしゅう　ざんぎょう　たいへん

지난주에는 잔업이어서 힘들었습니다.

⋯ **まだ宿題をしていないので、大変です。**
しゅくだい　　　　　　　たいへん

아직 숙제를 안해서 큰일입니다.

I 준비

II 출근 · 등교

III 사회생활

IV 집안일

V 외출 1

VI 외출 2

VII 개인 시간

실력을 확인해보는 **연습문제**

1 **다음을 일본어로 쓰시오.**

❶ 구조조정 _____ ❷ 오르다 _____

❸ 퇴근, 퇴직 _____ ❹ 월급 _____

❺ 근무 시간 _____ ❻ 출근 _____

❼ 늦다 _____ ❽ 다니다 _____

❾ 실업 _____ ❿ 한가하다 _____

2 **다음 문장과 의미가 같은 단어를 보기에서 골라 쓰시오.**

보기 　残業（ざんぎょう）　転勤（てんきん）　勤務（きんむ）　週休２日制（しゅうきゅうふつかせい）　禁煙（きんえん）

❶ 他（ほか）の地域（ちいき）にある会社（かいしゃ）へ行（い）く。 → _____

❷ たばこを吸（す）わない。 → _____

❸ 週末（しゅうまつ）は会社（かいしゃ）を休（やす）む。 → _____

❹ 会社（かいしゃ）に勤（つと）める。 → _____

❺ 遅（おそ）くまで仕事（しごと）をする。 → _____

3 다음의 의미를 쓰시오.

① 郵便局に勤める _____
ゆうびんきょく つと

② 会社を辞める _____
かいしゃ や

③ デパートで働く _____
はたら

④ 素人 _____ ⑤ 解雇 _____
しろうと   かいこ

⑥ 押す _____ ⑦ ボーナス _____
お

⑧ 引く _____ ⑨ 履歴書 _____
ひ   りれきしょ

⑩ 回転椅子 _____
かいてんいす

정답 1 ① リストラ ② 上(あ)がる ③ 退社(たいしゃ) ④ 給料(きゅうりょう)
　　⑤ 勤務時間(きんむじかん) ⑥ 出社(しゅっしゃ) ⑦ 遅(おく)れる ⑧ 通(かよ)う
　　⑨ 失業(しつぎょう) ⑩ 暇(ひま)だ
2 ① 転勤(てんきん) ② 禁煙(きんえん) ③ 週休２日制(しゅうきゅうふつかせい) ④ 勤務(きんむ)
　　⑤ 残業(ざんぎょう)
3 ① 우체국에서 근무하다 ② 회사를 그만두다 ③ 백화점에서 일하다 ④ 초보자, 초심자
　　⑤ 해고 ⑥ 밀다 ⑦ 보너스 ⑧ 당기다 ⑨ 이력서 ⑩ 회전의자

scene 05

学校 학교
がっこう

❶ 校舎 학교 건물
こうしゃ

⑬ 学食 학생 식당
がくしょく

⑫ 学生会館
がくせいかいかん
학생회관

⑪ 学校の寮
がっこう　りょう
학교 기숙사

❷ 図書館
としょかん
도서관

⑩ 体育館
たいいくかん
체육관

⑨ 黒板消し
こくばん　け
칠판 지우개

❸ 掲示板
けいじばん
게시판

⑧ 講義室
こうぎしつ
강의실

けいじばん

❹ 黒板
こくばん
칠판

❺ チョーク
분필

❻ 教科書
きょうかしょ
교과서

❼ プリント
프린트

⑭ **教える** 가르치다
　おし

⑮ **習う** 배우다
　なら

⑯ **覚える** 기억하다, 외우다
　おぼ

⑰ **小学校** 초등학교
　しょうがっこう

⑱ **中学校** 중학교
　ちゅうがっこう

⑲ **高校** 고등학교
　こうこう

⑳ **大学** 대학교
　だいがく

㉑ **アルバイト** 아르바이트

㉒ **夏休み** 여름 방학
　なつやす

㉓ **学割** 학생 할인
　がくわり

Ⅰ 준비

Ⅱ 출근·등교

Ⅲ 사회생활

Ⅳ 집안일

Ⅴ 외출1

Ⅵ 외출2

Ⅶ 개인시간

0417
☐ **校舎** 학교 건물

こうしゃ

⋯→ 大学には校舎が多い。
だいがく　　　こうしゃ　　おお

대학교에는 학교 건물이 많다.

0418
☐ **図書館** 도서관

と しょかん

⋯→ 図書館で本を借りました。
と しょかん　　ほん　　か

도서관에서 책을 빌렸습니다.

0419
☐ **学生会館** 학생회관

がくせいかいかん

⋯→ 待ち合わせの場所は学生会館だ。
ま　あ　　　　　ばしょ　　がくせいかいかん

약속 장소는 학생회관이다.

0420
☐ **学食** 학생 식당

がくしょく

⋯→ 学食は安くておいしい。
がくしょく　やす

학생 식당은 싸고 맛있다.

0421
☐ **体育館** 체육관

たいいくかん

⋯→ 体育館で柔道をする。
たいいくかん　　じゅうどう

체육관에서 유도를 한다.

0422 **学校の寮** 학교 기숙사
がっこう　　りょう

…▸ 私は学校の寮で暮らしています。
わたし　がっこう　りょう　　く

나는 학교 기숙사에서 살고 있습니다.

0423 **講義室** 강의실
こう ぎ しつ

…▸ 講義室で講義を聞いている。
こう ぎ しつ　　こう ぎ　き

강의실에서 강의를 듣고 있다.

0424 **掲示板** 게시판
けい じ ばん

…▸ 掲示板に何か書いてある。
けい じ ばん　なに　か

게시판에 뭔가 적혀 있다.

0425 **黒板** 칠판
こくばん

…▸ 黒板を見ている。
こくばん　み

칠판을 보고 있다.

0426 **黒板消し** 칠판 지우개
こくばん け

…▸ 黒板消しで黒板をきれいに消しました。
こくばん け　　こくばん　　　　　け

칠판 지우개로 칠판을 깨끗하게 지웠습니다.

Ⅰ 준비

Ⅱ 출근·등교

Ⅲ 사회생활

Ⅳ 집안일

Ⅴ 외출1

Ⅵ 외출2

Ⅶ 개인시간

0427
☐ **チョーク** 분필

⋯▶ 先生がチョークで書いています。
せんせい　　　　　　　　　か
선생님이 분필로 쓰고 있습니다.

0428
☐ **教科書** 교과서　=テキスト
きょう か しょ

⋯▶ 教科書を開いてください。
きょう か しょ　　ひら
교과서를 펴 주세요.

0429
☐ **プリント** 프린트

⋯▶ 配ったプリントを見て話してください。
くば　　　　　　　　　　み　はな
나눠 준 프린트를 보고 이야기해 주세요.

0430
☐ **先生** 선생님
せんせい

⋯▶ 先生は眼鏡をかけている。
せんせい　めがね
선생님은 안경을 쓰고 있다.

0431
☐ **生徒** 학생(중·고등생)
せい と

⋯▶ 生徒の本分は一生懸命勉強することです。
せい と　　ほんぶん　いっしょうけんめいべんきょう
학생의 본분은 열심히 공부하는 것입니다.

0432 ☐ **教室** 교실
きょうしつ

…▸ 教室に生徒がいます。
　きょうしつ　せいと

교실에 학생이 있습니다.

0433 ☐ **教授** 교수(님)
きょうじゅ

…▸ 僕の指導教授です。
　ぼく　し どうきょうじゅ

나의 지도 교수님입니다.

0434 ☐ **習う** 배우다 ＝学ぶ
なら　　　　　　まな

…▸ 日本語を習っています。
　に ほん ご　なら

일본어를 배우고 있습니다.

0435 ☐ **教える** 가르치다 ※教え方 교수법
おし　　　　　　　　　おし かた

…▸ 先生に数学を教えてもらいました。
　せんせい　すうがく　おし

선생님께 수학을 배웠습니다(가르침 받았습니다).

0436 ☐ **覚える** 기억하다, 외우다
おぼ

…▸ この単語はなかなか覚えられない。
　たん ご　　　　　　　　おぼ

이 단어는 좀처럼 외워지지 않는다.

I 준비

II 출근·등교

III 사회생활

IV 집안일

V 외출1

VI 외출2

VII 개인시간

0437

勉強 공부
べんきょう

⋯⋯ 学年が上がると、勉強がだんだん難しくなる。
がくねん あ べんきょう むずか

학년이 올라가면 공부가 점점 어려워진다.

0438

入学 입학　※**入学式** 입학식
にゅうがく　　　　にゅうがくしき

⋯⋯ 今年、入学しました。
ことし にゅうがく

올해 입학했습니다.

0439

卒業 졸업　※**卒業式** 졸업식
そつぎょう　　　　そつぎょうしき

⋯⋯ 去年、卒業しました。
きょねん そつぎょう

작년에 졸업했습니다.

0440

受講 수강
じゅこう

⋯⋯ 田中先生の科目を受講する。
た なかせんせい か もく じゅこう

다나카 선생님의 과목을 수강한다.

0441

小学校 초등학교　※**小学生** 초등학생
しょうがっこう　　　　しょうがくせい

⋯⋯ 私は小学校の6年生です。
わたし しょうがっこう ろく ねんせい

나는 초등학교 6학년입니다.

0442
☐ **中学校** 중학교　※**中学生** 중학생
　　ちゅうがっこう　　　ちゅうがくせい

… **中学校に入って成績が上がりました。**
　　ちゅうがっこう　はい　　せいせき　あ

중학교에 들어와서 성적이 올랐습니다.

0443
☐ **高校** 고등학교　※**高校生** 고교생
　　こうこう　　　こうこうせい

… **高校時代の友達に会いました。**
　　こうこう　じ　だい　　ともだち　あ

고등학교 때의 친구를 만났습니다.

0444
☐ **予備校** 입시 학원
　　よ　び　こう

… **予備校に通っています。**
　　よ　び　こう　かよ

입시 학원에 다니고 있습니다.

0445
☐ **塾** 학원
　　じゅく

… **息子を塾に行かせています。**
　　むす　こ　じゅく　い

아들을 학원에 보내고 있습니다.

0446
☐ **大学** 대학교　※**大学生** 대학생
　　だいがく　　　だい　がく　せい

… **大学で文学を勉強しています。**
　　だいがく　ぶんがく　べんきょう

대학교에서 문학을 공부하고 있습니다.

I 준비

II 출근·등교

III 사회생활

IV 집안일

V 외출1

VI 외출2

VII 개인시간

0447
☐

大学院 대학원
だいがくいん

⋯▸ 大学院ではみんな熱心に勉強します。
だいがくいん　　　　　ねっしん　べんきょう

대학원에서는 모두 열심히 공부합니다.

0448
☐

博士 박사
はかせ

⋯▸ こちらは田中博士です。
た　なかはかせ

이쪽은 다나카 박사입니다.

0449
☐

修士 석사
しゅうし

⋯▸ 修士を取りました。
しゅうし　　と

석사를 취득했습니다.

0450
☐

学士 학사
がくし

⋯▸ 学士を履修しました。
がくし　　りしゅう

학사를 이수했습니다.

0451
☐

学部 학부
がくぶ

⋯▸ 大学院ではなく、学部に通っています。
だいがくいん　　　　　がくぶ　かよ

대학원이 아니고 학부에 다니고 있습니다.

0452 **アルバイト** 아르바이트 ＝バイト

⋯→ アルバイトを探しています。
さが

아르바이트를 찾고 있습니다.

0453 **学割** 학생 할인 ※**割引** 할인
がくわり　　　　　　　　　わりびき

⋯→ 学割でチケットを買いました。
がくわり　　　　　　　　か

학생 할인으로 티켓을 샀습니다.

0454 **学費** 학비
がくひ

⋯→ 学費が高くてお金を借りました。
がくひ　たか　　　かね　か

학비가 비싸서 돈을 빌렸습니다.

0455 **夏休み** 여름 방학 ※**春休み** 봄 방학 **冬休み** 겨울 방학
なつやす　　　　　　　　　はるやす　　　　　　ふゆやす

⋯→ ８月は夏休みです。
はちがつ　なつやす

8월은 여름 방학입니다.

0456 **単位** 학점, 단위
たんい

⋯→ この科目は３単位です。
かもく　　さんたんい

이 과목은 3학점입니다.

I 준비

II 출근·등교

III 사회생활

IV 집안일

V 외출1

VI 외출2

VII 개인시간

0457
同窓会 동창회
どうそうかい

···▶ 久しぶりの同窓会、期待しています。
ひさ　　　　　どうそうかい　　き たい

오랜만의 동창회 기대하고 있습니다.

0458
忘れる 잊다, 까먹다
わす

···▶ 習ったことをすぐ忘れてしまいます。
なら　　　　　　　わす

배웠던 것을 금방 잊어버립니다.

0459
休学 휴학
きゅうがく

···▶ 体が弱くて、1年間休学しました。
からだ　よわ　　　いち ねん かん きゅうがく

몸이 약해서 1년간 휴학했습니다.

0460
専門学校 전문대학, 전문학교
せんもんがっこう

···▶ 姉は専門学校でデザインを勉強している。
あね　せんもんがっこう　　　　　　　　べんきょう

언니는 전문대학에서 디자인을 공부하고 있다.

0461
女子大 여자 대학교 ※女子高 여고
じょ し だい　　　　　　　　　　　　じょ し こう

···▶ 娘は東京の女子大に通っています。
むすめ　とうきょう　じょ し だい　かよ

딸은 도쿄의 여자 대학교에 다니고 있습니다.

0462

参考書 참고서
さんこうしょ

⋯▶ **参考書を見ながら、宿題をしてもいいです。**
さんこうしょ　み　　　　　しゅくだい

참고서를 보면서 숙제를 해도 됩니다.

0463

教卓 교탁
きょうたく

⋯▶ **教卓に花を飾っています。**
きょうたく　はな　かざ

교탁에 꽃을 장식하고 있습니다.

0464

国立 국립 ※私立 사립, 公立 공립
こくりつ　　　　　しりつ　　　　こうりつ

⋯▶ **この大学は国立です。**
だいがく　こくりつ

이 대학은 국립입니다.

0465

校長 교장
こうちょう

⋯▶ **私の学校の校長先生は厳しい。**
わたし　がっこう　こうちょうせんせい　きび

우리 학교 교장 선생님은 엄격하다.

0466

さぼる (수업·일 등을) 빼먹고 놀다

⋯▶ **彼らはいつもさぼってばかりいます。**
かれ

그들은 언제나 수업을 빼먹고 놀기만 합니다.

I 준비

II 출근·등교

III 사회생활

IV 집안일

V 외출 1

VI 외출 2

VII 개인 시간

1 다음을 일본어로 쓰시오.

❶ 여자 대학교 _____   ❷ 학교 기숙사 _____

❸ 학생 식당 _____   ❹ 잊다, 까먹다 _____

❺ 수강 _____   ❻ 박사 _____

❼ 교수(님) _____   ❽ 국립 _____

❾ 동창회 _____   ❿ 1학년 _____

2 다음의 의미를 쓰시오.

❶ <ruby>夏休<rt>なつやす</rt></ruby>み _____   ❷ <ruby>塾<rt>じゅく</rt></ruby> _____

❸ <ruby>予備校<rt>よ び こう</rt></ruby> _____   ❹ アルバイト _____

❺ <ruby>勉強<rt>べんきょう</rt></ruby> _____   ❻ <ruby>単位<rt>たん い</rt></ruby> _____

❼ <ruby>教科書<rt>きょう か しょ</rt></ruby> _____   ❽ <ruby>習<rt>なら</rt></ruby>う _____

❾ <ruby>教<rt>おし</rt></ruby>える _____   ❿ <ruby>覚<rt>おぼ</rt></ruby>える _____

3 다음과 어울리는 단어를 보기에서 골라 쓰시오.

보기	せんせい 先生	せい と 生徒	きょうしつ 教室	きゅうがく 休学	がくわり 学割

❶ なら ひと
習う人 → _____

❷ なら ところ
習う所 → _____

❸ おし ひと
教える人 → _____

❹ せい と がくせい
生徒(学生)には安くしてあげる。 → _____

❺ がっこう なが やす
学校を長く休む。 → _____

정답 1 ❶ 女子大(じょしだい) ❷ 学校(がっこう)の寮(りょう) ❸ 学食(がくしょく) ❹ 忘(わす)れる
　　 ❺ 受講(じゅこう) ❻ 博士(はかせ) ❼ 教授(きょうじゅ) ❽ 国立(こくりつ)
　　 ❾ 同窓会(どうそうかい) ❿ 一年生(いちねんせい)
　 2 ❶ 여름 방학 ❷ 학원 ❸ 입시 학원 ❹ 아르바이트 ❺ 공부
　　 ❻ 학점, 단위 ❼ 교과서 ❽ 배우다 ❾ 가르치다 ❿ 기억하다, 외우다
　 3 ❶ 生徒(せいと) ❷ 教室(きょうしつ) ❸ 先生(せんせい) ❹ 学割(がくわり) ❺ 休学(きゅうがく)

(1) 상점가

☐ **市場** いち ば	시장		☐ **本屋** ほん や	서점	
☐ **花屋** はな や	꽃 가게		☐ **不動産屋** ふ どうさん や	부동산 중개업소	
☐ **八百屋** や お や	채소 가게		☐ **喫茶店** きっ さ てん	다방, 찻집	
☐ **理髪店** り はつてん	이발소		☐ **カフェ**	카페	
☐ **美容院** び よういん	미용실		☐ **屋台** や たい	포장마차	
☐ **写真屋** しゃしん や	사진관		☐ **居酒屋** い ざか や	선술집	
☐ **眼鏡屋** め がね や	안경원		☐ **電器店** でん き てん	전기상회	
☐ **魚屋** さかな や	생선 가게		☐ **金物屋** かなもの や	철물점	
☐ **肉屋** にく や	정육점		☐ **クリーニング店,** てん		
☐ **果物屋** くだもの や	과일 가게		☐ **クリーニング屋** や		
☐ **パン屋** や	빵 가게			세탁소	
☐ **スーパー**	슈퍼마켓				
☐ **コンビニ**	편의점				
☐ **文房具屋** ぶんぼう ぐ や	문구점				

(2) 위치

☐ 上 うえ	위		☐ 付近 ふきん	부근
☐ 下 した	아래		☐ すみ	구석
☐ 中 なか	안, 속		☐ 裏 うら	앞, 속, ~회말(야구)
☐ 間 あいだ	사이		☐ 表 おもて	뒤, 겉, ~회초(야구)
☐ 前 まえ	앞		☐ 東 ひがし	동
☐ 後ろ うし	뒤		☐ 西 にし	서
☐ 右 みぎ	오른쪽		☐ 南 みなみ	남
☐ 左 ひだり	왼쪽		☐ 北 きた	북
☐ 隣 となり	옆		☐ 近く ちか	근처
☐ 横 よこ	옆		☐ 遠く とお	먼 곳
☐ 側 そば	옆, 근처		☐ 真ん中 ま なか	한가운데
☐ 近所 きんじょ	근처		☐ 中心 ちゅうしん	중심
☐ 周り まわ	주변		☐ 空中 くうちゅう	공중
☐ 辺 へん	부근			
☐ あたり	부근			

(3) 교통 수단

☐ **自転車** じ てんしゃ	자전거
☐ **バイク**	바이크
☐ **車** くるま	차
☐ **自動車** じ どうしゃ	자동차
☐ **オートバイ**	오토바이
☐ **バス**	버스
☐ **電車** でんしゃ	노면전차
☐ **地下鉄** ち か てつ	지하철
☐ **列車** れっしゃ	열차
☐ **汽車** き しゃ	기차
☐ **タクシー**	택시
☐ **飛行機** ひ こう き	비행기
☐ **船** ふね	배
☐ **ボート**	보트
☐ **ヘリコプター**	헬리콥터
☐ **フェリー**	페리

(4) 회사 조직

☐ **会長** かいちょう	회장
☐ **社長** しゃちょう	사장
☐ **専務** せん む	전무
☐ **常務** じょう む	상무
☐ **役員** やくいん	임원
☐ **取締役** とりしまりやく	이사
☐ **部長** ぶ ちょう	부장
☐ **課長** か ちょう	과장
☐ **係長** かかりちょう	계장
☐ **代理** だい り	대리
☐ **社員** しゃいん	사원
☐ **平社員** ひらしゃいん	평사원
☐ **新入社員** しんにゅうしゃいん	신입 사원
☐ **新米** しんまい	사회 초년생

(5) 회사 종류

- [ ] **本社**　ほんしゃ　본사
- [ ] **支社**　ししゃ　지사
- [ ] **商社**　しょうしゃ　상사
- [ ] **企業**　きぎょう　기업
- [ ] **株式会社**　かぶしきがいしゃ　주식회사
- [ ] **系列会社**　けいれつがいしゃ　계열 회사
- [ ] **子会社**　こがいしゃ　자회사
- [ ] **工場**　こうじょう　공장
- [ ] **研究所**　けんきゅうじょ　연구소
- [ ] **代理店**　だいりてん　대리점
- [ ] **チェーン店**　てん　체인점
- [ ] **卸売り商**　おろしうりしょう　도매상
- [ ] **小売り商**　こうりしょう　소매상

(6) 건물

- [ ] **放送局**　ほうそうきょく　방송국
- [ ] **警察署**　けいさつしょ　경찰서
- [ ] **消防署**　しょうぼうしょ　소방서
- [ ] **新聞社**　しんぶんしゃ　신문사
- [ ] **食堂**　しょくどう　식당
- [ ] **旅行会社**　りょこうがいしゃ　여행사
- [ ] **博物館**　はくぶつかん　박물관
- [ ] **美術館**　びじゅつかん　미술관
- [ ] **大使館**　たいしかん　대사관
- [ ] **空港**　くうこう　공항
- [ ] **ホテル**　호텔
- [ ] **旅館**　りょかん　여관
- [ ] **交番**　こうばん　파출소
- [ ] **お寺**　てら　절
- [ ] **ガソリンスタンド**　주유소
- [ ] **区役所**　くやくしょ　구청

PART **III**

사회생활

勤務 근무
きん む

❶ **会議室** 회의실
かい ぎ しつ

❷ **進行** 진행
しんこう

❸ **主題** 주제
しゅだい

❹ **資料** 자료
し りょう

❺ **議論** 토론, 논의
ぎ ろん

❻ **意見** 의견
い けん

❼ **メモ** 메모

❽ **記録**
き ろく
기록

❾ **提案** 제안
ていあん

⓭ **会議中** 회의 중
かい ぎ ちゅう

⓬ **議長** 의장
ぎ ちょう

⓫ **参加** 참가
さん か

⓾ **賛成**
さんせい
찬성

⑭ **始める** 시작하다
はじ

⑮ **終わる** 끝나다
お

⑯ **並べる**
なら
늘어놓다, 줄 세우다, 나란히 하다

⑰ **配る** 배부하다
くば

⑱ **伝える** 전달하다
つた

⑲ **使う** 사용하다
つか

⑳ **確かめる** 확인하다
たし

㉑ **名刺** 명함
めい し

㉒ **コピー** 복사

㉓ **電話** 전화
でん わ

㉔ **ファックス** 팩스

Ⅰ 준비

Ⅱ 출근·등교

Ⅲ 사회생활

Ⅳ 집안일

Ⅴ 외출 1

Ⅵ 외출 2

Ⅶ 개인 시간

0467
☐ **電話** 전화 ※ **国際電話** 국제전화
でん わ   こくさいでん わ

⋯⋯▸ **電話をかけ直します。**
でん わ   なお

전화를 다시 겁니다.

0468
☐ **ファックス** 팩스

⋯⋯▸ **ファックスで送ってください。**
おく

팩스로 보내 주세요.

0469
☐ **会議室** 회의실
かい ぎ しつ

⋯⋯▸ **会議室に人が集まっています。**
かい ぎ しつ ひと あつ

회의실에 사람이 모여 있습니다.

0470
☐ **会議中** 회의 중 ※ **명사+中** ~하는 중
かい ぎ ちゅう   ちゅう

⋯⋯▸ **会議中ですから、電話に出られません。**
かい ぎ ちゅう   でん わ で

회의 중이라서 전화를 받을 수 없습니다.

0471
☐ **進行** 진행 ※ **進行する** 진행하다 = **進める**
しんこう   しんこう   すす

⋯⋯▸ **会議の進行を担当する田中と申します。**
かい ぎ しんこう たんとう   た なか もう

회의 진행을 담당할 다나카라고 합니다.

I 준비

II 출근·등교

III 사회생활

IV 집안일

V 외출1

VI 외출2

VII 개인시간

0472 **議長** 의장
ぎ ちょう

⋯→ **議長の話から始まります。**
ぎ ちょう　はなし　　　はじ

의장의 이야기부터 시작됩니다.

0473 **参加** 참가　※ **参席** 참석
さん か　　　　　　　　さん せき

⋯→ **本日の会議は全員が参加しました。**
ほん じつ　　かい ぎ　　ぜんいん　　さん か

오늘 회의는 전원이 참가했습니다.

0474 **主題** 주제　※ **話題** 화제
しゅだい　　　　　　　　わ だい

⋯→ **この論文の主題は何ですか。**
ろん ぶん　しゅ だい　なん

이 논문의 주제는 무엇입니까?

0475 **資料** 자료
し りょう

⋯→ **配った資料を参考にしてください。**
くば　　　し りょう　さんこう

배부한 자료를 참고해 주세요.

0476 **配る** 배부하다
くば

⋯→ **資料を配っています。**
し りょう　くば

자료를 배부하고 있습니다.

0477

議論 토론, 논의
ぎ ろん

⋯▸ 主題について議論しています。
しゅ だい　　　　　　　ぎ ろん

주제에 대해서 토론하고 있습니다.

0478

意見 의견
い けん

⋯▸ ほかの意見はありませんか。
い けん

다른 의견은 없나요?

0479

提案 제안
てい あん

⋯▸ あなたの提案を受け入れます。
てい あん　　う　い

당신의 제안을 받아들이겠습니다.

0480

プレゼンテーション 프레젠테이션

⋯▸ プレゼンテーションの準備で忙しいです。
じゅん び　　　いそが

프레젠테이션 준비로 바쁩니다.

0481

下請け 하청
した う

⋯▸ 不景気の時は下請けの方がもっと大変だ。
ふ けい き　　とき　した う　　　　ほう　　　　　　たい へん

불경기일 때는 하청 쪽이 더 힘들다.

0482

☐ **在庫** 재고

ざいこ

⋯▶ 在庫が多くて半額セールをすることにした。
　　ざいこ　　おお　　　はんがく

재고가 많아서 반값 세일을 하기로 했다.

0483

☐ **賛成** 찬성　↔**反対** 반대
　　　　　　　　はんたい

さんせい

⋯▶ 賛成する人もいます。
　　さんせい　ひと

찬성하는 사람도 있습니다.

0484

☐ **記録** 기록

きろく

⋯▶ ３年前の記録を探してみます。
　　さんねんまえ　きろく　さが

3년 전 기록을 찾아봅니다.

0485

☐ **メモ** 메모

⋯▶ メモを取ります。
　　　　　と

메모를 합니다.

0486

☐ **並べる** 늘어놓다, 줄 세우다, 나란히 하다　※ **並ぶ** 줄 서다
　　　　　　　　　　　　　　　　　　　　　　　　なら

なら

⋯▶ 資料を並べています。
　　しりょう　なら

자료를 늘어놓고 있습니다.

I 준비

II 출근·등교

III 사회생활

IV 집안일

V 외출 1

VI 외출 2

VII 개인 시간

0487

始める 시작하다 ※ **始まる** 시작되다
はじ　　　　　　　　　　はじ

⋯→ ちょうど9時です。会議を始めます。
　　　　　　　 く　じ　　　　かい　ぎ　　はじ

정각 9시입니다. 회의를 시작하겠습니다.

0488

終わる 끝나다 ※ **終える** 끝내다
お　　　　　　　　　　 お

⋯→ 会議がやっと終わりました。
　　 かい　ぎ　　　　　 お

회의가 겨우 끝났습니다.

0489

確かめる 확인하다 = **確認する**
たし　　　　　　　　　　　かくにん

⋯→ 会議の主題をもう一度確かめてください。
　　 かい　ぎ　しゅだい　　　 いち　ど　たし

회의 주제를 한 번 더 확인해 주세요.

0490

使う 사용하다 = **使用する**
つか　　　　　　　　　しょう

⋯→ この中では携帯は使ってはいけません。
　　　　 なか　　　 けいたい　つか

이 안에서는 휴대 전화를 사용해서는 안 됩니다.

0491

伝える 전달하다 = **伝達する**
つた　　　　　　　　　 でんたつ

⋯→ 会議の日付を伝えてください。
　　 かい　ぎ　 ひ づけ　つた

회의 날짜를 전달해 주세요.

0492

コピー 복사 ※ **コピー機** 복사기
　　　　　　　　　　　　き

⋯→ コピーをしています。

복사를 하고 있습니다.

0493

外国語 외국어 ※ **外国人** 외국인
がいこく ご　　　　　　　がいこくじん

⋯→ 外国語が出来る人がたくさんいます。
　　がいこく ご　で　き　ひと

외국어를 할 수 있는 사람이 많이 있습니다.

0494

中止 중지 ※ **中止する** 중지하다 ＝ **止める**
ちゅう し　　　　ちゅう し　　　　　　や

⋯→ 会議は中止となりました。
　　かい ぎ　ちゅう し

회의는 중지되었습니다.

0495

契約 계약 ※ **契約書** 계약서
けいやく　　　　けいやくしょ

⋯→ 契約の件で、外勤しています。
　　けいやく　けん　がいきん

계약 건으로 외근하고 있습니다.

0496

スケジュール 스케줄

⋯→ 出張のスケジュールを見ています。
　　しゅっちょう　　　　　　　み

출장 스케줄을 보고 있습니다.

I 준비

II 출근·등교

III 사회생활

IV 집안일

V 외출1

VI 외출2

VII 개인시간

0497

☐ **連絡** 연락 ※ **連絡先** 연락처
れんらく　　　　れんらくさき

⋯ **連絡をしてみます。**
れんらく

연락을 해 보겠습니다.

0498

☐ **記入** 기입
き にゅう

⋯ **名前を記入します。**
な まえ　き にゅう

이름을 기입합니다.

0499

☐ **作成** 작성
さくせい

⋯ **報告書を作成しています。**
ほうこくしょ　さくせい

보고서를 작성하고 있습니다.

0500

☐ **提出** 제출
ていしゅつ

⋯ **提出された報告書を読んでいます。**
ていしゅつ　　　　ほうこくしょ　よ

제출된 보고서를 읽고 있습니다.

0501

☐ **整理** 정리 ※ **整理する** 정리하다
せい り　　　　　　せい り

⋯ **書類を整理して帰りましょう。**
しょるい　せい り　　かえ

서류를 정리하고 돌아갑시다.

0502 変わる 바뀌다 ※変える 바꾸다
か　　　　　　　　　か

⋯→ スケジュールが変わりました。
　　　　　　　　　　か

스케줄이 바뀌었습니다.

0503 担当 담당 ※担当者 담당자
たんとう　　　　たんとうしゃ

⋯→ 私が担当しています。
　　わたし　たんとう

제가 담당하고 있습니다.

つなぐ 연결하다

⋯→ 電話をつなぎますので少々お待ちください。
　　でん わ　　　　　　　　しょうしょう　ま

전화를 연결할 테니까 잠시 기다려 주세요.

0505 伝言 전언
でんごん

⋯→ 伝言よろしくお願いします。
　　でんごん　　　　　ねが

전언을 잘 부탁합니다.

0506 手伝う 돕다 ※お手伝いさん 가사 도우미
て つだ　　　　　　て つだ

⋯→ 田中さんの仕事を手伝っています。
　　た なか　　　し ごと　て つだ

다나카 씨의 일을 돕고 있습니다.

0507

☐ **延ばす** 연기하다, 미루다 ※ **伸ばす** 기르다, 펴다, 뻗다
　　の　　　　　　　　　　　　　　　　の

⋯→ 会議を来週に延ばしました。
　　かい ぎ　　らいしゅう　　の

회의를 다음 주로 연기했습니다.

0508

☐ **残す** 남기다 ※ **残る** 남다
　　のこ　　　　　　　のこ

⋯→ 私だけ残してみんな退社しました。
　　わたし　　のこ　　　　　　　　たいしゃ

나만 남기고 모두 퇴근했습니다.

0509

☐ **過労** 과로
　　か ろう

⋯→ 過労で倒れてしまいました。
　　か ろう　たお

과로로 쓰러지고 말았습니다.

0510

☐ **用事** 볼일, 용무, 용건 ※ **急用** 급한 볼일
　　よう じ　　　　　　　　　　　　きゅうよう

⋯→ 田中は用事があって席をはずしています。
　　た なか　よう じ　　　　　　せき

다나카는 볼일이 있어서 자리를 비웠습니다.

0511

☐ **渡す** 건네주다
　　わた

⋯→ 資料を隣の人に渡してほしいです。
　　し りょう　となり　ひと　わた

자료를 옆 사람에게 건네주기 바랍니다.

0512
名刺 명함
めいし

⋯→ 名刺を渡しました。
めいし　わた

명함을 건넸습니다.

0513
言う 말하다 =言う
い　　　　　　　　ゆ

⋯→ 自分の意見を言ってください。
じ ぶん　い けん　い

자신의 의견을 말해 주세요.

0514
続ける 계속하다 ※続く 계속되다
つづ　　　　　　　　　　　つづ

⋯→ 会議を2時間も続けています。
かい ぎ　に じ かん　つづ

회의를 2시간이나 계속하고 있습니다.

0515
戻る (제자리로) 돌아가다 ※戻す (원래대로) 돌리다
もど　　　　　　　　　　　　　もど

⋯→ 席に戻ってください。
せき　もど

자리로 돌아가 주세요.

0516
調べる 조사하다 =調査する
しら　　　　　　　　　　ちょう さ

⋯→ 資料を調べています。
し りょう　しら

자료를 조사하고 있습니다.

Ⅰ 준비

Ⅱ 출근·등교

Ⅲ 사회생활

Ⅳ 집안일

Ⅴ 외출1

Ⅵ 외출2

Ⅶ 개인시간

1 다음을 일본어로 쓰시오.

❶ 기입 _____

❷ 전달하다 _____

❸ 시작하다 _____

❹ 끝나다 _____

❺ 찬성 _____

❻ 계약 _____

❼ 회의 중 _____

❽ 연결하다 _____

❾ 스케줄 _____

❿ 자료 _____

2 다음의 의미를 쓰시오.

❶ 用事^{ようじ} _____

❷ 名刺^{めいし} _____

❸ 言^いう _____

❹ 戻^{もど}る _____

❺ 並^{なら}べる _____

❻ 配^{くば}る _____

❼ 主題^{しゅだい} _____

❽ 下請^{したう}け _____

❾ コピー _____

❿ メモ _____

3 다음의 의미와 같은 단어를 골라 쓰시오.

보기　やめる　つかう　すすめる　たしかめる　しらべる

❶ 確認(かくにん)する ＿＿＿＿＿＿＿＿

❷ 使用(しよう)する ＿＿＿＿＿＿＿＿

❸ 進行(しんこう)する ＿＿＿＿＿＿＿＿

❹ 中止(ちゅうし)する ＿＿＿＿＿＿＿＿

❺ 調査(ちょうさ)する ＿＿＿＿＿＿＿＿

정답　1 ❶ 記入(きにゅう)　❷ 伝(つた)える・伝達(でんたつ)する　❸ 始(はじ)める　❹ 終(お)わる
　　❺ 賛成(さんせい)　❻ 契約(けいやく)　❼ 会議中(かいぎちゅう)　❽ つなぐ　❾ スケジュール
　　❿ 資料(しりょう)
2 ❶ 볼일, 용무, 용건　❷ 명함　❸ 말하다　❹ (제자리로) 돌아가다　❺ 늘어놓다, 줄 세우다, 나란히 하다
　　❻ 배부하다　❼ 주제　❽ 하청　❾ 복사　❿ 메모
3 ❶ たしかめる　❷ つかう　❸ すすめる　❹ やめる　❺ しらべる

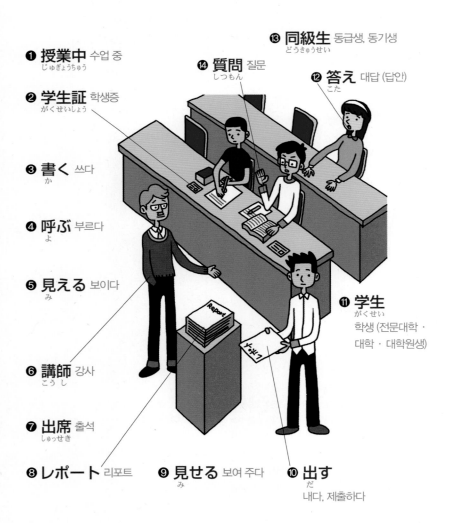

scene 02 授業 수업
じゅ ぎょう

❶ 授業中 수업 중
じゅぎょうちゅう

❷ 学生証 학생증
がくせいしょう

❸ 書く 쓰다
か

❹ 呼ぶ 부르다
よ

❺ 見える 보이다
み

❻ 講師 강사
こうし

❼ 出席 출석
しゅっせき

❽ レポート 리포트

❾ 見せる 보여 주다
み

❿ 出す
だ
내다, 제출하다

⓫ 学生
がくせい
학생 (전문대학 ·
대학 · 대학원생)

⓬ 答え 대답 (답안)
こた

⓭ 同級生 동급생, 동기생
どうきゅうせい

⓮ 質問 질문
しつもん

⑮ **試験** 시험
しけん

⑯ **予習** 예습
よしゅう

⑰ **復習** 복습
ふくしゅう

⑱ **難しい** 어렵다
むずか

⑲ **易しい** 쉽다
やさ

⑳ **合格** 합격
ごうかく

㉑ **点数** 점수
てんすう

㉒ **カンニング** 커닝

㉓ **専攻** 전공
せんこう

㉔ **前期** 1학기
ぜんき

㉕ **発表** 발표
はっぴょう

I 준비

II 출근・등교

III 사회생활

IV 집안일

V 외출1

VI 외출2

VII 개인시간

0517 授業中 수업 중 ※授業 수업
じゅぎょうちゅう じゅぎょう

···▶ 今は授業中です。
いま じゅうぎょうちゅう

지금은 수업 중입니다.

0518 学生 학생 (전문대학·대학·대학원생)
がくせい

···▶ 私はまだ学生です。
わたし がくせい

나는 아직 학생입니다.

0519 講師 강사
こうし

···▶ 大学の講師をやっています。
だいがく こうし

대학 강사를 하고 있습니다.

0520 出席 출석 ※欠席 결석
しゅっせき けっせき

···▶ 必ず出席してください。
かなら しゅっせき

반드시 출석해 주세요.

0521 呼ぶ 부르다 ※呼ばれる 불리다
よ よ

···▶ 名前を呼ばれました。
なまえ よ

이름을 불렀습니다.

0522

出す 내다, 제출하다
だ

⋯→ レポートを出しました。
　　　　　　　　だ

리포트를 냈습니다.

0523

レポート 리포트

⋯→ 早くレポートを出して欲しい。
　　はや　　　　　　　だ　　　ほ

빨리 리포트를 내기 바란다.

0524

書く 쓰다
か

⋯→ レポートに名前を書いてください。
　　　　　　な　ま　え　か

리포트에 이름을 써 주세요.

0525

質問 질문
しつもん

⋯→ 質問があったら気軽に言ってください。
　　しつもん　　　　　き　がる　　い

질문이 있으면 부담 갖지 말고 말해 주세요.

0526

答え 대답(답안) ※**答える** 대답하다
こた　　　　　　　　　　こた

⋯→ 彼の答えは間違いでした。
　　かれ　こた　　　ま　ちが

그의 대답은 틀렸습니다.

I 준비

II 출근·등교

III 사회생활

IV 집안일

V 외출 1

VI 외출 2

VII 개인 시간

0527

見せる 보여 주다
み

⋯→ 本を見せてください。
　　ほん　　み

책을 보여 주세요.

0528

見える 보이다
み

⋯→ 黒板の字が見えません。
　　こくばん　じ　　み

칠판의 글씨가 보이지 않습니다.

0529

学生証 학생증
がくせいしょう

⋯→ 学生証はいつも持っています。
　　がくせいしょう　　　　　も

학생증은 언제나 가지고 있습니다.

0530

同級生 동급생, 동기생
どうきゅうせい

⋯→ 僕たちは同級生です。
　　ぼく　　　どうきゅうせい

우리들은 동급생입니다.

0531

予習 예습　※ 予習する 예습하다
よしゅう　　　　　よしゅう

⋯→ 予習して行きます。
　　よしゅう　い

예습하고 갑니다.

0532 **復習** 복습 ※ **復習する** 복습하다
ふくしゅう　　　　　　　ふくしゅう

⋯→ **復習は必ずしてください。**
　　ふくしゅう　かなら

복습은 반드시 해 주세요.

0533 **試験** 시험 ＝テスト ※ **試験を受ける** 시험을 치르다
し けん　　　　　　　　　　　し けん う

⋯→ **試験を受けました。**
　　し けん う

시험을 치렀습니다.

0534 **難しい** 어렵다
むずか

⋯→ **試験はとても難しかった。**
　　し けん　　　　　むずか

시험은 아주 어려웠다.

0535 **易しい** 쉽다 ※ **優しい** 친절하다, 상냥하다
やさ　　　　　　　　　　やさ

⋯→ **易しい日本語の本です。**
　　やさ　　に ほん ご　ほん

쉬운 일본어 책입니다.

0536 **合格** 합격 ※ **合格する** 합격하다 ＝受かる
ごうかく　　　　　　　　ごうかく　　　　　　う

⋯→ **やっと合格しました。**
　　　　　ごうかく

겨우 합격했습니다.

I 준비

II 출근·등교

III 사회생활

IV 집안일

V 외출1

VI 외출2

VII 개인시간

0537

点数 점수
てんすう

⋯▸ 点数はどうですか。
てんすう

점수는 어떻습니까?

0538

カンニング 커닝

⋯▸ カンニングは絶対許されません。
ぜったいゆる

커닝은 절대 용서받을 수 없습니다.

0539

専攻 전공 ※副専攻 부전공
せんこう   ふくせんこう

⋯▸ 専攻は何ですか。
せんこう なん

전공은 무엇입니까?

0540

前期 1학기 ※学期 학기, 後期 2학기
ぜん き   がっ き   こう き

⋯▸ 前期が終わりました。
ぜん き   お

1학기가 끝났습니다.

0541

早引き 조퇴 =早引け, 早退
はや び   はや び   そうたい

⋯▸ 体の調子が悪くて、早引きしました。
からだ ちょう し わる   はや び

몸이 좋지 않아 조퇴했습니다.

0542
☐ **発表** 발표
はっぴょう

⋯ 次は田中さんの発表です。
つぎ　た なか　　　はっぴょう
다음은 다나카 씨의 발표입니다.

0543
☐ **急ぐ** 서두르다
いそ

⋯ 授業に遅れるので、急ぎました。
じゅぎょう　おく　　　　　　いそ
수업에 늦어서 서둘렀습니다.

0544
☐ **取る** 적다, 가지다, (나이를) 먹다, (점수, 휴가를) 얻다
と

⋯ 先生の話をノートに取っています。
せんせい　はなし　　　　　と
선생님의 이야기를 노트에 적고 있습니다.

⋯ 新聞を取りに行きます。
しんぶん　と　　い
신문을 가지러 갑니다.

⋯ 人は誰でも年を取っていきます。
ひと　だれ　　　とし　と
사람은 누구나 나이를 먹어 갑니다.

⋯ 一週間の休みを取りました。
いっしゅうかん　やす　　と
일주일간의 휴가를 얻었습니다.

I 준비

II 출근 · 등교

III 사회생활

IV 집안일

V 외출 1

VI 외출 2

VII 개인 시간

0545

尋ねる 묻다, 질문하다 =質問する
たず

… 分からない問題を先生に尋ねました。
わ　　　　もんだい　せんせい　たず

모르는 문제를 선생님에게 물었습니다.

0546

分かる 알다, 이해하다 ※ ～が分かる ～을 알다
わ

… 英語が分かりますか。
えいご　わ

영어를 압니까?

0547

違う 다르다, 틀리다
ちが

… 答えが違いました。
こた　　　ちが

대답이 틀렸습니다.

0548

正しい 바르다(옳음) ※礼儀正しい 예의 바르다
ただ　　　　　　　　　　れいぎただ

… 正しい答えを選んでください。
ただ　　こた　　えら

올바른 대답을 골라 주세요.

0549

考える 생각하다
かんが

… よく考えてみてください。
かんが

잘 생각해 봐 주세요.

0550
思い出す 생각해 내다
おも　　だ

⋯▸ 彼の名前が思い出せません。
かれ　な まえ　おも　だ

그의 이름이 생각나지 않습니다.

0551
写す 베끼다 ※ 移す 옮기다
うつ　　　　　　　　　　うつ

⋯▸ 友達の答えを写しました。
ともだち　こた　　　うつ

친구의 답을 베꼈습니다.

0552
厳しい 엄하다, 엄격하다 ※ 厳格 엄격
きび　　　　　　　　　　　　　げんかく

⋯▸ うちの学校はとても厳しいです。
がっこう　　　　　きび

우리 학교는 매우 엄합니다.

0553
優しい 상냥하다
やさ

⋯▸ 優しい先生でよかった。
やさ　　せんせい

상냥한 선생님이어서 다행이다.

0554
声 목소리, 음성
こえ

⋯▸ 先生の声が聞こえません。
せんせい　こえ　き

선생님의 목소리가 들리지 않습니다.

I 준비

II 출근·등교

III 사회생활

IV 집안일

V 외출 1

VI 외출 2

VII 개인 시간

0555

□ 音 소리 ※ 音がする 소리가 나다
  おと　　　　　　おと

… 変な音がしました。
  へん　おと

　　이상한 소리가 났습니다.

0556

□ 叱る 야단치다
  しか

… また遅刻して叱られました。
  　　ちこく　　　しか

　　또 지각해서 야단맞았습니다.

0557

□ 誉める 칭찬하다
  ほ

… 100点とって、誉められました。
  ひゃく　てん　　　　ほ

　　100점을 받아서 칭찬받았습니다.

0558

□ すっかり 완전히

… 宿題をすっかり忘れてしまった。
  しゅくだい　　　　　わす

　　숙제를 완전히 잊어버렸다.

0559

□ しか ～밖에 ※ 뒤에 부정 표현을 동반함

… 勉強する時間が一日しか残っていません。
  べんきょう　　じかん　いちにち　　のこ

　　공부할 시간이 하루밖에 남아 있지 않습니다.

0560 ☐ **転校** 전학　※ **退学** 퇴학
てんこう
　　　たいがく

⋯ 引っ越しして転校することになりました。
　ひ　こ　　　　　　てんこう

　이사해서 전학가게 되었습니다.

0561 ☐ **罰** 벌
ばつ

⋯ 学生たちが団体で罰を受けている。
　がくせい　　　だんたい　ばつ　う

　학생들이 단체로 벌을 받고 있다.

0562 ☐ **まる** 동그라미(○표)　※ **ばつ** 가위표(×표)

⋯ 次の問題をよく読んで○、×をつけてください。
　つぎ　もんだい　　　よ　　　　　まる　ばつ

　다음 문제를 읽고 ○, ×를 해 주세요.

0563 ☐ **正解** 정답
せいかい

⋯ 正解はこれです。
　せいかい

　정답은 이것입니다.

Ⅰ 준비
Ⅱ 출근·등교
Ⅲ 사회생활
Ⅳ 집안일
Ⅴ 외출1
Ⅵ 외출2
Ⅶ 개인시간

1 **다음을 일본어로 쓰시오.**

❶ 베끼다 _____ ❷ 발표 _____

❸ 예습 _____ ❹ 복습 _____

❺ 출석 _____ ❻ 전학 _____

❼ 조퇴 _____ ❽ 벌 _____

❾ 야단치다 _____ ❿ 칭찬하다 _____

2 **다음의 의미를 쓰시오.**

❶ 同級生 _____ ❷ 出す _____

❸ 見える _____ ❹ 見せる _____

❺ すっかり _____ ❻ 思い出す _____

❼ 尋ねる _____ ❽ 答え _____

❾ 試験を受ける _____ ❿ 音 _____

3 다음을 반대어끼리 연결하시오.

❶ 難^{むずか}しい   •   • 暇^{ひま}だ

❷ 長^{なが}い   •   • 遠^{とお}い

❸ 忙^{いそが}しい   •   • 優^{やさ}しい

❹ 厳^{きび}しい   •   • 短^{みじか}い

❺ 近^{ちか}い   •   • 易^{やさ}しい

정답 1 ❶ 写(うつ)す   ❷ 発表(はっぴょう)   ❸ 予習(よしゅう)   ❹ 復習(ふくしゅう)   ❺ 出席(しゅっせき)
      ❻ 転校(てんこう)   ❼ 早引(はやび)き・早引(はやび)け   ❽ 罰(ばつ)   ❾ 叱(しか)る   ❿ 誉(ほ)める
   2 ❶ 동급생, 동기생   ❷ 내다, 제출하다   ❸ 보이다   ❹ 보여 주다   ❺ 완전히
      ❻ 생각해 내다   ❼ 묻다, 질문하다   ❽ 대답 (답안)   ❾ 시험을 치르다   ❿ 소리
   3 ❶ 易(やさ)しい   ❷ 短(みじか)い   ❸ 暇(ひま)だ   ❹ 優(やさ)しい   ❺ 遠(とお)い

scene 03

昼休み 점심시간
ひる やす

❶ ファーストフード店
てん
패스트푸드점

❷ アイスコーヒー
아이스커피

❸ ハンバーガー
햄버거

❿ チキン
치킨

❾ コーラ 콜라

❽ ストロー
빨대

❼ 昼ご飯
ひる はん
점심밥

❻ 昼食
ちゅうしょく
점심식사

❹ フライドポテト
감자튀김

❺ ナゲット 너깃

⑪ **弁当** 도시락
べんとう

⑫ **うどん** 가락국수 (우동)

⑬ **そば** 메밀국수

⑭ **おにぎり** 주먹밥

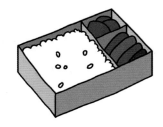

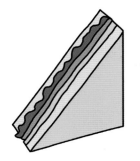

⑮ **サンドイッチ** 샌드위치

⑯ **カレー** 카레

⑰ **ドーナツ** 도넛

⑱ **ショートケーキ** 조각 케이크

⑲ **ピザ** 피자

⑳ **スパゲッティ** 스파게티

㉑ **カップラーメン** 컵라면

㉒ **日替わり定食**
ひ が　　ていしょく
메뉴가 매일 바뀌는 정식

Ⅰ 준비

Ⅱ 출근 · 등교

Ⅲ 사회생활

Ⅳ 집안일

Ⅴ 외출 1

Ⅵ 외출 2

Ⅶ 개인 시간

0564
昼ご飯 점심밥
ひる　　はん

…▸ **友達と一緒に昼ご飯を食べた。**
ともだち　いっしょ　ひる　はん　た

친구와 함께 점심밥을 먹었다.

0565
昼食 점심식사
ちゅうしょく

…▸ **昼食は何を食べましたか。**
ちゅうしょく　なに　た

점심식사는 무엇을 먹었습니까?

0566
ファーストフード店 패스트푸드점
てん

…▸ **ファーストフード店は若者たちに人気がある。**
てん　わかもの　にんき

패스트푸드점은 젊은이들에게 인기가 있다.

0567
ハンバーガー 햄버거

…▸ **ハンバーガーは食べすぎると体に悪い。**
た　からだ　わる

햄버거는 너무 많이 먹으면 몸에 나쁘다.

0568
コーラ 콜라

…▸ **コーラは飲まない方がいいですよ。**
の　ほう

콜라는 마시지 않는 게 나아요.

0569

☐ **ストロー** 빨대

⋯ ストローでジュースを飲んだ。

빨대로 주스를 마셨다.

0570

☐ **アイスコーヒー** 아이스커피

⋯ 暑いのでアイスコーヒーを飲む。

더워서 아이스커피를 마신다.

0571

☐ **カップラーメン** 컵라면

⋯ 時間がなくて、カップラーメンを食べました。

시간이 없어서 컵라면을 먹었습니다.

0572

☐ **うどん** 가락국수(우동)

⋯ 日本のうどんは種類もたくさんあるんだ。

일본의 가락국수는 종류도 아주 많아.

0573

☐ **そば** 메밀국수

⋯ 夏はそばが一番です。

여름에는 메밀국수가 제일입니다.

0574

おにぎり 주먹밥

⋯ おにぎりを作って、花見に行こうか。

주먹밥을 만들어서 꽃놀이 갈까?

0575

カレー 카레

⋯ カレーは日本人がよく食べている食べ物です。

카레는 일본인이 자주 먹는 음식입니다.

0576

サンドイッチ 샌드위치

⋯ サンドイッチはどうですか。

샌드위치는 어떻습니까?

0577

ドーナツ 도넛

⋯ ドーナツは甘すぎて、好きではありません。

도넛은 너무 달아서 좋아하지 않습니다.

0578

ショートケーキ 조각 케이크

⋯ ショートケーキ 1 個で十分です。

조각 케이크 한 개면 충분합니다.

0579 ピザ 피자

⋯ ピザの出前を頼みました。
　　で まえ　 たの

피자 배달을 부탁했습니다.

0580 スパゲッティ 스파게티

⋯ 彼女とスパゲッティを食べました。
　　かのじょ　　　　　　 た

그녀와 스파게티를 먹었습니다.

0581 日替わり定食 메뉴가 매일 바뀌는 정식
　　ひ が　　 ていしょく

⋯ 今日の日替わり定食は何ですか。
　　きょう　 ひ が　 ていしょく　 なん

오늘의 메뉴가 매일 바뀌는 정식은 뭡니까?

0582 弁当 도시락
　　べんとう

⋯ 弁当を持って行きましょうか。
　　べんとう　 も　　 い

도시락을 가지고 갈까요?

0583 鮭弁当 연어 도시락
　　さけべんとう

⋯ 昼ご飯は鮭弁当にした。
　　ひる　 はん　 さけべんとう

점심밥은 연어 도시락으로 했다.

のり弁当 _{김 도시락}
べんとう

…▸ のり弁当は安くておいしいからよく食べる。
べんとう　　やす　　　　　　　　　　　　　た

김 도시락은 싸고 맛있어서 자주 먹는다.

牛肉 _{소고기}
ぎゅうにく

…▸ 牛肉が好きです。
ぎゅうにく　　す

소고기를 좋아합니다.

豚肉 _{돼지고기}
ぶたにく

…▸ 豚肉を食べたら、お腹が痛いです。
ぶたにく　　た　　　　　　なか　　いた

돼지고기를 먹으면 배가 아픕니다.

鶏肉 _{닭고기}
とりにく

…▸ 日本人は鶏肉が好きです。
に ほんじん　　とりにく　　す

일본인은 닭고기를 좋아합니다.

ちょうど _{꼭, 정확히}

…▸ ちょうど12時、お昼に行きましょう。
じゅうに じ　　ひる　い

정각 12시, 점심 먹으러 갑시다.

0589

足りる 충분하다 ↔ **足りない** 모자라다
た　　　　　　　　　　　　　　　た

⋯ **お昼はミルクとサンドイッチで足ります。**
　　ひる　　　　　　　　　　　　　　　　　た

점심은 우유와 샌드위치로 충분합니다.

0590

昼休み 점심시간
ひるやす

⋯ **昼休みは12時からです。**
　　ひるやす　　じゅうに　じ

점심시간은 12시부터입니다.

0591

済む 해결되다, 끝나다　※ **住む** 살다, 거주하다
す　　　　　　　　　　　　　　　す

⋯ **食事代が300円で済みました。**
　　しょく じ だい　さんびゃくえん　す

식사비용은 300엔으로 해결되었습니다.

0592

牛丼 소고기 덮밥
ぎゅうどん

⋯ **今日のお昼は牛丼にしよう。**
　　きょう　　　ひる　ぎゅうどん

오늘 점심은 소고기 덮밥으로 하자.

0593

親子丼 닭고기 계란덮밥
おや こ どん

⋯ **親子丼を食べてみました。**
　　おや こ どん　た

닭고기 계란덮밥을 먹어 봤습니다.

I 준비

II 출근·등교

III 사회생활

IV 집안일

V 외출1

VI 외출2

VII 개인시간

0594 □ フライドポテト 감자튀김

⋯▸ フライドポテトも注文しました。
ちゅうもん

감자튀김도 주문했습니다.

0595 □ ナゲット 너깃

⋯▸ このナゲットは鶏肉から作られました。
とりにく   つく

이 너깃은 닭고기로 만들어졌습니다.

0596 □ チキン 치킨

⋯▸ チキンは誰でも好きな食べ物だ。
だれ   す   た   もの

치킨은 누구나 좋아하는 음식이다.

0597 □ すき焼き 전골
や

⋯▸ すき焼きが好きですか。
や   す

전골을 좋아합니까?

0598 □ 天ぷら 튀김
てん

⋯▸ えびの天ぷらが人気があります。
てん   にん き

새우튀김이 인기가 있습니다.

0599 豚カツ 돈가스
とん

⋯▶ 豚カツは子供たちの大好きな料理の一つです。
　　とん　　　こども　　　　だいす　　　りょうり　ひと
돈가스는 어린이들이 가장 좋아하는 음식 중 하나입니다.

0600 セットメニュー 세트 메뉴

⋯▶ セットメニューを食べることにしました。
　　　　　　　　　　た
세트 메뉴를 먹기로 했습니다.

0601 餃子 만두
ギョーザ

⋯▶ 焼き餃子が好きです。
　　や　ギョーザ　す
군만두를 좋아합니다.

0602 焼き飯 볶음밥 ＝チャーハン
や　めし

⋯▶ 焼き飯を食べました。
　　や　めし　た
볶음밥을 먹었습니다.

0603 給食 급식
きゅうしょく

⋯▶ 学校の給食はおいしいです。
　　がっこう　きゅうしょく
학교 급식은 맛있습니다.

I 준비

II 출근·등교

III 사회생활

IV 집안일

V 외출 1

VI 외출 2

VII 개인 시간

1 다음을 일본어로 쓰시오.

① 주먹밥 _____ ② 컵라면 _____

③ 빨대 _____ ④ 급식 _____

⑤ 조각 케이크 _____ ⑥ 점심시간 _____

⑦ 전골 _____ ⑧ 소고기 덮밥 _____

⑨ 만두 _____

⑩ 메뉴가 매일 바뀌는 정식 _____

2 다음의 의미를 쓰시오.

① 天ぷら _____ ② 鶏肉 _____

③ ちょうど _____ ④ サンドイッチ_____

⑤ 弁当 _____ ⑥ 焼き飯 _____

⑦ 足りる _____ ⑧ 昼ご飯 _____

⑨ そば _____ ⑩ 豚カツ _____

3 다음 문장에 들어갈 알맞은 단어를 고르시오.

❶ (コラー / コーラ)を飲みました。

❷ 昼ご飯は(ピザ / ピーザー)にします。

❸ 食べたいものは(ハンバガー / ハンバーガー)です。

❹ どんな(カレー / カーレ)が好きですか。

❺ この(ドナツ / ドーナツ)は甘すぎる。

정답 1 ❶ おにぎり ❷ カップラーメン ❸ ストロー ❹ 給食(きゅうしょく)
　　　❺ ショートケーキ ❻ 昼休(ひるやす)み ❼ すき焼(や)き ❽ 牛丼(ぎゅうどん)
　　　❾ 餃子(ギョーザー) ❿ 日替(ひが)わり定食(ていしょく)
　　2 ❶ 튀김 ❷ 닭고기 ❸ 꼭, 정확히 ❹ 샌드위치 ❺ 도시락
　　　❻ 볶음밥 ❼ 충분하다 ❽ 점심밥 ❾ 메밀국수 ❿ 돈가스
　　3 ❶ コーラ ❷ ピザ ❸ ハンバーガー ❹ ラーメン ❺ ドーナツ

scene
04 飲み会 회식
の　　かい

❶ 居酒屋 선술집
いざかや

❷ つまみ 안주

❸ 枝豆
えだまめ
삶은 콩

❹ 一気飲み
いっきの
원샷

❺ ビール 맥주

❻ 生ビール
なま
생맥주

❼ ジョッキ
생맥주 잔

❽ 焼き鳥 닭 꼬치구이
や　とり

❾ 飲みすぎ
の
과음

❿ 酔う 취하다
よ

⓫ ひややっこ
냉두부

⓬ 栓抜き 병따개
せん ぬ

⓭ 常連客 단골손님
じょうれんきゃく

⓮ 行き付けの店 단골 가게
い　つ　　　みせ

⓯ 乾杯 건배
かんぱい

⑯ **お酒** 술
　　さけ

⑰ **二日酔い** 숙취
　ふつ か よ

⑱ **焼酎** 소주
　しょうちゅう

⑲ **カクテル** 칵테일

⑳ **強い** 세다
　つよ

㉑ **屋台** 포장마차
　や たい

㉒ **ビヤホール** 호프집

㉓ **カラオケ** 노래방

Ⅰ 준비

Ⅱ 출근·등교

Ⅲ 사회생활

Ⅳ 집안일

Ⅴ 외출 1

Ⅵ 외출 2

Ⅶ 개인시간

0604
乾杯 건배
かんぱい

···→ 乾杯して飲みましょう。
　　かんぱい　　　　の

건배하고 마십시다.

0605
一気飲み 원샷
いっ き の

···→ 彼はいつも一気飲みですね。
　　かれ　　　　　　いっ き の

그는 언제나 원샷이군요.

0606
柱抜き 병따개
せん ぬ

···→ 柱抜きを持って来てください。
　　せん ぬ　　　も　　　き

병따개를 가져다 주세요.

0607
つまみ 안주

···→ つまみは何でもいいです。
　　　　　　なん

안주는 뭐든 좋습니다.

0608
焼き鳥 닭 꼬치구이
や とり

···→ 焼き鳥が好きでたくさん食べました。
　　や とり　す　　　　　　　　た

닭 꼬치구이를 좋아해서 많이 먹었습니다.

0609

枝豆 _{삶은 콩}
えだまめ

⋯→ 枝豆は安くておいしいつまみです。
えだまめ　やす

삶은 콩은 싸고 맛있는 안주입니다.

0610

ビール _{맥주}

⋯→ ビールのつまみには枝豆ですね。
えだまめ

맥주 안주에는 삶은 콩이죠.

0611

生ビール _{생맥주} ※瓶ビール _{병맥주}
なま　　　　　　　　　びん

⋯→ 冷たい生ビールは本当にうまいです。
つめ　　なま　　　ほんとう

차가운 생맥주는 정말 맛있습니다.

0612

ひややっこ _{냉두부}

⋯→ ひややっこはおいしくて栄養もたっぷりあります。
えいよう

냉두부는 맛있고 영양도 가득합니다.

0613

酔う _{취하다} =酔っぱらう
よ　　　　　　　　　　よ

⋯→ 酔って、何を言ったか全然覚えていません。
よ　　なに　い　　　　ぜんぜんおぼ

취해서 뭐라고 했는지 전혀 기억나지 않습니다.

I 준비

II 출근·등교

III 사회생활

IV 집안일

V 외출1

VI 외출2

VII 개인시간

0614

飲みすぎ 과음
の

···→ 飲みすぎは体によくないです。
の　　　　　　　からだ

과음은 몸에 좋지 않습니다.

0615

行き付けの店 단골 가게
い　つ　　　みせ

···→ 行き付けの店が居心地がいいです。
い　つ　　　みせ　　い ここ ち

단골 가게가 마음이 편합니다.

0616

常連客 단골손님
じょうれんきゃく

···→ 常連客だけのサービスです。
じょうれんきゃく

단골손님 한정 서비스입니다.

0617

お酒 술 ※鮭 연어
さけ　　　　さけ

···→ 彼はよくお酒を飲みます。
かれ　　　　さけ　　の

그는 자주 술을 마십니다.

0618

強い 세다 ↔弱い 약하다
つよ　　　　　よわ

···→ 彼はお酒に強い方ですか、弱い方ですか。
かれ　　さけ　つよ　ほう　　　　よわ　ほう

그는 술이 센 편입니까, 약한 편입니까?

0619

焼酎 소주
しょうちゅう

⋯▸ 焼酎は飲めないです。
　　しょうちゅう　の

소주는 못 마십니다.

0620

冷酒 차가운 술 ＝ひやざけ
れいしゅ

⋯▸ 暑い日は冷酒もいいですよ。
　　あつ　ひ　れいしゅ

더운 날에는 차가운 술도 좋아요.

0621

あつかん 술을 따뜻하게 데움, 따뜻하게 데운 술

⋯▸ あつかんにしてください。

술을 따뜻하게 해 주세요.

0622

カクテル 칵테일

⋯▸ 私はカクテルに弱いんだ。
　　わたし　　　　　よわ

나는 칵테일에 약해.

0623

ウイスキー 위스키

⋯▸ ウイスキーは強くて飲めません。
　　　　　　　　つよ　　の

위스키는 세서 마실 수 없습니다.

⁰⁶²⁴
ワイン 와인

··· ワインは雰囲気のある酒ですね。
<small>ふん い き</small> <small>さけ</small>

와인은 분위기 있는 술이네요.

⁰⁶²⁵
屋台 포장마차
<small>や たい</small>

··· 屋台でおでんを食べています。
<small>や たい</small> <small>た</small>

포장마차에서 어묵을 먹고 있습니다.

⁰⁶²⁶
ビヤホール 호프집

··· ビヤホールでビールを飲みました。
<small>の</small>

호프집에서 맥주를 마셨습니다.

⁰⁶²⁷
カラオケ 노래방

··· カラオケで歌を歌いました。
<small>うた</small> <small>うた</small>

노래방에서 노래를 불렀습니다.

⁰⁶²⁸
二日酔い 숙취
<small>ふつ か よ</small>

··· 二日酔いで頭が痛いです。
<small>ふつ か よ</small> <small>あたま</small> <small>いた</small>

숙취로 머리가 아픕니다.

0629 一杯 한잔
いっぱい

⋯ 今晩一杯どうですか。
こんばんいっぱい
오늘 밤 한잔 어때요?

0630 いっぱい 가득

⋯ 休日はどこも人がいっぱいいます。
きゅうじつ　　　　ひと
휴일은 어디에도 사람이 가득합니다.

⋯ お腹がいっぱいです。
なか
배가 부릅니다.

0631 うまい 맛있다, 잘하다

⋯ 冷たい生ビールはうまい。
つめ　　なま
차가운 생맥주는 맛있다.

⋯ 彼女は歌がうまい。
かのじょ　うた
그녀는 노래를 잘한다.

0632 居酒屋 선술집
い ざか や

⋯ 居酒屋で一杯飲もうか。
い ざか や　　いっぱい の
선술집에서 한잔 마실까?

Ⅰ 준비
Ⅱ 출근·등교
Ⅲ 사회생활
Ⅳ 집안일
Ⅴ 외출 1
Ⅵ 외출 2
Ⅶ 개인 시간

0633

刺身 회 ※刺身の盛り合わせ 모둠 회
さしみ　　　　　 さしみ　も　あ

⋯→ 刺身は新鮮じゃなければなりません。
　　さしみ　　しんせん

회는 신선하지 않으면 안 됩니다.

寿司 초밥
すし

⋯→ 僕の彼女は寿司が大好きです。
　　ぼく　かのじょ　すし　だいす

내 여자 친구는 초밥을 아주 좋아합니다.

0635

ジョッキ 생맥주 잔 ※中ジョッキ 500cc 잔, 大ジョッキ 800cc 잔
　　　　　　　　　　　　　ちゅう　　　　　　　　　　 だい

⋯→ 中ジョッキでお願いします。
　　ちゅう　　　　　ねが

500cc 잔으로 부탁합니다.

0636

飲み屋 술집
の　や

⋯→ 飲み屋で一杯飲みました。
　　の　や　いっぱい の

술집에서 한잔 마셨습니다.

0637

氷 얼음
こおり

⋯→ ウイスキーを飲む時は氷が必要です。
　　　　　　　　の　とき　こおり　ひつよう

위스키를 마실 때는 얼음이 필요합니다.

0638
☐ **酒好き** 술을 좋아함, 술을 즐김
さけ ず

⋯➡ 彼らは本当に酒好きですね。
かれ　　ほんとう　　さけ ず

그들은 정말로 술을 즐기는군요.

0639
☐ **酒癖** 술버릇
さけぐせ

⋯➡ 彼は酒癖が悪いです。
かれ　さけぐせ　わる

그는 술버릇이 나쁩니다.

0640
☐ **魚** 생선
さかな

⋯➡ このスーパーの魚は安くて新鮮です。
さかな　やす　　しんせん

이 슈퍼마켓의 생선은 싸고 신선합니다.

0641
☐ **まぐろ** 참치

⋯➡ まぐろは栄養が多いそうです。
えいよう　　おお

참치는 영양이 많다고 합니다.

0642
☐ **さんま** 꽁치

⋯➡ 秋はさんまがおいしい季節です。
あき　　　　　　　　　き せつ

가을은 꽁치가 맛있는 계절입니다.

I 준비

II 출근 · 등교

III 사회생활

IV 집안일

V 외출 1

VI 외출 2

VII 개인 시간

0643

☐ **うなぎ** 장어 ※ うなぎのぼり (물가나 지위가) 계속 올라감

⋯→ 夏にはうなぎが一番です。
　　なつ　　　　　　　　いちばん

　　여름에는 장어가 최고입니다.

0644

☐ **貝** 조개
　　かい

⋯→ 貝を焼いて食べています。
　　かい　や　　た

　　조개를 구워서 먹고 있습니다.

0645

☐ **かに** 게

⋯→ かには食べにくいです。
　　　　　た

　　게는 먹기 힘듭니다.

0646

☐ **いか** 오징어

⋯→ いかの天ぷらが好きです。
　　　　てん　　　す

　　오징어 튀김을 좋아합니다.

0647

☐ **たこ** 문어

⋯→ たこ焼きを作る時、たこを入れます。
　　　や　　つく　とき　　　い

　　다코야키(문어빵)를 만들 때, 문어를 넣습니다.

0648 お好み焼き オコノミ야키 (일본 부침개)
　　　　この　　や

⋯ お好み焼きの材料は何ですか。
　　この　　や　ざいりょう　なん

오코노미야키 재료는 무엇입니까?

0649 さば 고등어

⋯ さばはおかずにいいです。

고등어는 반찬으로 좋습니다.

0650 文化 문화
　　ぶん か

⋯ お酒を飲めばその国の文化が分かる。
　　さけ　の　　　　くに　ぶん か　わ

술을 마시면 그 나라의 문화를 알 수 있다.

0651 回転寿司 회전 초밥
　かいてん ず し

⋯ 回転寿司は種類も多くて、安いです。
　かいてん ず し　しゅるい　おお　　　やす

회전 초밥은 종류도 많고 쌉니다.

0652 やっぱり 역시 ＝やはり

⋯ やっぱり夏は冷たい生ビールです。
　　　　なつ　つめ　　なま

역시 여름은 차가운 생맥주입니다.

I 준비

II 출근·등교

III 사회생활

IV 집안일

V 외출1

VI 외출2

VII 개인시간

1 다음을 일본어로 쓰시오.

① 맥주 _____ ② 술버릇 _____

③ 차가운 술 _____ ④ 문어 _____

⑤ 세다 _____ ⑥ 술 _____

⑦ 포장마차 _____ ⑧ 역시 _____

⑨ 냉두부 _____ ⑩ 칵테일 _____

2 다음의 의미를 쓰시오.

① 酔う _____ ② 行き付けの店 _____

③ ジョッキ _____ ④ 刺身 _____

⑤ うまい _____ ⑥ 酒好き _____

⑦ 飲み屋 _____ ⑧ 一気飲み _____

⑨ 生ビール _____ ⑩ 焼き鳥 _____

3 다음 문장에 어울리는 단어를 보기에서 골라 쓰시오.

> 보기　飲みすぎ　二日酔い　常連客　つまみ　乾杯

❶ お酒を飲むとき食べるもの。　　　　　→ _____

❷ 店によく来ているお客。　　　　　　　→ _____

❸ お酒をたくさん飲む。　　　　　　　　→ _____

❹ お酒をたくさん飲んで頭が痛くなる。　→ _____

❺ お酒を飲む前に言うこともある。　　　→ _____

정답　1 ❶ ビール　❷ 酒癖(さけぐせ)　❸ 冷酒(れいしゅ)　❹ たこ　❺ 強(つよ)い
　　　❻ お酒(さけ)　❼ 屋台(やたい)　❽ やっぱり　❾ ひややっこ　❿ カクテル
　　2 ❶ 취하다　❷ 단골 가게　❸ 생맥주 잔　❹ 회　❺ 맛있다, 잘하다
　　　❻ 술을 좋아함　❼ 술집　❽ 원샷　❾ 생맥주　❿ 닭 꼬치구이
　　3 ❶ つまみ　❷ 常連客(じょうれんきゃく)　❸ 飲(の)みすぎ　❹ 二日酔(ふつかよ)い　❺ 乾杯(かんぱい)

scene
05 運動 운동
うん どう

❶ 水泳 수영
すいえい

❷ プール 수영장

❸ コーチ 코치

❹ 深い 깊다
ふか

❺ 浅い 얕다
あさ

❻ 潜る 잠수하다
もぐ

❼ 沈む 가라앉다
しず

❽ 泳ぐ 헤엄치다
およ

❾ 水泳帽 수영모
すいえいぼう

❿ 水着 수영복
みず ぎ

⓫ ビキニ 비키니

⓬ 背泳ぎ 배영
せ およ

⓭ 上手だ 능숙하다
じょう ず

⓮ 下手だ 서툴다
へ た

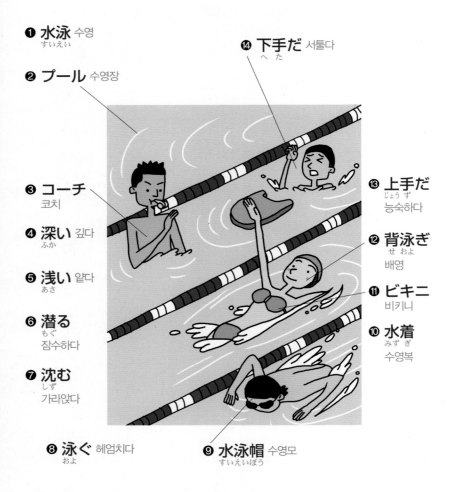

⑮ **運動着** 운동복
うんどう ぎ

⑯ **運動場** 운동장
うんどうじょう

⑰ **勝つ** 이기다
か

⑱ **競技** 경기
きょう ぎ

⑲ **試合** 시합
し あい

⑳ **チーム** 팀

㉑ **選手** 선수
せんしゅ

㉒ **応援** 응원
おうえん

I 준비

II 출근·등교

III 사회생활

IV 집안일

V 외출 1

VI 외출 2

VII 개인시간

0653

☐ **水泳** 수영

すいえい

…▸ **水泳が上手ですね。**
すいえい　じょうず

수영을 잘하네요.

0654

☐ **泳ぐ** 헤엄치다

およ

…▸ **海で泳いでいる人は私の兄です。**
うみ　およ　　　　　　ひと　わたし　あに

바다에서 헤엄치고 있는 사람은 제 형입니다.

0655

☐ **水着** 수영복

みずぎ

…▸ **青い水着と海がよく似合いますね。**
あお　みずぎ　うみ　　　　に　あ

파란 수영복과 바다가 잘 어울리는군요.

0656

☐ **水泳帽** 수영모

すいえいぼう

…▸ **水泳帽をかぶってください。**
すいえいぼう

수영모를 써 주세요.

0657

☐ **ビキニ** 비키니

…▸ **ビキニを着ている女の人は誰ですか。**
き　　　　　おんな　ひと　だれ

비키니를 입고 있는 여자는 누구입니까?

0658

プール 수영장

⋯ せっかくの日曜日、家族とプールへ行きました。
모처럼의 일요일, 가족과 함께 수영장에 갔습니다.

0659

深い 깊다
ふか

⋯ 海の深い所は入らないでください。
바다의 깊은 곳은 들어가지 마세요.

0660

浅い 얕다
あさ

⋯ プールの浅い所で遊んでください。
수영장의 얕은 곳에서 놀아 주세요.

0661

コーチ 코치

⋯ コーチの言うとおりに練習している。
코치가 말하는 대로 연습하고 있다.

0662

上手だ 능숙하다, 잘하다 ＝うまい(p.207 참조) ↔下手だ 서툴다, 못하다
じょう ず　　　　　　　　　　　　　　　　　　　　　　へ た

⋯ 水泳が上手ではありません。
すいえい　じょう ず
수영을 잘하지 못합니다.

I 준비

II 출근·등교

III 사회생활

IV 집안일

V 외출 1

VI 외출 2

VII 개인 시간

0663 ☐

下手だ 서툴다, 못하다 ↔ 上手だ 능숙하다, 잘하다
へ た　　　　　　　　　　　　　　じょうず

…▸ 彼女は運動が下手ですね。
かのじょ　うんどう　　へ た

그녀는 운동을 못하는 군요.

0664 ☐

自由形 자유형
じ ゆうがた

…▸ 彼は自由形で100メートルを泳ぎました。
かれ　　じ ゆうがた　ひゃく　　　　　　　　およ

그는 자유형으로 100미터를 헤엄쳤습니다.

0665 ☐

背泳ぎ 배영
せ およ

…▸ 背泳ぎは怖くてできません。
せ およ　　こわ

배영은 무서워서 할 수 없습니다.

0666 ☐

潜る 잠수하다
もぐ

…▸ 彼はさっきから潜っている。
かれ　　　　　　もぐ

그는 아까부터 잠수하고 있다.

0667 ☐

沈む 가라앉다
しず

…▸ 船は沈んでしまいました。
ふね　しず

배는 가라앉아 버렸습니다.

0668 運動着 운동복 ＝ジャージー
うんどう ぎ

⋯▸ 運動着を着て外に出ました。
うんどう ぎ き そと で

운동복을 입고 밖으로 나갔습니다.

0669 運動場 운동장 ＝グラウンド
うんどうじょう

⋯▸ 広い運動場で走っている。
ひろ うんどうじょう はし

넓은 운동장에서 달리고 있다.

0670 競技 경기
きょう ぎ

⋯▸ 彼は陸上競技の選手です。
かれ りくじょうきょう ぎ せんしゅ

그는 육상 경기 선수입니다.

0671 試合 시합
し あい

⋯▸ 試合は雨で中止となりました。
し あい あめ ちゅう し

시합은 비로 중지되었습니다.

0672 勝つ 이기다 ↔ 負ける 지다 ※ 引き分け 무승부
か ま ひ わ

⋯▸ 今回の試合は必ず勝ちたいです。
こんかい し あい かなら か

이번 시합은 반드시 이기고 싶습니다.

I 준비

II 출근·등교

III 사회생활

IV 집안일

V 외출1

VI 외출2

VII 개인시간

0673

チーム 팀

⋯→ 彼はどのチームですか。
かれ

그는 어느 팀입니까?

0674

選手 선수
せんしゅ

⋯→ あの選手、人気が高いです。
せんしゅ　にんき　たか

저 선수, 인기가 많습니다.

0675

応援 응원
おうえん

⋯→ あなたを応援します。
おうえん

당신을 응원합니다.

0676

いい 좋다 ↔悪い 나쁘다
わる

⋯→ 運動は体にいい。
うんどう　からだ

운동은 몸에 좋다.

0677

元気だ 건강하다 =健康だ
げんき　　　　　　　　けんこう

⋯→ 彼は元気ですね。
かれ　げんき

그는 건강하군요.

0678 丈夫だ 튼튼하다 ※ **大丈夫だ** 괜찮다
じょう ぶ 　　　　だいじょう ぶ

⋯▶ 丈夫な子です。
じょう ぶ 　　こ

튼튼한 아이입니다.

0679 得意だ 자신 있다 ↔ **苦手だ** 서툴다
とく い 　　　　　　　　　 にが て

⋯▶ スポーツは何でも得意です。
なん 　　　とく い

스포츠는 뭐든지 자신 있습니다.

0680 苦手だ 서툴다 ↔ **得意だ** 자신 있다
にが て 　　　　　　　 とく い

⋯▶ スキーは苦手です。
にが て

스키는 서투릅니다.

0681 できる 할 수 있다, 생기다, 다 되다 ※ **できあがる** 완성되다

⋯▶ 練習すれば、できますよ。
れんしゅう

연습하면 할 수 있어요.

⋯▶ 新しい店ができました。
あたら 　　 みせ

새 가게가 생겼습니다.

⋯▶ 料理ができました。
りょう り

요리가 다 되었습니다.

I 준비

II 출근·등교

III 사회생활

IV 집안일

V 외출 1

VI 외출 2

VII 개인시간

0682

☐ **もっと** 더욱

⋯▸ **もっと練習すれば、きっとできるはずだ。**
　　　れんしゅう
　　더욱 연습하면 반드시 할 수 있을 것이다.

0683

☐ **練習する** 연습하다
　れんしゅう

⋯▸ **一日も欠かさないで、練習しています。**
　　いちにち　か　　　　　　　れんしゅう
　　하루도 거르지 않고 연습하고 있습니다.

0684

☐ **だんだん** 점점

⋯▸ **練習したら、だんだん上手になりました。**
　　れんしゅう　　　　　　　じょうず
　　연습했더니 점점 능숙해졌습니다.

0685

☐ **投げる** 던지다
　な

⋯▸ **ボールを投げました。**
　　　　　な
　　공을 던졌습니다.

0686

☐ **打つ** 치다　※**手を打つ** 손뼉을 치다
　う　　　　　　て　う

⋯▸ **ボールを打ちました。**
　　　　　う
　　공을 쳤습니다.

0687 **チアリーダー** 치어리더

…▸ チアリーダーと一生懸命、応援します。
<small>いっしょうけんめい　おうえん</small>

치어리더와 열심히 응원합니다.

0688 **決勝戦** 결승전
<small>けっしょうせん</small>

…▸ いよいよ決勝戦だな。
<small>けっしょうせん</small>

드디어 결승전이네.

0689 **審判** 심판
<small>しんぱん</small>

…▸ 父は国際審判になりました。
<small>ちち　こくさいしんぱん</small>

아버지는 국제 심판이 되었습니다.

0690 **優勝** 우승　※**準優勝** 준우승
<small>ゆうしょう　　　　じゅんゆうしょう</small>

…▸ Aチームが優勝した。
<small>エー　　　　　ゆうしょう</small>

A팀이 우승했다.

0691 **チャンピオン** 챔피언

…▸ 今年のチャンピオンは誰かな。
<small>ことし　　　　　　　　　だれ</small>

올해 챔피언은 누굴까?

1 다음을 일본어로 쓰시오.

❶ 헤엄치다 ＿＿＿＿＿＿＿ ❷ 치다 ＿＿＿＿＿＿＿

❸ 수영복 ＿＿＿＿＿＿＿ ❹ 운동장 ＿＿＿＿＿＿＿

❺ 시합 ＿＿＿＿＿＿＿ ❻ 연습하다 ＿＿＿＿＿＿＿

❼ 던지다 ＿＿＿＿＿＿＿ ❽ 응원 ＿＿＿＿＿＿＿

❾ 우승 ＿＿＿＿＿＿＿ ❿ 던지다 ＿＿＿＿＿＿＿

2 다음의 의미를 쓰시오.

❶ チーム ＿＿＿＿＿＿＿ ❷ 選手(せんしゅ) ＿＿＿＿＿＿＿

❸ 元気(げんき)だ ＿＿＿＿＿＿＿ ❹ 丈夫(じょうぶ)だ ＿＿＿＿＿＿＿

❺ 競技(きょうぎ) ＿＿＿＿＿＿＿ ❻ 審判(しんばん) ＿＿＿＿＿＿＿

❼ だんだん ＿＿＿＿＿＿＿ ❽ 潜(もぐ)る ＿＿＿＿＿＿＿

❾ 自由形(じゆうがた) ＿＿＿＿＿＿＿ ❿ 背泳(せおよ)ぎ ＿＿＿＿＿＿＿

3 다음을 반대어끼리 연결하시오.

❶ 勝(か)つ   •   • 浅(あさ)い

❷ いい   •   • 下手(へた)だ

❸ 深(ふか)い   •   • 苦手(にがて)だ

❹ 上手(じょうず)だ   •   • 負(ま)ける

❺ 得意(とくい)だ   •   • 悪(わる)い

(1) 나라

☐ **アジア** 아시아

☐ **ヨーロッパ** 유럽

☐ **アフリカ** 아프리카

☐ **北アメリカ** 북아메리카
きた

☐ **南アメリカ** 남아메리카
みなみ

☐ **オーストラリア** 오스트레일리아, 호주

☐ **韓国** 한국
かんこく

☐ **日本** 일본
に ほん

☐ **中国** 중국
ちゅうごく

☐ **インド** 인도

☐ **タイ** 태국

☐ **北朝鮮** 북한
きたちょうせん

☐ **トルコ** 터키

☐ **サウジアラビア** 사우디아라비아

☐ **クウェート** 쿠웨이트

☐ **ロシア** 러시아

☐ **アメリカ, 米国** 미국
べいこく

☐ **カナダ** 캐나다

☐ **イギリス** 영국

☐ **フランス** 프랑스

☐ **イタリア** 이탈리아

☐ **オランダ** 네덜란드

☐ **ドイツ** 독일

☐ **スイス** 스위스

☐ **スペイン** 스페인

☐ **ギリシャ** 그리스

☐ **フィンランド** 핀란드

☐ **ノルウェー** 노르웨이

☐ **ポルトガル** 포르투갈

☐ **エジプト** 이집트

☐ **エチオピア** 에티오피아

☐ **ブラジル** 브라질

☐ **アルゼンチン** 아르헨티나

☐ **チリ** 칠레

☐ **ニュージーランド** 뉴질랜드

☐ **メキシコ** 멕시코

(2) 일본의 교과과목

☐ **国語** こくご	국어
☐ **英語** えいご	영어
☐ **フランス語** ご	프랑스어
☐ **ドイツ語** ご	독일어
☐ **中国語** ちゅうごく ご	중국어
☐ **数学** すうがく	수학
☐ **算数** さんすう	산수
☐ **体育** たいいく	체육
☐ **美術** びじゅつ	미술
☐ **音楽** おんがく	음악
☐ **理科** りか	과학
☐ **日本史** にほんし	일본사
☐ **世界史** せかいし	세계사
☐ **社会** しゃかい	사회

(3) 스포츠

☐ **サッカー**	축구
☐ **野球** やきゅう	야구
☐ **テニス**	테니스
☐ **バスケットボール**	농구
☐ **バレーボール**	배구
☐ **ゴルフ**	골프
☐ **サイクル**	사이클
☐ **ピンポン**	탁구
☐ **マラソン**	마라톤
☐ **バドミントン**	배드민턴
☐ **相撲** すもう	씨름
☐ **柔道** じゅうどう	유도
☐ **ボウリング**	볼링
☐ **スキー**	스키

(4) 직업

☐ **会社員** かいしゃいん	회사원	☐ **看護師** かんごし	간호사
☐ **先生** せんせい	선생님	☐ **薬剤師** やくざいし	약사
☐ **銀行員** ぎんこういん	은행원	☐ **スチュワーデス**	스튜어디스
☐ **ピアニスト**	피아니스트	☐ **パイロット**	파일럿
☐ **コック**	요리사	☐ **美容師** びようし	미용사
☐ **画家** がか	화가	☐ **アナウンサー**	아나운서
☐ **建築家** けんちくか	건축가	☐ **芸能人** げいのうじん	연예인
☐ **大工** だいく	목수	☐ **政治家** せいじか	정치가
☐ **軍人** ぐんじん	군인	☐ **弁護士** べんごし	변호사
☐ **牧師** ぼくし	목사	☐ **記者** きしゃ	기자
☐ **お巡りさん** まわ	순경	☐ **デザイナー**	디자이너
☐ **警察** けいさつ	경찰	☐ **公務員** こうむいん	공무원
☐ **消防士** しょうぼうし	소방관	☐ **校長** こうちょう	교장
☐ **医者** いしゃ	의사	☐ **院長** いんちょう	원장
☐ **歯医者** はいしゃ	치과 의사		

PART IV

집안일

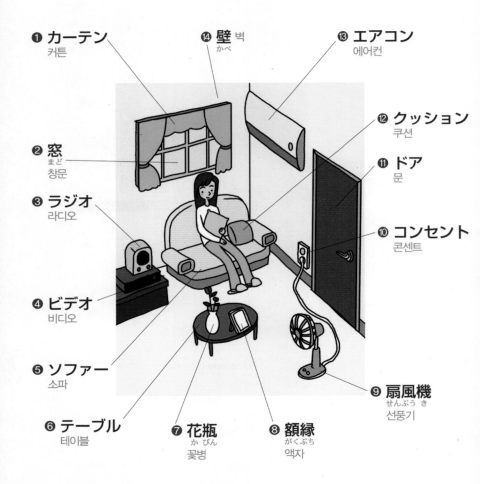

scene 01

居間 거실
いま

❶ カーテン
커튼

⑭ 壁 벽
かべ

⑬ エアコン
에어컨

❷ 窓
まど
창문

❸ ラジオ
라디오

❹ ビデオ
비디오

❺ ソファー
소파

❻ テーブル
테이블

❼ 花瓶
か びん
꽃병

❽ 額縁
がくぶち
액자

❾ 扇風機
せんぷう き
선풍기

❿ コンセント
콘센트

⓫ ドア
문

⓬ クッション
쿠션

⑮ **応接間** 응접실
　おうせつ ま

⑯ **じゅうたん** 카펫

⑰ **天井** 천장
　てんじょう

⑱ **ベランダ** 베란다

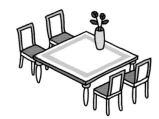

⑲ **灰皿** 재떨이
　はいざら

⑳ **たばこ** 담배

㉑ **床** 마루
　ゆか

㉒ **ペット** 애완동물

㉓ **犬** 개
　いぬ

㉔ **鳥** 새
　とり

㉕ **金魚** 금붕어
　きんぎょ

I 준비

II 출근·등교

III 사회생활

Ⅳ 집안일

V 외출1

VI 외출2

VII 개인시간

0692

クッション 쿠션

⋯▸ このクッションはとても柔らかいですね。

이 쿠션은 아주 부드럽네요.

0693

ソファー 소파

⋯▸ ソファーの上にクッションがあります。

소파 위에 쿠션이 있습니다.

0694

テーブル 테이블

⋯▸ 居間の真ん中にテーブルがある。

거실 한가운데에 테이블이 있다.

0695

ラジオ 라디오

⋯▸ ラジオをよく聞く方ですか。

라디오를 자주 듣는 편입니까?

0696

ビデオ 비디오

⋯▸ ビデオで映画を見ています。

비디오로 영화를 보고 있습니다.

0697 **扇風機** 선풍기
せんぷうき

···▸ **扇風機**がついています。
せんぷうき

선풍기가 켜져 있습니다.

0698 **コンセント** 콘센트

···▸ **コンセント**は**危**ないから、**注意**してください。
あぶ　　　　　　　ちゅうい

콘센트는 위험하니까 주의하세요.

0699 **壁** 벽
かべ

···▸ **壁**に**絵**が**貼**ってある。
かべ　え　　は

벽에 그림이 붙어 있다.

0700 **ドア** 문 ＝**門**
もん

···▸ **ドア**の**前**に**立**っているのが**妹**です。
まえ　た　　　　　　　いもうと

문 앞에 서 있는 사람이 여동생입니다.

0701 **窓** 창문
まど

···▸ **部屋**に**大**きな**窓**がある。
へや　おお　　まど

방에 큰 창문이 있다.

I 준비

II 출근·등교

III 사회생활

Ⅳ 집안일

V 외출 1

VI 외출 2

VII 개인시간

0702 カーテン 커튼

⋯▶ 白いカーテンがかけてある。
しろ

하얀 커튼이 쳐 있다.

0703 エアコン 에어컨 ※ クーラー 쿨러, ヒーター 히터

⋯▶ エアコンをつけてください。

에어컨을 켜 주세요.

0704 花瓶 꽃병
か びん

⋯▶ 掃除の途中、花瓶が割れてしまいました。
そう じ と ちゅう か びん わ

청소 도중, 꽃병이 깨져 버렸습니다.

0705 額縁 액자
がくぶち

⋯▶ 額縁が壁にかかっています。
がくぶち かべ

액자가 벽에 걸려 있습니다.

0706 応接間 응접실
おうせつ ま

⋯▶ お客さんを応接間に案内します。
きゃく おうせつ ま あんない

손님을 응접실로 안내합니다.

0707

床 마루
ゆか

⋯▶ 床をぞうきんで拭いています。
ゆか　　　　　　　　　ふ

마루를 걸레로 닦고 있습니다.

0708

じゅうたん 카펫

⋯▶ 赤いじゅうたんを敷いている。
あか　　　　　　　　　し

빨간 카펫을 깔고 있다.

0709

天井 천장
てんじょう

⋯▶ この家は天井が高いです。
いえ　てんじょう　たか

이 집은 천장이 높습니다.

0710

ベランダ 베란다

⋯▶ このアパートはベランダがありません。

이 아파트는 베란다가 없습니다.

0711

灰皿 재떨이
はいざら

⋯▶ 灰皿がテーブルの上にあります。
はいざら　　　　　　　　うえ

재떨이가 테이블 위에 있습니다.

I 준비

II 출근·등교

III 사회생활

IV 집안일

V 외출1

VI 외출2

VII 개인시간

0712

□

吸う
す
들이마시다, (담배를) 피우다

···➤ 一日一箱たばこを吸っています。
いちにちひとはこ　　　　　　　す

하루에 한 갑씩 담배를 피우고 있습니다.

0713

□

たばこ 담배

···➤ たばこは体によくないから、吸わないでください。
　　　　　からだ　　　　　　　　　　　す

담배는 몸에 좋지 않으니까 피우지 마세요.

0714

□

電灯 전등　※電気 전기, 전등
でんとう　　　　　　でん き

···➤ 電灯の掃除をした。
でんとう　そう じ

전등 청소를 했다.

0715

□

押入れ 붙박이장, 벽장
おし い

···➤ この部屋は押入れがあって便利です。
　　へ や　おし い　　　　　　べん り

이 방은 벽장이 있어서 편리합니다.

0716

□

飾る 장식하다
かざ

···➤ あっちこっちに花を飾っています。
　　　　　　　　　はな　かざ

여기저기에 꽃을 장식하고 있습니다.

0717

飾り物 장식품
かざ　　もの

⋯▸ お祖母さんのうちには飾り物がたくさんある。
　　ばあ　　　　　　　　　　　かざ　もの

할머니 집에는 장식품이 많이 있다.

0718

飾り付ける 장식하다
かざ　つ

⋯▸ 多くのフィギュアが飾り付けられている。
　　おお　　　　　　　　　　かざ　つ

많은 피겨가 장식되어 있다.

0719

マッサージチェア 안마 의자

⋯▸ マッサージチェアに座って眠ってしまった。
　　　　　　　　　　　　　すわ　　　ねむ

안마 의자에 앉아 잠들어 버렸다.

0720

棚 선반
たな

⋯▸ 棚にかばんを入れました。
　　たな　　　　　　い

선반에 가방을 넣었습니다.

0721

壊れる 부서지다, 망가지다
こわ

⋯▸ 椅子が壊れています。
　　い　す　こわ

의자가 부서져 있습니다.

I 준비

II 출근·등교

III 사회생활

IV 집안일

V 외출1

VI 외출2

VII 개인시간

0722

☐ **壊す** 부수다, 망가뜨리다
こわ

⋯→ 弟に大切な時計を壊されました。
おとうと　たいせつ　　と　けい　こわ

남동생이 중요한 시계를 망가뜨렸습니다.

0723

☐ **直す** 고치다　※**直る** 고쳐지다, 낫다
なお　　　　　　　　　なお

⋯→ テーブルが壊れて、直しています。
こわ　　　　なお

테이블이 망가져서 고치고 있습니다.

0724

☐ **置く** 놓다　※**〜て置く** 〜해 놓다
お　　　　　　　　　お

⋯→ テーブルの上に花瓶を置きます。
うえ　か びん　お

테이블 위에 꽃병을 놓습니다.

0725

☐ **広い** 넓다
ひろ

⋯→ 部屋が広いですね。
へ や　ひろ

방이 넓군요.

0726

☐ **狭い** 좁다
せま

⋯→ 部屋は狭くて汚い。
へ や　せま　　きたな

방은 좁고 더럽다.

0727 明るい 밝다
あか

⋯▸ とても明るい部屋で気に入りました。
　　　あか　　　へ や　　き　い

매우 밝은 방이라서 마음에 들었습니다.

0728 暗い 어둡다
くら

⋯▸ 部屋を暗くして寝た方がいい。
　　へ や　　くら　　　ね　　ほう

방을 어둡게 해서 자는 편이 좋다.

0729 飼う 기르다
か

⋯▸ このビルではペットを飼うのが禁止されています。
　　　　　　　　　　　　　か　　　　きん し

이 빌딩에서는 애완동물을 기르는 것이 금지되어 있습니다.

0730 ペット 애완동물

⋯▸ ペットを飼っています。
　　　　　　か

애완동물을 키우고 있습니다.

0731 犬 개
いぬ

⋯▸ 犬にえさをやります。
　　いぬ

개에게 먹이를 줍니다.

I 준비

II 출근·등교

III 사회생활

IV 집안일

V 외출1

VI 외출2

VII 개인시간

0732
☐ **飛ぶ** 날다
と

⋯→ 鳥のように空を飛べたらいいと思います。
とり　　　　　　そら　と　　　　　　　　　おも

새처럼 하늘을 날 수 있으면 좋겠다고 생각합니다.

0733
☐ **鳥** 새
とり

⋯→ 鳥が飛んで行きました。
とり　と　　　い

새가 날아갔습니다.

0734
☐ **金魚** 금붕어
きんぎょ

⋯→ 金魚が泳いでいる。
きんぎょ　およ

금붕어가 헤엄치고 있다.

0735
☐ **猫** 고양이　※ **子猫** 새끼 고양이
　　　　　　　　こ ねこ
ねこ

⋯→ 私は白い猫を一匹飼っています。
わたし　しろ　ねこ　いっぴき か

나는 하얀 고양이를 한 마리 기르고 있습니다.

0736
☐ **えさ** 먹이

⋯→ 犬にえさをやりました。
いぬ

개에게 먹이를 주었습니다.

Ⅰ 준비

Ⅱ 출근·등교

Ⅲ 사회생활

Ⅳ 집안일

Ⅴ 외출 1

Ⅵ 외출 2

Ⅶ 개인 시간

0737

鳥かご 새장
とり

⋯▶ **鳥かごの中に鳥がいる。**
　　とり　　　　なか　　とり

　　새장 속에 새가 있다.

0738

照明 조명
しょうめい

⋯▶ **照明をつけて雑誌を読みます。**
　　しょうめい　　　　ざっし　　よ

　　조명을 켜고 잡지를 읽습니다.

1 다음을 일본어로 쓰시오.

❶ 밝다 ＿＿＿＿＿＿＿ 　❷ 어둡다 ＿＿＿＿＿＿＿

❸ 넓다 ＿＿＿＿＿＿＿ 　❹ 좁다 ＿＿＿＿＿＿＿

❺ 꽃병 ＿＿＿＿＿＿＿ 　❻ 마루 ＿＿＿＿＿＿＿

❼ 부서지다＿＿＿＿＿＿＿ 　❽ 고치다 ＿＿＿＿＿＿＿

❾ 콘센트 ＿＿＿＿＿＿＿ 　❿ 선반 ＿＿＿＿＿＿＿

2 다음의 의미를 쓰시오.

❶ 飛ぶ ＿＿＿＿＿＿＿ 　❷ 飾る ＿＿＿＿＿＿＿

❸ たばこを吸う ＿＿＿＿＿ 　❹ クッション ＿＿＿＿＿

❺ マッサージチェア ＿＿＿＿＿＿＿ 　❻ 壁 ＿＿＿＿＿

❼ 電灯 ＿＿＿＿＿＿＿ 　❽ 押入れ ＿＿＿＿＿＿＿

❾ 窓 ＿＿＿＿＿＿＿ 　❿ 金魚 ＿＿＿＿＿＿＿

3 다음과 어울리는 단어를 보기에서 골라 쓰시오.

보기   ラジオ   たばこ   エアコン   ペット   椅子
す   す
❶ 吸う,吸わない ＿＿＿＿＿＿＿

か
❷ 飼う,えさ ＿＿＿＿＿＿＿

け
❸ つける,消す ＿＿＿＿＿＿＿

すわ   らく
❹ 座る,楽だ ＿＿＿＿＿＿＿

き
❺ 聞く,つける ＿＿＿＿＿＿＿

정답 1 ❶明(あか)るい ❷暗(くら)い ❸広(ひろ)い ❹狭(せま)い ❺花瓶(かびん)
❻床(ゆか) ❼壊(こわ)れる ❽直(なお)す ❾コンセント ❿棚(たな)
2 ❶날다 ❷장식하다 ❸담배를 피우다 ❹쿠션 ❺안마 의자
❻벽 ❼전등 ❽벽장, 붙박이장 ❾창문 ❿금붕어
3 ❶たばこ ❷ペット ❸エアコン ❹椅子(いす) ❺ラジオ

掃除 청소
そう　じ

⓬ **ゴミ** 쓰레기

❶ **モップ** 대걸레

❷ **汚い** 더럽다
きたな

❸ **バケツ**
양동이

❹ **ほこり**
먼지

❺ **紙くず**
かみ
휴지 조각

❻ **ぞうきん**
걸레

❼ **ほうき**
빗자루

❽ **ちりとり**
쓰레받기

❾ **ゴミ箱**
ばこ
휴지통

❿ **掃除機**
そう　じ　き
청소기

⓫ **ゴミ袋**
ぶくろ
쓰레기봉투

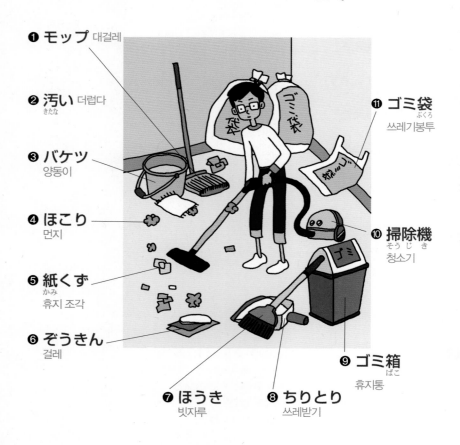

⑬ **きれいだ** 깨끗하다, 예쁘다

⑭ **捨てる** 버리다
   す

⑮ **燃える** (불에) 타다
   も

⑯ **濡らす** 적시다
   ぬ

⑰ **絞る** (쥐어)짜다
   しぼ

⑱ **掃く** 쓸다
   は

⑲ **リサイクル** 재활용

⑳ **生ゴミ** 음식물 쓰레기
   なま

㉑ **ゴミ収集日** 쓰레기 수거일
   しゅうしゅう び

I 준비

II 출근·등교

III 사회생활

Ⅳ 집안일

V 외출 1

VI 외출 2

VII 개인시간

0739 ☐ **掃除機** 청소기 ※ **掃除機をかける** 청소기를 돌리다
そうじき

…▸ **掃除機をかけています。**
そうじき

청소기를 돌리고 있습니다.

0740 ☐ **ゴミ** 쓰레기

…▸ **部屋の中にゴミがたまっている。**
へや　なか

방 안에 쓰레기가 쌓여 있다.

0741 ☐ **ゴミ袋** 쓰레기봉투
ふくろ

…▸ **ゴミ袋を買っておきました。**
ふくろ　か

쓰레기봉투를 사 두었습니다.

0742 ☐ **捨てる** 버리다 ↔ **拾う** 줍다
す　　　　　　　　　　ひろ

…▸ **ゴミをゴミ箱に捨てます。**
ばこ　す

쓰레기를 휴지통에 버립니다.

0743 ☐ **紙くず** 휴지 조각
かみ

…▸ **紙くずは必ずゴミ箱に捨ててください。**
かみ　　かなら　　　　ばこ　す

휴지 조각은 반드시 휴지통에 버려 주세요.

0744 ☐ **ほこり** 먼지

··· 掃除(そうじ)をしなかったから、部屋(へや)がほこりだらけです。

청소를 하지 않았기 때문에 방이 먼지 투성이입니다.

0745 ☐ **ゴミ箱(ばこ)** 휴지통

··· ゴミ箱(ばこ)はどこにありますか。

휴지통은 어디에 있습니까?

0746 ☐ **掃(は)く** 쓸다 ※ **履(は)く** 신다, (바지, 치마를) 입다

··· ほうきでほこりを掃(は)きます。

빗자루로 먼지를 씁니다.

0747 ☐ **ほうき** 빗자루

··· ほうきで部屋(へや)を掃(は)きます。

빗자루로 방을 씁니다.

0748 ☐ **ちりとり** 쓰레받기

··· 僕(ぼく)が掃(は)きますから、ちりとりを持(も)って来(き)てください。

내가 방을 쓸 테니까 쓰레받기를 가져와 주세요.

0749

汚い 더럽다

きたな

···→ 汚い部屋を早く掃除してください。
きたな　へ や　はや　そう じ

더러운 방을 빨리 청소해 주세요.

0750

ぞうきん 걸레

···→ ぞうきんで床を拭きます。
ゆか　ふ

걸레로 마루를 닦습니다.

0751

モップ 대걸레

···→ モップを洗っています。
あら

대걸레를 빨고 있습니다.

0752

バケツ 양동이

···→ バケツに水をためています。
みず

양동이에 물을 받고 있습니다.

0753

きれいだ 깨끗하다, 예쁘다

···→ 掃除をしてきれいになりました。
そう じ

청소를 해서 깨끗해졌습니다.

… 彼女はとてもきれいです。
かのじょ

그녀는 아주 예쁩니다.

0754

濡らす 적시다 ※ **濡れる** 젖다
ぬ　　　　　　　ぬ

… ぞうきんを濡らして、床を拭きます。
　　　　　　ぬ　　　　ゆか　ふ

걸레를 적셔서 마루를 닦습니다.

0755

絞る (쥐어)짜다
しぼ

… ぞうきんを絞っている。
　　　　　　しぼ

걸레를 짜고 있다.

0756

燃える (불에) 타다
も

… これは燃えるゴミです。
　　　　も

이것은 타는 쓰레기입니다.

0757

環境 환경
かんきょう

… 未来のため環境を考えなければなりません。
　　みらい　　かんきょう　かんが

미래를 위해서 환경을 생각하지 않으면 안 됩니다.

I 준비

II 출근·등교

III 사회생활

IV 집안일

V 외출 1

VI 외출 2

VII 개인시간

0758

☐ **リサイクル** 재활용

⋯ 環境のためにリサイクルは重要です。
かんきょう　　　　　　　　　　　じゅうよう

환경을 위해서 재활용은 중요합니다.

0759

☐ **生ゴミ** 음식물 쓰레기
なま

⋯ 生ゴミは毎日捨てなければなりません。
なま　　まいにち　す

음식물 쓰레기는 매일 버리지 않으면 안 됩니다.

0760

☐ **ゴミ収集日** 쓰레기 수거일
しゅうしゅう び

⋯ ゴミ収集日を守ってください。
しゅうしゅう び　　まも

쓰레기 수거일을 지켜 주세요.

0761

☐ **拾う** 줍다, (택시를) 잡다
ひろ

⋯ 捨てたゴミを拾っています。 버린 쓰레기를 줍고 있습니다.
す　　　　ひろ

⋯ タクシーを拾いました。 택시를 잡았습니다.
ひろ

0762

☐ **臭い** 냄새나다
くさ

⋯ 生ゴミは臭いから、すぐ捨てた方がいい。
なま　　くさ　　　　　　　す　　　ほう

음식물 쓰레기는 냄새가 나기 때문에 금방 버리는 게 좋다.

0763

ゴミの分別 _{쓰레기 분별}
ぶんべつ

⋯ ゴミの分別は環境のために必要です。
ぶんべつ　　　かんきょう　　　　　　ひつよう

쓰레기 분리는 환경을 위해서 필요합니다.

0764

はたき 먼지떨이 ※叩く (먼지를) 떨다
はた

⋯ はたきでほこりを叩いています。
はた

먼지떨이로 먼지를 떨고 있습니다.

0765

節約 절약
せつやく

⋯ ゴミを減らすこともエネルギーの節約です。
へ　　　　　　　　　　　　　　　　　せつやく

쓰레기를 줄이는 것도 에너지 절약입니다.

0766

水切り 물기를 뺌
みず き

⋯ 生ゴミは水切りして出してください。
なま　　　みず き　　　　だ

음식물 쓰레기는 물기를 빼고 내 주세요.

0767

消毒 소독
しょうどく

⋯ 一ヶ月に一回消毒をしている。
いっ か げつ　　いっかいしょうどく

한 달에 한 번 소독을 하고 있다.

I 준비

II 출근·등교

III 사회생활

IV 집안일

V 외출 1

VI 외출 2

VII 개인시간

1 **다음을 일본어로 쓰시오.**

❶ 적시다 _____

❷ 휴지 조각 _____

❸ 먼지 _____

❹ 대걸레 _____

❺ 더럽다 _____

❻ 쓰레기봉투 _____

❼ 버리다 _____

❽ 먼지떨이 _____

❾ 재활용 _____

❿ 냄새나다 _____

2 **다음의 의미를 쓰시오.**

❶ ゴミの分別_{ぶんべつ} _____

❷ ゴミ収集日_{しゅうしゅうび} _____

❸ 水切_{みずき}り _____

❹ 生_{なま}ゴミ _____

❺ 節約_{せつやく} _____

❻ 環境_{かんきょう} _____

❼ 燃_もえる _____

❽ バケツ _____

❾ ほうき _____

❿ ゴミ箱_{ばこ} _____

3 다음을 연결하여 문장을 완성하시오.

❶ ゴミを　　　・　　　・ 絞る。

❷ 掃除機を　　・　　　・ 捨てる。

❸ ぞうきんを　・　　　・ 拭く。

❹ ほこりを　　・　　　・ かける。

❺ テーブルを　・　　　・ 掃く。

scene

03 洗濯 세탁
せん　たく

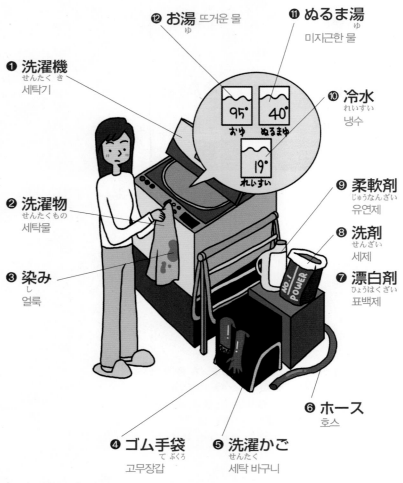

⑫ **お湯** 뜨거운 물
ゆ

⑪ **ぬるま湯**
ゆ
미지근한 물

❶ **洗濯機**
せんたく き
세탁기

⑩ **冷水**
れいすい
냉수

95˚　おゆ

40˚　ぬるまゆ

19˚　れいすい

❷ **洗濯物**
せんたくもの
세탁물

❾ **柔軟剤**
じゅうなんざい
유연제

❽ **洗剤**
せんざい
세제

❸ **染み**
し
얼룩

❼ **漂白剤**
ひょうはくざい
표백제

NO.1 POWER

❻ **ホース**
호스

❹ **ゴム手袋**
て ぶくろ
고무장갑

❺ **洗濯かご**
せんたく
세탁 바구니

254 ● PART Ⅳ 집안일

⑬ **汚れる** 더러워지다
　よご

⑭ **干す** 널다
　ほ

⑮ **手洗い** 손빨래
　て あら

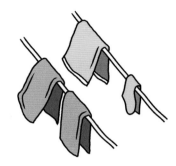

⑯ **乾く** 마르다
　かわ

⑰ **ドライクリーニング**
　드라이클리닝

⑱ **クリーニング店** 세탁소
　　　　　　てん

⑲ **アイロン** 다리미

⑳ **すり切れる** 해지다
　　き

㉑ **縮む** 줄어들다
　ちぢ

㉒ **縫う** 꿰매다
　ぬ

I 준비

II 출근·등교

III 사회생활

IV 집안일

V 외출 1

VI 외출 2

VII 개인시간

0768
洗濯機 세탁기
せんたくき

⋯→ **洗濯機で服を洗っています。**
せんたくき　ふく　あら

세탁기로 옷을 빨고 있습니다.

0769
ホース 호스

⋯→ **ホースを通って水が流れています。**
とお　みず　なが

호스를 통해 물이 흘러가고 있습니다.

0770
洗剤 세제
せんざい

⋯→ **洗剤をたくさん入れなくてもいいですよ。**
せんざい　い

세제를 많이 넣지 않아도 돼요.

0771
柔軟剤 유연제
じゅうなんざい

⋯→ **柔軟剤を入れると、服が柔らかくなります。**
じゅうなんざい　い　ふく　やわ

유연제를 넣으면 옷이 부드러워집니다.

0772
漂白剤 표백제
ひょうはくざい

⋯→ **漂白剤で服を洗ったら、白くなりました。**
ひょうはくざい　ふく　あら　しろ

표백제로 옷을 빨았더니 하얗게 되었습니다.

0773 洗濯物 세탁물
せんたくもの

⋯▶ 洗濯物が多すぎます。
せんたくもの　　おお

세탁물이 너무 많습니다.

0774 染み 얼룩
し

⋯▶ 染みがついているから、着られません。
し　　　　　　　　　　　き

얼룩이 묻었으니까 입을 수 없습니다.

0775 洗濯かご 세탁 바구니
せんたく

⋯▶ 洗濯かごに服がたくさん溜まっています。
せんたく　　ふく　　　　　　　た

세탁 바구니에 옷이 많이 쌓여 있습니다.

0776 お湯 뜨거운 물
ゆ

⋯▶ お湯に気をつけてください。
ゆ　き

뜨거운 물을 조심하세요.

0777 ぬるま湯 미지근한 물
ゆ

⋯▶ ぬるま湯で洗濯をしています。
ゆ　　　せんたく

미지근한 물로 세탁을 하고 있습니다.

I 준비

II 출근·등교

III 사회생활

IV 집안일

V 외출 1

VI 외출 2

VII 개인 시간

0778

冷水 냉수
れいすい

⋯→ 冷水で洗わない方がいい。
　　れいすい　あら　　　ほう

냉수로 빨지 않는 게 좋다.

0779

ゴム手袋 고무장갑
　　　て ぶくろ

⋯→ ゴム手袋をして、服を洗っています。
　　　て ぶくろ　　　　ふく　あら

고무장갑을 끼고 옷을 빨고 있습니다.

0780

汚れる 더러워지다　※汚す 더럽히다
よご　　　　　　　　　　　　　　　よご

⋯→ 汗をかいて服が汚れています。
　　あせ　　　　　ふく　よご

땀을 흘려서 옷이 더러워져 있습니다.

0781

干す 널다
ほ

⋯→ 洗濯した後、服を干しています。
　　せんたく　あと　ふく　ほ

세탁한 후에 옷을 널고 있습니다.

0782

乾く 마르다　※乾かす 말리다
かわ　　　　　　　　　　　　かわ

⋯→ ブラウスが全部乾きました。
　　　　　　　　ぜん ぶ かわ

블라우스가 전부 말랐습니다.

0783
手洗い _{손빨래}
てあら

⋯▸ **手洗いは大変です。**
てあら　　たいへん

손빨래는 힘듭니다.

0784
ドライクリーニング _{드라이클리닝}

⋯▸ **この服はドライクリーニングしなければなりません。**
ふく

이 옷은 드라이클리닝 하지 않으면 안 됩니다.

0785
クリーニング店 _{세탁소}
てん

⋯▸ **ブラウスはクリーニング店に預けました。**
てん　あず

블라우스는 세탁소에 맡겼습니다.

0786
アイロン _{다리미}

⋯▸ **アイロンをかける時は気をつけてください。**
とき　き

다림질을 할 때는 조심해 주세요.

0787
すり切れる _{해지다}
き

⋯▸ **このシャツは 10 年も着たので、すり切れています。**
じゅうねん　き　　　　　　　き

이 셔츠는 10년이나 입어서 해져 있습니다.

I 준비

II 출근·등교

III 사회생활

Ⅳ 집안일

V 외출1

VI 외출2

VII 개인시간

0788 ☐ **縮む** 줄어들다 ※ **縮める** 줄이다
ちぢ　　　　　　　　　　ちぢ

⋯→ **服が縮んで着られません。**
ふく　ちぢ　　き

옷이 줄어들어서 입을 수 없습니다.

0789 ☐ **縫う** 꿰매다 ※ **縫い出す** (품을) 늘리다
ぬ　　　　　　　　　ぬ　だ

⋯→ **糸と針で服を縫っています。**
いと　はり　ふく　ぬ

실과 바늘로 옷을 꿰매고 있습니다.

0790 ☐ **コインランドリー** 빨래방 (동전 세탁기가 있는 셀프 빨래방)

⋯→ **コインランドリーは若者に使われています。**
わかもの　つか

빨래방은 젊은이들에게 사용되고 있습니다.

0791 ☐ **なる** 되다 ※ **～になる** ～이 되다

⋯→ **服がきれいになりました。**
ふく

옷이 깨끗해졌습니다.

0792 ☐ **落とす** 떨어뜨리다, 분실하다, 지우다 ※ **落ちる** 떨어지다
お　　　　　　　　　　　　　　　　　　　お

⋯→ **本を落としました。**
ほん　お

책을 떨어뜨렸습니다.

⋯ 財布を落としてしまいました。
さい ふ　　　お

지갑을 잃어버렸습니다.

⋯ 染みを落としている。
し　　　お

얼룩을 지우고 있다.

0793
☐ **しわ** 주름

⋯ 服のしわを伸ばしています。
ふく　　　　　　の

옷의 주름을 펴고 있습니다.

0794
☐ **縫い物** 바느질
ぬ　もの

⋯ 縫い物は苦手です。
ぬ　もの　　にが て

바느질은 서툽니다.

0795
☐ **丈** 기장
たけ

⋯ 丈をちょっと縮めて欲しい。
たけ　　　　　ちぢ　　ほ

기장을 조금 줄이고 싶다.

0796
☐ **えり** 옷깃

⋯ えりをちゃんと正してください。
ただ

옷깃을 잘 여미어 주세요.

I 준비

II 출근·등교

III 사회생활

IV 집안일

V 외출1

VI 외출2

VII 개인시간

1 **다음을 일본어로 쓰시오.**

❶ 꿰매다 _____   ❷ 바느질 _____

❸ 세탁물 _____   ❹ 표백제 _____

❺ 얼룩 _____   ❻ 주름 _____

❼ 세탁기 _____   ❽ 기장 _____

❾ 옷깃 _____   ❿ 되다 _____

2 **다음의 의미를 쓰시오.**

❶ アイロンをかける _____

❷ ぬるま湯 _____   ❸ ホース _____

❹ ドライクリーニング _____

❺ 手洗い _____   ❻ 服を干す _____

❼ すり切れる _____   ❽ お湯 _____

❾ 洗濯かご _____   ❿ 洗剤 _____

3 다음 보기와 같이 단어의 타동사와 뜻을 쓰시오.

> 보기
>
> 開く 열리다 → 開ける 열다

① 落ちる 떨어지다 →

② 縮む 줄어들다 →

③ 乾く 마르다 →

④ 汚れる 더러워지다 →

---

scene 04 買い物 장보기
かもの

❶ レジ 계산대

❷ お札 지폐
さつ

❸ 小銭 동전
こぜに

❹ 袋 봉투
ふくろ

❺ 紙袋
かみぶくろ
종이봉투

❻ ビニール袋
ふくろ
비닐봉투

❼ ショッピングカート
쇼핑 카트

❽ 商品 상품
しょうひん

❾ クレジットカード
신용 카드

❿ 現金
げんきん
현금

⓫ かご
바구니

⓬ クーポン 쿠폰

⓭ 分割払い 할부
ぶんかつばら

⓮ 支払い 지불
しはら

⓯ レジ係
がかり
계산하는 사람

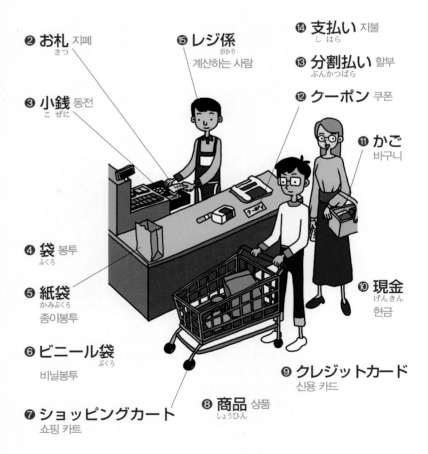

⑯ **おつり** 거스름돈

⑰ **配達** 배달
はいたつ

⑱ **送料無料** 무료 배송
そうりょう む りょう

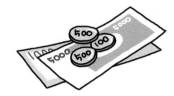

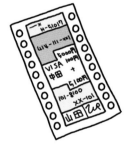

⑲ **レシート** 영수증

⑳ **返品** 반품
へんぴん

㉑ **交換** 교환
こうかん

㉒ **払い戻し** 환불
はら　 もど

㉓ **割引** 할인
わりびき

㉔ **半額セール** 반액 세일
はんがく

㉕ **お徳用** 덕용 상품
とくよう

㉖ **２４時間年中無休**
にじゅうよ じ かんねんじゅう む きゅう
24시간 연중무휴

0797

お金 돈
かね

··→ **お金が必要です。**
　　かね　　ひつよう

돈이 필요합니다.

0798

レシート 영수증

··→ **レシートを集めています。**
　　　　　　　あつ

영수증을 모으고 있습니다.

0799

レジ 계산대

··→ **レジでお金を払っています。**
　　　　　　かね　はら

계산대에서 돈을 내고 있습니다.

0800

レジ係 계산하는 사람
　　がかり

··→ **レジ係にレシートをもらいました。**
　　　がかり

계산하는 사람에게 영수증을 받았습니다.

0801

お会計 계산 ＝お勘定, おあいそ
かいけい　　　　　　　かんじょう

··→ **お会計お願いします。**
　　かいけい　ねが

계산 부탁합니다.

I 준비

II 출근·등교

III 사회생활

IV 집안일

V 외출 1

VI 외출 2

VII 개인 시간

0802

かご 바구니

⋯▸ かごの中に食べ物がたくさん入っています。
なか　　た　もの　　　　　　　　　　　はい

바구니 안에 먹을 것이 많이 들어 있습니다.

0803

ショッピングカート 쇼핑 카트

⋯▸ ショッピングカートは、ものが多い時、便利です。
おお　とき　べん り

쇼핑 카트는 물건이 많을 때 편리합니다.

0804

袋 봉투
ふくろ

⋯▸ スーパーへ行く時は袋を持って行きます。
い　とき　ふくろ　も　　　　い

슈퍼마켓에 갈 때에는 봉투를 가지고 갑니다.

0805

紙袋 종이봉투
かみぶくろ

⋯▸ 紙袋に入れてください。
かみ ぶくろ　い

종이봉투에 넣어 주세요.

0806

ビニール袋 비닐봉지
ふくろ

⋯▸ ビニール袋はできるだけ使わない。
ふくろ　　　　　　　　つか

비닐봉지는 될 수 있으면 쓰지 않는다.

0807
☐ **現金** 현금
げんきん

⋯▸ 現金で払います。
げんきん はら

현금으로 냅니다.

0808
☐ **お札** 지폐
さつ

⋯▸ 財布の中にお札がたくさんあります。
さい ふ なか さつ

지갑 안에 지폐가 많이 있습니다.

0809
☐ **小銭** 동전
こ ぜに

⋯▸ 小銭が多くてポケットが重いです。
こ ぜに おお おも

동전이 많아서 주머니가 무겁습니다.

0810
☐ **クーポン** 쿠폰

⋯▸ クーポンを上手に使えば、安く買えます。
じょう ず つか やす か

쿠폰을 잘 사용하면 싸게 살 수 있습니다.

0811
☐ **クレジットカード** 신용 카드

⋯▸ クレジットカードは便利です。
べん り

신용 카드는 편리합니다.

0812

支払い 지불
しはら

···▶ 現金で支払いをしました。
げんきん　しはら

현금으로 지불했습니다.

0813

分割払い 할부
ぶんかつばら

···▶ 分割払いで冷蔵庫を買った。
ぶんかつばら　　れいぞうこ　か

할부로 냉장고를 샀다.

0814

一括払い 일시불
いっかつばら

···▶ 一括払いで買うと少し安くしてくれるって。
いっかつばら　　か　　すこ　やす

일시불로 사면 조금 싸게 해 준대.

0815

商品 상품
しょうひん

···▶ 様々な商品があります。
さまざま　しょうひん

다양한 상품이 있습니다.

0816

おつり 거스름돈

···▶ おつりをちゃんともらって来てください。
き

거스름돈을 정확히 받아 와 주세요.

Ⅰ 준비

Ⅱ 출근·등교

Ⅲ 사회생활

Ⅳ 집안일

Ⅴ 외출1

Ⅵ 외출2

Ⅶ 개인시간

0817

配達 배달

はいたつ

···▶ 配達サービスをしている。
はいたつ

배달 서비스를 하고 있다.

0818

送料無料 무료 배송

そうりょう む りょう

···▶ この製品は送料無料です。
せいひん　　そうりょう む りょう

이 제품은 무료 배송입니다.

0819

払い戻し 환불

はら　　もど

···▶ 払い戻ししたいんですが、できますか。
はら　もど

환불하고 싶은데, 됩니까?

0820

返品 반품

へんぴん

···▶ 服を着た後は返品できません。
ふく　き　あと　へんぴん

옷을 입은 후에는 반품할 수 없습니다.

0821

交換 교환

こうかん

···▶ レシートを持ってくると、交換できます。
も　　　　　　こうかん

영수증을 가져 오면 교환할 수 있습니다.

0822

割引 | 할인
わりびき

⋯▶ 割引の時は早く行った方がいい。
わりびき　　とき　　はや　　い　　　ほう

할인할 때에는 빨리 가는 편이 좋다.

0823

半額セール 반액 세일
はんがく

⋯▶ 半額セールで赤いワンピースを買いました。
はんがく　　　　あか　　　　　　　　　　か

반액 세일로 빨간 원피스를 샀습니다.

0824

お徳用 덕용 상품 (값에 비하여 쓰기에 편하고 이익이 많은 상품)
とくよう

⋯▶ お徳用で買った牛肉です。
とくよう　　か　　　ぎゅうにく

덕용 상품으로 산 쇠고기입니다.

0825

２４時間年中無休 24시간 연중무휴
にじゅうよ じ　かんねんじゅう む きゅう

⋯▶ あの店は２４時間年中無休で、便利です。
みせ　　にじゅうよ じ　かんねんじゅう む きゅう　　べん り

저 가게는 24시간 연중무휴라서 편리합니다.

0826

新鮮だ 신선하다
しんせん

⋯▶ ここの魚はいつも新鮮です。
さかな　　　　　　しんせん

여기 생선은 언제나 신선합니다.

I 준비

II 출근·등교

III 사회생활

IV 집안일

V 외출1

VI 외출2

VII 개인시간

0827

預ける 맡기다
あず

⋯▶ 買い物かごをちょっと預けました。
　　か　もの　　　　　　　あず

　　장바구니를 잠시 맡겼습니다.

0828

預かる 보관하다, 맡다
あず

⋯▶ このかばんはうちの店でお預かりします。
　　　　　　　　　　　　みせ　　あず

　　이 가방은 저희 가게에서 보관해 드리겠습니다.

0829

売り切れる 다 팔리다, 품절되다
う　き

⋯▶ 鶏肉が売り切れました。
　　とりにく　う　き

　　닭고기가 다 팔렸습니다.

0830

品切れ 품절 ＝売り切れ
しな ぎ　　　　　　う　き

⋯▶ セール商品はすぐ品切れになります。
　　　　しょうひん　　　　しな ぎ

　　세일 상품은 금방 품절됩니다.

0831

市場 시장
いち ば

⋯▶ 市場では安く買えます。
　　いち ば　　やす　か

　　시장에서는 싸게 살 수 있습니다.

0832 ☐ 減る 줄다, 감소하다 ※ 예외적 1그룹 동사
へ

⋯▶ 市場のお客が減っています。
いちば　きゃく　　へ

시장 손님이 줄고 있습니다.

0833 ☐ 増える 늘다, 증가하다 ※ 増やす 늘리다
ふ　　　　　　　　　　　　　　　ふ

⋯▶ 大型スーパーはお客が増えていく。
おおがた　　　　きゃく　ふ

대형 슈퍼마켓에는 손님이 늘어 간다.

0834 ☐ 品物 물건
しなもの

⋯▶ ここは品物が多いです。
しなもの　おお

여기는 물건이 많습니다.

0835 ☐ おまけ 덤

⋯▶ おまけでもう一個もらいました。
いっこ

덤으로 한 개 더 받았습니다.

0836 ☐ 売り上げ 매상
う　あ

⋯▶ 売り上げが先月より増えました。
う　あ　せんげつ　ふ

매상이 지난달보다 늘었습니다.

0837
□ **いくら** 얼마 ※いくつ 몇 개

⋯ ガムはいくらですか。

껌은 얼마입니까?

0838
□ **所得** 소득
しょとく

⋯ 所得に合わせて買い物をします。
　しょとく　あ　　　　か　もの

소득에 맞춰 장을 봅니다.

0839
□ **計画** 계획
けいかく

⋯ 無駄づかいしないように計画を立てた。
　む だ　　　　　　　　　けいかく　た

낭비하지 않도록 계획을 세웠다.

0840
□ **親切だ** 친절하다
しんせつ

⋯ あの店は安くて親切です。
　　みせ やす　　しんせつ

저 가게는 싸고 친절합니다.

0841
□ **地味だ** 수수하다
じ み

⋯ 安くて地味な服を買った。
　やす　　じ み ふく か

싸고 수수한 옷을 샀다.

I 준비

II 출근·등교

III 사회생활

IV 집안일

V 외출1

VI 외출2

VII 개인시간

0842

派手だ 화려하다
は で

⋯▶ **派手なブラウスが欲しい。**
は で ほ

화려한 블라우스를 갖고 싶다.

1 다음을 일본어로 쓰시오.

① 계산 _____ ② 지폐 _____

③ 늘다 _____ ④ 줄다 _____

⑤ 돈 _____ ⑥ 신선하다 _____

⑦ 거스름돈 _____ ⑧ 동전 _____

⑨ 지불 _____ ⑩ 배달 _____

2 다음의 의미를 쓰시오.

① 品切れ _____ ② 半額セール _____

③ 交換 _____ ④ クーポン _____

⑤ 割引 _____ ⑥ おまけ _____

⑦ 預ける _____ ⑧ 一括払い _____

⑨ 商品 _____ ⑩ 売り上げ _____

3 다음과 어울리는 단어를 보기에서 골라 쓰시오.

> 보기 お徳用（とくよう）　品切れ（しなぎれ）　払い戻し（はらもどし）　分割払い（ぶんかつばらい）　返品（へんぴん）

❶ 気（き）に入（い）らなくて返（かえ）してあげる。 ＿＿＿＿＿＿＿＿

❷ 1＋1 ＿＿＿＿＿＿＿＿

❸ 返品（へんぴん）してお金（かね）を返（かえ）してもらう。 ＿＿＿＿＿＿＿＿

❹ 毎月少（まいつきすこ）しずつ払（はら）うこと。 ＿＿＿＿＿＿＿＿

❺ 全部売（ぜんぶう）れて売（う）る物（もの）がない。 ＿＿＿＿＿＿＿＿

정답
1 ❶ お会計（かいけい）・お勘定（かんじょ）・おあいそ　❷ お札（さつ）　❸ 増（ふ）える
❹ 減（へ）る　❺ お金（かね）　❻ 新鮮（しんせん）だ　❼ おつり　❽ 小銭（こぜに）　❾ 支払（しはら）い
❿ 配達（はいたつ）

2 ❶ 품절　❷ 반액 세일　❸ 교환　❹ 쿠폰　❺ 할인
❻ 덤　❼ 맡기다　❽ 일시불　❾ 상품　❿ 매상

3 ❶ 返品（へんぴん）　❷ お徳用（とくよう）　❸ 払（はら）い戻（もど）し　❹ 分割払（ぶんかつばら）い
❺ 品切（しなぎ）れ

料理 요리
りょう　り

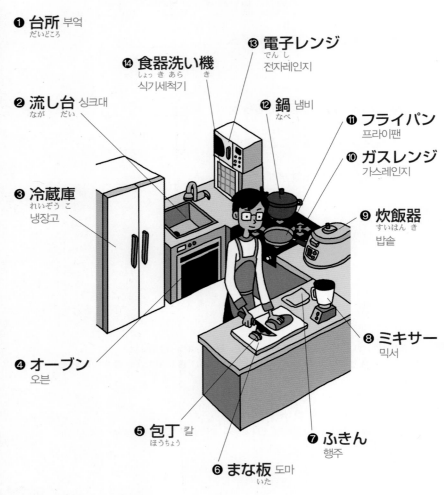

❶ 台所 부엌
だいどころ

⓮ 食器洗い機 식기세척기
しょっ き あら き

❷ 流し台 싱크대
なが だい

❸ 冷蔵庫
れいぞう こ
냉장고

❹ オーブン
오븐

❺ 包丁 칼
ほうちょう

❻ まな板 도마
いた

❼ ふきん
행주

❽ ミキサー
믹서

❾ 炊飯器
すいはん き
밥솥

❿ ガスレンジ
가스레인지

⓫ フライパン
프라이팬

⓬ 鍋 냄비
なべ

⓭ 電子レンジ
でん し
전자레인지

⑮ **やかん** 주전자

⑯ **おたま** 국자

⑰ **しゃもじ** 주걱

⑱ **キッチンタオル** 키친타월

⑲ **揚げる** 튀기다
あ

⑳ **ゆでる** 삶다

㉑ **混ぜる** 섞다, 비비다
ま

㉒ **炒める** 볶다
いた

㉓ **油** 기름, 식용유
あぶら

㉔ **ごま油** 참기름
あぶら

㉕ **こしょう** 후추

0843

台所 부엌
だいどころ

⋯▸ 母は台所で料理をしています。
はは　　だいどころ　りょう り

엄마는 부엌에서 요리를 하고 있습니다.

0844

ガスレンジ 가스레인지

⋯▸ ガスレンジの火を強くしてください。
　　　　　　　　ひ　　つよ

가스레인지의 불을 세게 해 주세요.

0845

電子レンジ 전자레인지
でん し

⋯▸ 電子レンジの料理は簡単です。
でん し　　　　りょう り　かんたん

전자레인지 요리는 간단합니다.

0846

オーブン 오븐

⋯▸ オーブンで作ったお菓子です。
　　　　　　つく　　　か し

오븐으로 만든 과자입니다.

0847

炊く (밥을) 짓다
た

⋯▸ 今ご飯を炊いているから、少し待ってください。
いま　はん　た　　　　　　　　すこ　ま

지금 밥을 짓고 있으니까 조금 기다려 주세요.

0848

炊飯器 밥솥
すいはん き

··➔ 炊飯器でご飯を炊いています。
すいはん き　　　はん　た

밥솥으로 밥을 짓고 있습니다.

0849

食器洗い機 식기세척기
しょっ き あら　 き

··➔ 食器洗い機ができて、便利になりました。
しょっ き あら　 き　　　　　べん り

식기세척기가 생겨서 편리해졌습니다.

0850

ミキサー 믹서

··➔ ミキサーを使って、キウイジュースを作ってみた。
つか　　　　　　　　　　　　　　つく

믹서를 사용해서 키위 주스를 만들어 봤다.

0851

冷蔵庫 냉장고　※冷凍室 냉동실
れいぞう こ　　　　　　　れいとうしつ

··➔ 冷蔵庫の中に卵が入っています。
れいぞう こ　　なか　たまご　はい

냉장고 안에 달걀이 들어 있습니다.

0852

流し台 싱크대
なが　　だい

··➔ 流し台で皿を洗っています。
なが　だい　さら　あら

싱크대에서 설거지를 하고 있습니다.

0853

ふきん 행주

··→ ふきんはいつもきれいじゃなくてはいけません。

행주는 항상 깨끗하지 않으면 안 됩니다.

0854

フライパン 프라이팬

··→ フライパンで目玉焼きを作っています。
　　　　　　めだまや　　　つく

프라이팬으로 달걀 프라이를 하고 있습니다.

0855

鍋 냄비
なべ

··→ 鍋に水を入れて、ガスレンジの上に置きます。
　　なべ　みず　い　　　　　　　　　うえ　お

냄비에 물을 담아 가스레인지 위에 놓습니다.

0856

包丁 식칼
ほうちょう

··→ 包丁を使う時は注意してください。
　　ほうちょう　つか　とき　ちゅうい

식칼을 사용할 때는 주의해 주세요.

0857

まな板 도마
　　　いた

··→ まな板を水で濯ぎます。
　　　いた　みず　すす

도마를 물로 헹굽니다.

0858

火 ^불

ひ

···➔ 火に気をつけないといけない。
　　　ひ　　き

불을 조심하지 않으면 안 된다.

0859

圧力鍋 ^{압력솥}

あつりょくなべ

···➔ 圧力鍋のご飯の方がおいしい。
　　　あつりょくなべ　　はん　　ほう

압력솥 밥 쪽이 맛있다.

0860

片手鍋 ^{편수 냄비}

かたてなべ

···➔ 片手鍋は持ちやすい。
　　　かたてなべ　　も

편수 냄비는 들기 쉽다.

キッチンタオル ^{키친타월}

···➔ 洗った皿をキッチンタオルで拭いてください。
　　　あら　さら　　　　　　　ふ

씻은 접시를 키친타월로 닦아 주세요.

0862

ボール ^{볼(식기)}

···➔ ボールに卵を割って入れます。
　　　　たまご　わ　　い

볼에 달걀을 깨어 넣습니다.

I 준비

II 출근·등교

III 사회생활

IV 집안일

V 외출 1

VI 외출 2

VII 개인 시간

0863

☐ **蓋** 뚜껑
ふた

⋯→ 蓋をちゃんと閉めて置いてください。
　　ふた　　　　　し　　　お

뚜껑을 잘 덮어 놓아 주세요.

0864

☐ **やかん** 주전자

⋯→ やかんで水を沸かします。
　　　　　　みず　わ

주전자로 물을 끓입니다.

0865

☐ **しゃもじ** 주걱

⋯→ しゃもじはありますか。

주걱은 있나요?

0866

☐ **おたま** 국자

⋯→ おたまで味噌汁をよそいます。
　　　　　　み　そ　しる

국자로 된장국을 뜹니다.

0867

☐ **作る** 만들다
つく

⋯→ 今、何を作っていますか。
　　いま　なに　つく

지금 무엇을 만들고 있습니까?

0868

むく 벗기다, 깎다

⋯ じゃがいもの皮をむいています。
_{かわ}

감자의 껍질을 벗기고 있습니다.

0869

刻む 잘게 다지다
_{きざ}

⋯ にんじんを刻んでいます。
_{きざ}

당근을 잘게 다지고 있습니다.

0870

混ぜる 섞다, 비비다
_ま

⋯ ビビンバは、混ぜて食べるものです。
_ま _た

비빔밥은 비벼서 먹는 음식입니다.

0871

煮る 익히다
_に

⋯ グラタンは長い時間煮る料理です。
_{なが} _{じ かん に} _{りょう り}

그라탱은 오랜 시간 익히는 음식입니다.

0872

蒸す 찌다 ＝ふかす
_む

⋯ 蒸したじゃがいもは体にいい。
_む _{からだ}

찐 감자는 몸에 좋다.

I 준비

II 출근·등교

III 사회생활

IV 집안일

V 외출 1

VI 외출 2

VII 개인 시간

0873

ゆでる 삶다

… 野菜は長くゆでない方がいいそうです。
やさい　なが　　　　　　　ほう

야채는 오래 삶지 않는 게 좋다고 합니다.

0874

焼く 굽다
や

… 魚を焼いて、しょうゆにつけて食べます。
さかな　や　　　　　　　　　　　た

생선을 굽고 간장을 찍어서 먹습니다.

0875

揚げる 튀기다　※挙げる (손을) 들다
あ　　　　　　　　　　あ

… 最近、油で揚げた料理は人気がない。
さいきん　あぶら　あ　りょうり　にんき

최근에는 기름에 튀긴 음식은 인기가 없다.

0876

炒める 볶다
いた

… カレーを作る時はまず肉を炒めます。
つく　とき　　　　にく　いた

카레를 만들 때는 먼저 고기를 볶습니다.

0877

ソース 소스

… ソースをかけて食べるともっとおいしいですよ。
た

소스를 뿌려서 먹으면 훨씬 맛있어요.

0878 ケチャップ 케첩

⋯⋯▶ オムライスを食べる時はケチャップをかけます。
오므라이스를 먹을 때는 케첩을 뿌립니다.

0879 マヨネーズ 마요네즈

⋯⋯▶ マヨネーズは卵から作られたものです。
마요네즈는 달걀로 만들어진 것입니다.

0880 しょうゆ 간장

⋯⋯▶ 日本の料理にはしょうゆがよく使われています。
일본 요리에는 간장이 자주 사용되고 있습니다.

0881 こしょう 후추

⋯⋯▶ スープにこしょうをふりかけます。
수프에 후추를 뿌립니다.

0882 塩 소금
しお

⋯⋯▶ 塩が入った食べ物は禁止です。
소금이 들어간 음식은 금지입니다.

I 준비

II 출근·등교

III 사회생활

IV 집안일

V 외출 1

VI 외출 2

VII 개인 시간

0883
☐ **砂糖** 설탕
さ とう

⋯→ **砂糖を食べると、太ります。**
さ とう た ふと
설탕을 먹으면 살찝니다.

0884
☐ **油** 기름, 식용유
あぶら

⋯→ **油の種類もたくさんありますね。**
あぶら しゅるい
식용유 종류도 많이 있네요.

0885
☐ **ごま油** 참기름
あぶら

⋯→ **ごま油は香ばしいから好きですよ。**
あぶら こう す
참기름은 향이 고소해서 좋아해요.

0886
☐ **酢** 식초
す

⋯→ **酢は体にいいそうですよ。**
す からだ
식초는 몸에 좋다고 해요.

0887
☐ **焦げる** 타다
こ

⋯→ **魚が焦げてしまって食べられなかった。**
さかな こ た
생선이 타 버려서 먹을 수 없었다.

0888

温める 데우다
あたた

⋯→ 弁当を温めてください。
べんとう　　あたた

도시락을 데워 주세요.

0889

冷める 식다
さ

⋯→ 冷めた食べ物はおいしくありません。
さ　　た　もの

식은 음식은 맛이 없습니다.

0890

冷やす 식히다, 차게 하다
ひ

⋯→ すいかは冷やして食べる果物です。
ひ　　　た　　くだもの

수박은 차게 해서 먹는 과일입니다.

0891

小麦粉 밀가루
こむぎこ

⋯→ 麺類は小麦粉で作られます。
めんるい　こむぎこ　つく

면류는 밀가루로 만들어집니다.

0892

和える 버무리다
あ

⋯→ いろんな野菜を和えて食べた。
やさい　あ　た

여러 야채를 버무려 먹었다.

Ⅰ 준비

Ⅱ 출근·등교

Ⅲ 사회생활

Ⅳ 집안일

Ⅴ 외출1

Ⅵ 외출2

Ⅶ 개인시간

1 **다음을 일본어로 쓰시오.**

❶ 부엌 _____ ❷ 냉장고 _____

❸ 밥솥 _____ ❹ 식칼 _____

❺ 주전자 _____ ❻ 국자 _____

❼ 참기름 _____ ❽ 식초 _____

❾ 소금 _____ ❿ 설탕 _____

2 **다음의 의미를 쓰시오.**

❶ オーブン_____ ❷ 刻^{きざ}む _____

❸ 流^{なが}し台^{だい} _____ ❹ 煮^にる _____

❺ 蒸^むす _____ ❻ ゆでる _____

❼ 和^あえる _____ ❽ 焦^こげる _____

❾ 炒^{いた}める _____ ❿ まな板^{いた} _____

3 다음과 어울리는 동사를 보기에서 골라 쓰시오.

> 보기　むく　炊<ruby>炊<rt>た</rt></ruby>く　揚<ruby>揚<rt>あ</rt></ruby>げる　混<ruby>混<rt>ま</rt></ruby>ぜる　焼<ruby>焼<rt>や</rt></ruby>く

❶ ご飯<ruby>飯<rt>はん</rt></ruby>　　　　→ ＿＿＿＿＿＿

❷ 魚<ruby>魚<rt>さかな</rt></ruby>　　　　　→ ＿＿＿＿＿＿

❸ てんぷら　　　→ ＿＿＿＿＿＿

❹ ビビンバ　　　→ ＿＿＿＿＿＿

❺ じゃがいもの皮<ruby>皮<rt>かわ</rt></ruby>　→ ＿＿＿＿＿＿

정답 1 ❶ 台所(だいどころ)　❷ 冷蔵庫(れいぞうこ)　❸ 炊飯器(すいはんき)　❹ 包丁(ほうちょう)　❺ やかん
　　　❻ おたま　❼ ごま油(あぶら)　❽ 酢(す)　❾ 塩(しお)　❿ 砂糖(さとう)
　2 ❶ 오븐　❷ 잘게 다지다　❸ 싱크대　❹ 익히다　❺ 찌다
　　　❻ 삶다　❼ 버무리다　❽ 타다　❾ 볶다　❿ 도마
　3 ❶ 炊(た)く　❷ 焼(や)く　❸ 揚(あ)げる　❹ 混(ま)ぜる　❺ むく

알아두면 더 좋은 보충단어

(1) 곡물 , 견과류

☐ 米 こめ	쌀
☐ 麦 むぎ	보리
☐ 小麦 こむぎ	밀
☐ 大豆 だいず	대두
☐ 小豆 あずき	팥
☐ そば	메밀
☐ さやいんげん	강낭콩
☐ さやえんどう	완두콩
☐ とうもろこし	옥수수
☐ えんばく	귀리
☐ ピーナッツ	땅콩
☐ くるみ	호두
☐ 栗 くり	밤
☐ どんぐり	도토리

(2) 과일

☐ りんご	사과
☐ メロン	멜론
☐ 柿 かき	감
☐ ぶどう	포도
☐ 梨 なし	배
☐ 桃 もも	복숭아
☐ みかん	귤
☐ パイナップル	파인애플
☐ レモン	레몬
☐ キウイ	키위
☐ オレンジ	오렌지
☐ バナナ	바나나
☐ さくらんぼ	버찌, 체리

(3) 채소

☐ きゅうり 오이

☐ かぼちゃ 호박

☐ じゃがいも 감자

☐ さつまいも 고구마

☐ さといも 토란

☐ ねぎ 파

☐ たまねぎ 양파

☐ きのこ 버섯

☐ にんじん 당근

☐ ブロッコリー 브로콜리

☐ キャベツ 양배추

☐ 白菜
はくさい 배추

☐ 大根
だいこん 무

☐ にんにく 마늘

☐ ほうれん草
そう 시금치

☐ ピーマン 피망

☐ パセリ 파슬리

☐ オリーブ 올리브

☐ もやし 콩나물

☐ にら 부추

☐ セロリ 셀러리

☐ トマト 토마토

☐ すいか 수박

☐ いちご 딸기

☐ なす 가지

☐ 春菊
しゅんぎく 쑥갓

☐ れんこん 연근

(4) 식물

☐ **あさがお** 나팔꽃

☐ **あじさい** 수국

☐ **梅** 매화
うめ

☐ **かすみそう** 안개꽃

☐ **菊** 국화
きく

☐ **桜** 벚꽃
さくら

☐ **すずらん** 은방울꽃

☐ **すみれ** 제비꽃

☐ **竹** 대나무
たけ

☐ **たんぽぽ** 민들레

☐ **つつじ** 진달래

☐ **のぎく** 들국화

☐ **はまなす** 해당화

☐ **ばら** 장미

☐ **ひまわり** 해바라기

☐ **むくげ** 무궁화

☐ **ゆり** 백합

☐ **けし** 양귀비꽃

☐ **れんぎょう** 개나리

☐ **ハス** 연꽃

☐ **わすれなぐさ** 물망초

☐ **アスター** 과꽃

☐ **エーデルワイス** 에델바이스

☐ **スイセン** 수선화

☐ **スイレン** 수련

☐ **ハコベ** 별꽃

☐ **イチョウ** 은행나무

☐ **かえで** 단풍나무

☐ **松** 소나무
まつ

☐ **よもぎ** 쑥

PART V

외출 1

scene
01 デート 데이트

❶ **場所** 장소
　ば しょ

❷ **楽しい** 즐겁다
　たの

❸ **話す** 이야기하다
　はな

❹ **時間** 시간
　じ かん

❺ **恋人** 연인
　こいびと

❻ **誘う**
　さそ
　권유하다, 불러내다

⓫ **時計台**
　と けいだい
　시계탑

❿ **待ち合わせ**
　ま　あ
　(만나는) 약속

❾ **待つ**
　ま
　기다리다

❽ **会う**
　あ
　만나다

❼ **おしゃれ**
　멋쟁이

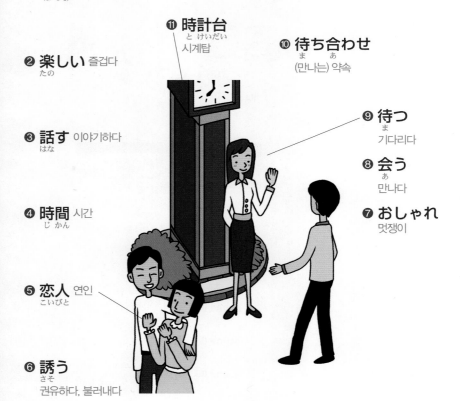

⑫ **一目惚れ** 첫눈에 반함
ひと め ぼ

⑬ **第一印象** 첫인상
だいいちいんしょう

⑭ **結婚** 결혼
けっこん

⑮ **婚約** 약혼
こんやく

⑯ **お見合い** 맞선
み あ

⑰ **付き合う** 사귀다, 행동을 같이하다
つ あ

⑱ **別れる** 헤어지다
わか

⑲ **ふられる** 차이다

⑳ **楽しむ** 즐기다
たの

㉑ **過ごす** (시간을) 보내다
す

㉒ **握る** 잡다
にぎ

I 준비

II 출근·등교

III 사회생활

IV 집안일

V 외출 1

VI 외출 2

VII 개인 시간

0893
誘う 권유하다, 불러내다 ※ ~に誘う ~하자고 권유하다
さそ   さそ

⋯→ デートに誘われたんですが。
       さそ

데이트 신청을 받았습니다만.

0894
待つ 기다리다 ※ 待合室 대합실
ま   まちあいしつ

⋯→ 駅の前で友達を待っている。
   えき まえ ともだち ま

역 앞에서 친구를 기다리고 있다.

0895
待ち合わせ (만나는) 약속 ※ 約束 (일반적인) 약속
ま あ   やくそく

⋯→ 待ち合わせの場所を忘れちゃった。
   ま あ   ば しょ わす

약속 장소를 잊어버렸다.

0896
時計台 시계탑
と けいだい

⋯→ 時計台の下で待っている。
   と けいだい した ま

시계탑 아래에서 기다리고 있다.

0897
時間 시간 ※ 時刻 시각
じ かん   じ こく

⋯→ 約束の時間に遅れないようにしてください。
   やくそく じ かん おく

약속 시간에 늦지 않도록 해 주세요.

0898

場所 장소
ば しょ

⋯ 集まりの場所はどこがいいでしょうか。
あつ　　　　ば しょ

모임 장소는 어디가 좋을까요?

0899

恋人 연인　※ 愛人 내연 관계인 사람. 정부
こいびと　　　　　　あいじん

⋯ あの二人、恋人同士でしょう?
ふたり　こい びと どう し

저 두 사람 연인 사이지요?

0900

おしゃれ 멋쟁이

⋯ 彼女はとてもおしゃれですね。
かのじょ

그녀는 아주 멋쟁이군요.

0901

会う 만나다　※ ～に会う ～를 만나다
あ　　　　　　　　あ

⋯ 彼とは二度と会いたくない。
かれ　　　に ど　あ

그와는 두 번 다시 만나고 싶지 않아.

0902

話す 이야기하다　※ 話 이야기
はな　　　　　　　　はなし

⋯ 楽しく話しています。
たの　　はな

즐겁게 이야기하고 있습니다.

Ⅰ 준비
Ⅱ 출근·등교
Ⅲ 사회생활
Ⅳ 집안일
Ⅴ 외출 1
Ⅵ 외출 2
Ⅶ 개인 시간

0903

楽しい 즐겁다

たの

… 昨日のコンパ、楽しかったです。
きのう　　　　　　　　たの

어제 친목회 즐거웠습니다.

0904

第一印象 첫인상

だいいちいんしょう

… 第一印象から、彼女に決めました。
だいいちいんしょう　　　かのじょ　き

첫인상부터 그녀로 정했습니다.

0905

一目惚れ 첫눈에 반함

ひとめ　ぼ

… 一目惚れした彼女を紹介してもらった。
ひとめ　ぼ　　　　　かのじょ　しょうかい

첫눈에 반한 그녀를 소개받았다.

0906

結婚 결혼　※ 結婚式 결혼식
　　　　　　　　　　 けっこんしき

けっこん

… 僕、いよいよ来週結婚します。
ぼく　　　　　らいしゅうけっこん

저, 드디어 다음 주 결혼합니다.

0907

婚約 약혼　※ 婚約者 약혼자
　　　　　　　　　　 こんやくしゃ

こんやく

… 二人は先週婚約しました。
ふたり　せんしゅうこんやく

두 사람은 지난주에 약혼했습니다.

I 준비

II 출근·등교

III 사회생활

IV 집안일

V 외출1

VI 외출2

VII 개인시간

0908 婚約者 약혼자
こんやくしゃ

⋯▸ 彼の婚約者は看護師さんです。
かれ　こんやくしゃ　かんごし

그의 약혼자는 간호사입니다.

0909 恋愛結婚 연애결혼
れんあいけっこん

⋯▸ あの二人は恋愛結婚したのに別れた。
ふたり　れんあいけっこん　わか

저 두 사람은 연애결혼을 했는데 헤어졌다.

0910 お見合い 맞선 ※お見合いする 맞선 보다
みあ　　　　　　　　みあ

⋯▸ 週末、お見合いをすることになりました。
しゅうまつ　みあ

주말에 맞선을 보게 되었습니다.

0911 お見合い結婚 중매결혼
みあ　けっこん

⋯▸ お見合い結婚も悪いとは言えません。
みあ　けっこん　わる　　　い

중매결혼도 나쁘다고는 할 수 없습니다.

0912 仲人 중매쟁이
なこうど

⋯▸ 仲人を通じて見合いをした。
なこうど　つう　みあ

중매쟁이를 통해 맞선을 봤다.

付き合う 사귀다, 행동을 같이하다
つ　あ

⋯➡ あの二人、付き合っているそうです。
　　　ふたり　　　つ　あ

저 두 사람 사귄답니다.

別れる 헤어지다
わか

⋯➡ 付き合っていた二人は親の反対で別れました。
　　つ　あ　　　　　　　ふたり　おや　はんたい　わか

사귀던 두 사람은 부모의 반대로 헤어졌습니다.

ふられる 차이다 ※ふる 차다

⋯➡ 恋愛なんて、ふったりふられたりするものです。
　　れんあい

연애라는 것은 차기도 하고 차이기도 하는 것입니다.

楽しむ 즐기다
たの

⋯➡ 二人はデートを楽しんでいる。
　　ふたり　　　　　　たの

두 사람은 데이트를 즐기고 있다.

過ごす (시간을) 보내다
す

⋯➡ 楽しい時間を過ごしました。
　　たの　じかん　す

즐거운 시간을 보냈습니다.

0918 ☐
握る 잡다 ※ 예외적 1그룹 동사
にぎ

⋯▶ もっと強く手を握ってください。
つよ て にぎ

더 세게 손을 잡아 주세요.

0919 ☐
出会う (운명처럼) 만나다
で あ

⋯▶ 一目惚れの彼女に出会った。
ひと め ぼ かのじょ で あ

첫눈에 반한 그녀를 만났다.

0920 ☐
恋愛 연애
れんあい

⋯▶ あの二人は社内恋愛中です。
ふたり しゃないれんあいちゅう

저 두 사람은 사내 연애 중입니다.

0921 ☐
一緒に 함께
いっしょ

⋯▶ 私と一緒にいてほしい。
わたし いっしょ

나와 함께 있어 주길 바란다.

0922 ☐
本当に 정말로
ほんとう

⋯▶ 二人は本当に愛し合っています。
ふたり ほんとう あい あ

두 사람은 정말로 서로 사랑하고 있습니다.

I 준비

II 출근·등교

III 사회생활

IV 집안일

V 외출 1

VI 외출 2

VII 개인 시간

0923

初恋 첫사랑
はつこい

⋯→ 初恋の相手に10年ぶりに会った。
　　はつこい　あいて　じゅうねん　　あ

첫사랑 상대를 10년 만에 만났다.

0924

片想い 짝사랑
かたおも

⋯→ 僕の恋はいつも片想いです。
　　ぼく　こい　　　　かたおも

내 사랑은 항상 짝사랑입니다.

0925

広場 광장
ひろ　ば

⋯→ 広場に人が大勢います。
　　ひろ　ば　ひと　おおぜい

광장에 사람이 많이 있습니다.

0926

守る 지키다
まも

⋯→ 彼女を守ってあげたい。
　　かのじょ　まも

그녀를 지켜 주고 싶다.

0927

破る 깨다 ※破れる 깨지다
やぶ　　　　　　　　　やぶ

⋯→ 約束を勝手に破るなんてひどいですね。
　　やくそく　かって　やぶ

약속을 함부로 깨다니 너무하네요.

I 준비

II 출근·등교

III 사회생활

IV 집안일

V 외출1

VI 외출2

VII 개인시간

0928
似る 닮다
に

⋯▸ あの二人は恋人なのに家族みたいに似ている。
ふたり　こいびと　　　　　　　　　か ぞく　　　　　　　　　に

저 두 사람은 연인인데 가족처럼 닮았다.

0929
花見 꽃구경
はな み

⋯▸ 花見に行きましょう。
はな み　 い

꽃구경하러 갑시다.

0930
うそ 거짓말

⋯▸ うそを付かないでください。
つ

거짓말하지 마세요.

0931
間に合う 시간에 대다　※~に間に合う ~에 늦지 않다
ま　あ　　　　　　　　　　　　　ま　あ

⋯▸ 急いでやっと約束の時間に間に合った。
いそ　　　　　 やくそく　　じ かん　ま　あ

서둘러서 겨우 약속 시간에 늦지 않았다.

0932
揺れる 흔들리다
ゆ

⋯▸ 心が揺れている。
こころ　ゆ

마음이 흔들리고 있다.

0933
☐ **恥ずかしい** 부끄럽다
は

···→ みんなの前で告白して恥ずかしかった。
　　　　　 まえ　　こくはく　　　　　　は

모두의 앞에서 고백해서 부끄러웠다.

0934
☐ **まじめだ** 성실하다

···→ 彼は本当にまじめだった。
　　　 かれ　ほんとう

그는 정말로 성실했다.

0935
☐ **かわいい** 귀엽다

···→ かわいい子です。
　　　　　　　　こ

귀여운 아이입니다.

0936
☐ **美人** 미인
　 び じん

···→ 僕の彼女は美人です。
　　　 ぼく　かのじょ　び じん

제 여자 친구는 미인입니다.

0937
☐ **男前** 미남 =**美男**
　　　　　　　　　　 び なん
　おとこまえ

···→ 田中さんの息子って、男前ですよ。
　　　 た なか　　　 むす こ　　　おとこまえ

다나카 씨 아들, 미남이에요.

0938 ☐ ハンサムだ 핸섬하다

⋯▸ 木村先輩は本当にハンサムでしょう。
き むらせんぱい ほんとう

기무라 선배는 진짜 핸섬하죠?

0939 ☐ 女の人 여자 ＝女, 女子 ※女性 여성
おんな ひと おんな じょ し じょせい

⋯▸ 田中さんは女の人です。
た なか おんな ひと

다나카 씨는 여자입니다.

0940 ☐ 彼女 그녀, 여자 친구
かのじょ

⋯▸ 彼女を迎えに行きます。
かのじょ むか い

여자 친구를 데리러 갑니다.

0941 ☐ 男の人 남자
おとこ ひと

⋯▸ あそこには男の人ばかりいます。
おとこ ひと

저기에는 남자만 있습니다.

0942 ☐ 彼 그, 남자 친구 ※彼氏 남자 친구, 그이
かれ かれ し

⋯▸ 彼を紹介します。
かれ しょうかい

남자 친구를 소개하겠습니다.

I 준비
II 출근·등교
III 사회생활
IV 집안일
V 외출1
VI 외출2
VII 개인시간

0943

若い 젊다 ※若者 젊은이
わか　　　　　　　わかもの

⋯→ 若いということは何でもできるということです。
わか　　　　　　　　　　　なん

젊다는 것은 무엇이든 할 수 있다는 겁니다.

0944

格好いい 멋지다
かっこう

⋯→ 私の彼は格好いいです。
わたし　かれ　かっこう

제 남자 친구는 멋집니다.

0945

許す 용서하다, 허락하다
ゆる

⋯→ 彼を絶対許せません。
かれ　ぜったいゆる

그를 절대로 용서할 수 없습니다.

0946

反省 반성
はんせい

⋯→ 彼は今ものすごく反省している。
かれ　いま　　　　　　はんせい

그는 지금 굉장히 반성하고 있다.

0947

花束 꽃다발
はなたば

⋯→ 彼から花束をもらいました。
かれ　はなたば

그에게 꽃다발을 받았습니다.

I 준비

II 출근·등교

III 사회생활

IV 집안일

V 외출1

VI 외출2

VII 개인시간

0948

合コン 미팅
ごう

⋯→ 久しぶりの合コンなのに、遅れちゃった。
　　ひさ　　　　ごう　　　　　　　　おく

오래간만의 미팅인데, 늦어 버렸다.

0949

相性 궁합
あいしょう

⋯→ 二人の相性は最高に見える。
　　ふたり　あいしょう　さいこう　み

두 사람의 궁합은 최고로 보인다.

0950

プロポーズ 프러포즈　※ プロポーズする 프러포즈하다

⋯→ 彼からプロポーズされて嬉しかった。
　　かれ　　　　　　　　　　　　うれ

그에게 프러포즈받아서 기뻤다.

1 **다음을 일본어로 쓰시오.**

❶ 데이트 _____ ❷ 연인 _____

❸ 맞선 _____ ❹ 멋쟁이 _____

❺ 약혼 _____ ❻ 첫사랑 _____

❼ 꽃구경 _____ ❽ 거짓말 _____

❾ 귀엽다 _____ ❿ 부끄럽다 _____

2 **다음의 의미를 쓰시오.**

❶ 待^まち合^あわせ _____ ❷ 握^{にぎ}る _____

❸ 付^つき合^あう _____ ❹ 片想^{かたおも}い _____

❺ 格好^{かっこう}いい _____ ❻ ハンサムだ _____

❼ 仲人^{なこうど} _____ ❽ ふられる _____

❾ 一目惚^{ひとめぼ}れ _____ ❿ 第一印象^{だいいちいんしょう} _____

3 다음 단어를 보기와 같이 부정의 의미로 바꾸시오.

> **보기**
>
> おもしろい → おもしろくない
> 上手(じょうず)だ → 上手(じょうず)じゃない

❶ まじめだ → ＿＿＿＿＿＿＿＿＿＿＿＿

❷ 若(わか)い → ＿＿＿＿＿＿＿＿＿＿＿＿

❸ 楽(たの)しい → ＿＿＿＿＿＿＿＿＿＿＿＿

❹ 親切(しんせつ)だ → ＿＿＿＿＿＿＿＿＿＿＿＿

❺ かわいい → ＿＿＿＿＿＿＿＿＿＿＿＿

정답 1 ❶ デート ❷ 恋人(こいびと) ❸ お見合(みあ)い ❹ おしゃれ ❺ 婚約(こんやく)
　　❻ 初恋(はつこい) ❼ 花見(はなみ) ❽ うそ ❾ かわいい ❿ 恥(は)ずかしい

2 ❶ (만나는) 약속 ❷ 잡다 ❸ 사귀다, 행동을 같이하다 ❹ 짝사랑 ❺ 멋지다
　　❻ 핸섬하다 ❼ 중매쟁이 ❽ 차이다 ❾ 첫눈에 반함 ❿ 첫인상

3 ❶ まじめじゃない ❷ 若(わか)くない ❸ 楽(たの)しくない ❹ 親切(しんせつ)じゃない
　　❺ かわいくない

余暇 여가
よ か

❶ **映画** 영화
えい が

❿ **チケット**
티켓

❾ **非常口** 비상구
ひ じょうぐち

❷ **予告編**
よ こくへん
예고편

❸ **画面**
が めん
화면

❹ **おかしい**
웃기다, 이상하다

❺ **おもしろい**
재미있다

❻ **上映中**
じょうえいちゅう
상영 중

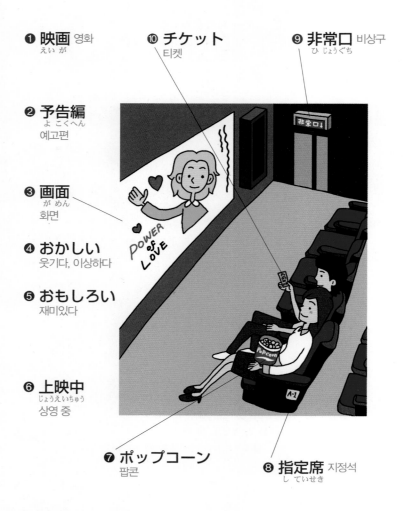

❼ **ポップコーン**
팝콘

❽ **指定席** 지정석
し ていせき

⑪ **悲しい** 슬프다
かな

⑫ **泣く** 울다
な

⑬ **笑う** 웃다
わら

⑭ **つまらない** 시시하다

⑮ **看板** 간판
かんばん

⑯ **コマーシャル** 선전

⑰ **予約** 예약
よ やく

⑱ **封切り** 개봉
ふう き

⑲ **劇場** 극장
げきじょう

⑳ **ドキュメンタリー** 다큐멘터리

Ⅰ 준비

Ⅱ 출근·등교

Ⅲ 사회생활

Ⅳ 집안일

Ⅴ 외출1

Ⅵ 외출2

Ⅶ 개인시간

0951

映画 영화
えいが

… **映画を見るのが好きです。**
えいが　み　　す

영화를 보는 것을 좋아합니다.

0952

チケット 티켓

… **チケットを買って置きました。**
か　　お

티켓을 사 두었습니다.

0953

予約 예약
よやく

… **予約して置いたからそんなに急がなくてもいい。**
よやく　　お　　　　　　　　　　　いそ

예약해 두었으니까 그렇게 서두르지 않아도 돼.

0954

指定席 지정석
し ていせき

… **指定席を予約して置きました。**
し ていせき　よやく　　お

지정석을 예약해 두었습니다.

0955

画面 화면
が めん

… **画面が大きいですね。**
が めん　おお

화면이 크군요.

0956 おもしろい 재미있다

⋯ おもしろくて、もう3回も見た。
さんかい　み

재미있어서 벌써 세 번이나 봤다.

0957 上映中 상영 중
じょうえいちゅう

⋯ 見たかった映画、まだ上映中。急がなきゃ。
み　　　　えいが　　　　　じょうえいちゅう　　いそ

보고 싶었던 영화, 아직 상영 중. 서둘러야겠다.

0958 予告編 예고편
よこくへん

⋯ 予告編を見て、見る映画を決めます。
よこくへん　み　　み　えいが　き

예고편을 보고 볼 영화를 정합니다.

0959 非常口 비상구
ひじょうぐち

⋯ 席は非常口の近くです。
せき　ひじょうぐち　ちか

자리는 비상구 근처입니다.

0960 ポップコーン 팝콘

⋯ ポップコーンを食べながら、映画を見ます。
た　　　　　　　えいが　み

팝콘을 먹으면서 영화를 봅니다.

I 준비

II 출근·등교

III 사회생활

IV 집안일

V 외출1

VI 외출2

VII 개인시간

0961
☐ **買う** 사다
か

⋯→ チケットを買って置いたのに、見られなかった。
か　　お　　　　　　　　　　み

티켓을 사 두었는데 보지 못했습니다.

0962
☐ **売る** 팔다
う

⋯→ まだチケットを売っている。
う

아직 티켓을 팔고 있다.

0963
☐ **劇場** 극장
げきじょう

⋯→ 劇場で歌舞伎をやっています。
げきじょう　　か　ぶ　き

극장에서 가부키를 하고 있습니다.

0964
☐ **看板** 간판
かんばん

⋯→ 看板を見ると、おもしろそうです。
かんばん　み

간판을 보니 재미있을 것 같습니다.

0965
☐ **封切り** 개봉
ふう　き

⋯→ いよいよ来週、封切りです。
らいしゅう　ふう　き

드디어 다음 주 개봉입니다.

0966

悲しい 슬프다

…→ 主人公が亡くなって本当に悲しかった。
しゅじんこう　　な　　　　　　ほんとう　かな

주인공이 죽어서 정말 슬펐다.

0967

おかしい 웃기다, 이상하다

…→ あの映画はおかしかったり、悲しかったりします。
えい が　　　　　　　　　　　かな

저 영화는 웃기기도 하고 슬프기도 합니다.

0968

つまらない 시시하다

…→ つまらない映画だった。
えい が

시시한 영화였다.

0969

コマーシャル 선전

…→ 映画の前にコマーシャルがたくさんあります。
えい が　まえ

영화 전에 선전이 많이 있습니다.

0970

ドキュメンタリー 다큐멘터리

…→ 子供のころはドキュメンタリーが嫌いでした。
こ ども　　　　　　　　　　　　　　きら

어릴 때는 다큐멘터리를 싫어했습니다.

Ⅰ 준비

Ⅱ 출근·등교

Ⅲ 사회생활

Ⅳ 집안일

Ⅴ 외출 1

Ⅵ 외출 2

Ⅶ 개인 시간

0971

笑う 웃다
わら

⋯→ みんな笑っています。
わら

모두 웃고 있습니다.

0972

泣く 울다
な

⋯→ 映画が悲しくて、泣き続けました。
えい が　　かな　　　　　な　　つづ

영화가 슬퍼서 계속 울었습니다.

0973

寂しい 외롭다
さび

⋯→ 一人で映画を見て寂しかった。
ひとり　えい が　　み　　さび

혼자서 영화를 보니 외로웠다.

0974

嬉しい 기쁘다
うれ

⋯→ 映画に招待してくれて嬉しかったです。
えい が　　しょうたい　　　　　　うれ

영화에 초대해 주어서 기뻤습니다.

0975

退屈だ 지루하다, 따분하다
たいくつ

⋯→ 映画はつまらなくて、本当に退屈だった。
えい が　　　　　　　　　　ほんとう　　たいくつ

영화는 시시하고 정말 지루했다.

0976 うるさい 시끄럽다 ＝やかましい

⋯▶ 繁華街はうるさくて住みたくない。
はんかがい　　　　　　す
번화가는 시끄러워서 살고 싶지 않다.

0977 集まる 모이다 ※集める 모으다
あつ　　　　　　あつ

⋯▶ 友達は入口の前に集まっていました。
ともだち　いりぐち　まえ　あつ
친구들은 입구 앞에 모여 있었습니다.

0978 人 사람 ※人々, 人たち 사람들
ひと　　　　ひとびと　ひと

⋯▶ 人がいっぱいいます。
ひと
사람이 가득 있습니다.

0979 そろそろ 슬슬

⋯▶ そろそろ席に戻ろうか。
せき　もど
슬슬 자리로 돌아갈까?

0980 先に 먼저
さき

⋯▶ 友達より先に着きました。
ともだち　さき　つ
친구보다 먼저 도착했습니다.

I 준비

II 출근·등교

III 사회생활

IV 집안일

V 외출1

VI 외출2

VII 개인시간

0981

なかなか 상당히, 좀처럼 (+ 부정문)

… **この映画、なかなかおもしろかった。**
えい が

이 영화, 상당히 재미있었다.

… **なかなか上手になりません。**
じょう ず

좀처럼 능숙해지지 않습니다.

0982

演劇 연극
えんげき

… **演劇が大好きです。**
えんげき だい す

연극을 아주 좋아합니다.

0983

出かける 외출하다 ※出る 나가다, 나오다
で で

… **友達と演劇を見に出かけた。**
ともだち えんげき み で

친구와 연극을 보러 나갔다.

0984

音楽会 음악회
おんがくかい

… **1年に2回ぐらいは音楽会に行きます。**
いち ねん に かい おんがく かい い

1년에 두 번 정도는 음악회에 갑니다.

0985

展示会 전시회 ※ 展覧会 전람회
てんじかい　　　　　てんらんかい

⋯→ 一緒に展示会に行きましょうか。
いっしょ　てんじかい　い

함께 전시회에 갈까요?

0986

コンサート 콘서트

⋯→ コンサートは盛り上がりました。
も　あ

콘서트는 (분위기가) 고조되었습니다.

0987

オーケストラ 오케스트라

⋯→ オーケストラの演奏を聞いています。
えんそう　き

오케스트라의 연주를 듣고 있습니다.

0988

ミュージカル 뮤지컬

⋯→ ミュージカルを見ると、気分転換になります。
み　　きぶんてんかん

뮤지컬을 보면 기분 전환이 됩니다.

0989

公演 공연
こうえん

⋯→ 公演期間を延ばしました。
こうえんきかん　の

공연 기간을 연장했습니다.

I 준비

II 출근·등교

III 사회생활

IV 집안일

V 외출1

VI 외출2

VII 개인시간

0990 ☐

しゃべる 수다 떨다 ※おしゃべり 수다쟁이

⋯▶ 演奏中はしゃべってはいけない。
えんそうちゅう

연주 중엔 수다를 떨어서는 안 된다.

0991 ☐

怒る 화나다
おこ

⋯▶ 公演が急に延期されてみんなは怒っています。
こうえん　きゅう　えん き　　　　　　　　　　おこ

공연이 갑자기 연기되어서 모두 화나 있습니다.

0992 ☐

動く 움직이다 ※動かす 움직이게 하다
うご　　　　　　　　　うご

⋯▶ 隣の人が突然動いてジュースがこぼれた。
となり　ひと　とつぜんうご

옆 사람이 갑자기 움직여서 주스를 흘렸다.

0993 ☐

監督 감독
かんとく

⋯▶ この映画の監督は有名です。
えい が　かんとく　ゆうめい

이 영화의 감독은 유명합니다.

0994 ☐

俳優 배우
はいゆう

⋯▶ 彼女は僕の大好きな俳優です。
かのじょ　ぼく　だい す　　　　はいゆう

그녀는 내가 아주 좋아하는 배우입니다.

0995 字幕 자막
じまく

··· 字幕が小さくて読みにくいです。
じまく ちい よ

자막이 작아서 읽기 어렵습니다.

0996 主人公 주인공
しゅじんこう

··· 私も演劇の主人公になりたい。
わたし えんげき しゅじんこう

나도 연극의 주인공이 되고 싶다.

0997 ラブストーリー 러브스토리

··· 今度のラブストーリー、期待してます。
こんど きたい

이번 러브스토리 기대하고 있습니다.

0998 ホラー映画 공포 영화
えいが

··· 夏にはやっぱりホラー映画だね。
なつ えいが

여름엔 역시 공포 영화지.

0999 前売り 예매
まえ う

··· 前売りのチケットを買った。
まえ う か

예매 티켓을 샀다.

I 준비
II 출근·등교
III 사회생활
IV 집안일
V 외출1
VI 외출2
VII 개인시간

1000

アンコール 앙코르

…▶ これは３回目のアンコール公演です。
　　<ruby>さんかい<rt></rt></ruby>　め　　　　　　　　　　<ruby>こうえん<rt></rt></ruby>

이것은 세 번째 앙코르 공연입니다.

1001

選択 선택
せんたく

…▶ 選択の時はよく考えないと、後悔します。
　　せんたく　とき　　　　かんが　　　　　　こうかい

선택할 때는 잘 생각하지 않으면 후회합니다.

1002

通路側 통로 쪽
つう ろ がわ

…▶ 通路側の方が出入りしやすい。
　　つう ろ がわ　ほう　で い

통로 쪽이 출입하기 편하다.

1003

人員 인원
じんいん

…▶ 人員が足りないです。
　　じんいん　た

인원이 부족합니다.

1004

老若男女 남녀노소
ろうにゃくなんにょ

…▶ 老若男女、みんながお風呂好きです。
　　ろうにゃくなんにょ　　　　　　ふ ろ ず

남녀노소 모두가 목욕을 좋아합니다.

1005

☐ **入場** 입장

にゅうじょう

⋯▶ 入場と書いてある所に入ってください。
にゅうじょう　か　　　　　ところ　はい

입장이라고 쓰여 있는 곳으로 들어가 주세요.

1006

☐ **発売中** 발매 중

はつばいちゅう

⋯▶ ただいま、絶賛発売中です。
ぜっさんはつばいちゅう

지금, 절찬 발매 중입니다.

1007

☐ **聞く** 듣다　※ **聞こえる** 들리다, **聞かせる** 들려주다
き　　　　　　　き　　　　　　　き

⋯▶ ラジオで落語を聞いています。
らく ご　 き

라디오에서 라쿠고를 듣고 있습니다.

Ⅰ 준비

Ⅱ 출근·등교

Ⅲ 사회생활

Ⅳ 집안일

Ⅴ 외출 1

Ⅵ 외출 2

Ⅶ 개인 시간

1 다음을 일본어로 쓰시오.

❶ 음악회 _____   ❷ 상영 중 _____

❸ 남녀노소 _____   ❹ 모이다 _____

❺ 영화 _____   ❻ 수다 떨다 _____

❼ 예약 _____   ❽ 비상구 _____

❾ 먼저 _____   ❿ 화면 _____

2 다음의 의미를 쓰시오.

❶ 封切り _____   ❷ うるさい _____

❸ 出かける _____   ❹ そろそろ _____

❺ コマーシャル _____   ❻ ポップコーン _____

❼ チケット _____   ❽ 寂しい _____

❾ 嬉しい _____   ❿ 退屈だ _____

3 다음을 반대어끼리 연결하시오.

❶ 売^うる   ・   ・ 泣^なく

❷ おかしい   ・   ・ 買^かう

❸ おもしろい   ・   ・ つまらない

❹ 笑^{わら}う   ・   ・ 悲^{かな}しい

정답 1 ❶ 音楽会(おんがくかい) ❷ 上映中(じょうえいちゅう) ❸ 老若男女(ろうにゃくなんにょ)
　　❹ 集(あつ)まる ❺ 映画(えいが) ❻ しゃべる ❼ 予約(よやく) ❽ 非常口(ひじょうぐち)
　　❾ 先(さき)に ❿ 画面(がめん)
　2 ❶ 개봉 ❷ 시끄럽다 ❸ 외출하다 ❹ 슬슬 ❺ 선전
　　❻ 팝콘 ❼ 티켓 ❽ 외롭다 ❾ 기쁘다 ❿ 지루하다
　3 ❶ 買(か)う ❷ 悲(かな)しい ❸ つまらない ❹ 泣(な)く

scene

03 公園 공원
こう えん

❶ 遊園地
ゆうえんち
유원지

❷ 遊ぶ
あそ
놀다

❸ 噴水 분수
ふんすい

❹ パレード
퍼레이드

❺ 賑やかだ
にぎ
북적거리다

❻ 入場料
にゅうじょうりょう
입장료

⓬ 大観覧車
だいかんらんしゃ
대관람차

⓭ ジェットコースター
제트코스터 (롤러코스터)

⓬ メリーゴーランド
회전목마

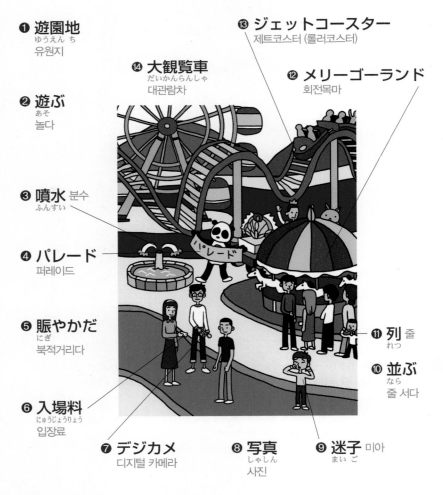

⓫ 列 줄
れつ

⓾ 並ぶ
なら
줄 서다

❼ デジカメ
디지털 카메라

❽ 写真
しゃしん
사진

❾ 迷子 미아
まいご

⑮ **ストレス解消** 스트레스 해소
　　　かいしょう

⑯ **ブランコ** 그네

⑰ **滑り台** 미끄럼틀
　すべ　だい

⑱ **シーソー** 시소

⑲ **花火** 불꽃
　はな び

⑳ **砂場** 모래밭
　すな ば

㉑ **池** 연못
　いけ

㉒ **ベンチ** 벤치

㉓ **ボート** 보트

㉔ **撮る** (사진을) 찍다
　と

㉕ **注意する** 주의하다
　ちゅう い

I 준비

II 출근·등교

III 사회생활

IV 집안일

Ⅴ 외출 1

VI 외출 2

VII 개인시간

1008 ☐
入場料 입장료
にゅうじょうりょう

⋯▸ **入場料はいくらですか。**
にゅうじょうりょう

입장료는 얼마입니까?

1009 ☐
無料 무료 =ただ
む りょう

⋯▸ **この公演は無料です。**
こうえん　　　　む りょう

이 공원은 무료입니다.

1010 ☐
有料 유료
ゆうりょう

⋯▸ **ここの駐車場は有料となっている。**
ちゅうしゃじょう　　ゆうりょう

여기 주차장은 유료로 되어 있다.

1011 ☐
写真 사진 ※フィルム 필름
しゃしん

⋯▸ **写真を撮ってみましょう。**
しゃしん　　と

사진을 찍어 봅시다.

1012 ☐
デジカメ 디지털 카메라 ※カメラ 카메라

⋯▸ **デジカメで撮って、よく撮れたか確認します。**
と　　　　　　　と　　　　かくにん

디지털 카메라로 찍고 잘 찍혔나 확인합니다.

1013 パレード 퍼레이드

⋯▸ パレードはいつ見ても楽しいです。
み　　　　　　　　　たの

퍼레이드는 언제 봐도 즐겁습니다.

1014 アトラクション 놀이기구　※乗り物 탈것, 놀이기구
の　もの

⋯▸ この遊園地は新しいアトラクションが多い。
ゆうえん ち　あたら　　　　　　　　　　　　　おお

이 유원지는 새로운 놀이 기구가 많다.

1015 メリーゴーランド 회전목마

⋯▸ メリーゴーランドがつまらなくなりました。

회전목마가 시시해졌습니다.

1016 大観覧車 대관람차
だいかんらんしゃ

⋯▸ 子供連れの家族は大観覧車に乗ります。
こ どもづ　　か ぞく　だいかんらんしゃ　　の

어린이를 데려온 가족은 대관람차를 탑니다.

1017 ジェットコースター 제트코스터 (롤러코스터)

⋯▸ ジェットコースターは怖くて乗りたくない。
こわ　　　の

제트코스터는 무서워서 타고 싶지 않다.

I 준비

II 출근·등교

III 사회생활

IV 집안일

V 외출1

VI 외출2

VII 개인시간

1018

☐ **もぐらたたき** 두더지 잡기

⋯→ もぐらたたきはいつやってもおもしろい。

두더지 잡기는 언제 해도 재미있다.

1019

☐ **列** 줄 ※**行列** 행렬
れつ　　　　ぎょうれつ

⋯→ 週末は人が多くて長い列ができます。
しゅうまつ ひと おお なが れつ

주말에는 사람이 많아서 긴 줄이 생깁니다.

1020

☐ **並ぶ** 줄 서다 ※**並べる** 늘어놓다, 줄 세우다, 나란히 하다
なら　　　　　　　なら

⋯→ ちゃんと並んでいます。
なら

잘 줄 서 있습니다.

1021

☐ **賑やかだ** 북적거리다
にぎ

⋯→ ミョンドンはいつ行っても賑やかです。
い にぎ

명동은 언제 가도 북적거립니다.

1022

☐ **遊ぶ** 놀다 ※**遊び** 놀이
あそ　　　　　あそ

⋯→ 子供たちは夜遅くまで外で遊んでいる。
こ ども よるおそ そと あそ

어린이들은 밤늦게까지 밖에서 놀고 있다.

1023
☐ **遊園地** 유원지
ゆうえん ち

⋯▶ **遊園地で遊んでいます。**
ゆうえん ち　　あそ

유원지에서 놀고 있습니다.

1024
☐ **迷子** 미아　※**道に迷う** 길을 잃다
まい ご　　　　　みち　まよ

⋯▶ **迷子のお知らせです。**
まい ご　　　し

미아 안내(방송)입니다.

1025
☐ **噴水** 분수
ふんすい

⋯▶ **噴水を見るだけでも、涼しくなる。**
ふんすい　み　　　　　　すず

분수를 보는 것만으로도 시원해진다.

1026
☐ **ストレス解消** 스트레스 해소
かいしょう

⋯▶ **あなたのストレス解消法は何ですか。**
かいしょうほう　なん

당신의 스트레스 해소법은 무엇입니까?

1027
☐ **溜まる** 쌓이다
た

⋯▶ **ストレスが溜まっていますか。**
た

스트레스가 쌓였나요?

I 준비

II 출근·등교

III 사회생활

IV 집안일

V 외출1

VI 외출2

VII 개인시간

1028 出入り 출입
で い

⋯▸ 出入り禁止になった。
で い きん し

출입금지가 되었다.

1029 自動販売機 자동판매기
じ どうはんばい き

⋯▸ 様々な物を自動販売機で売っている。
さまざま もの じ どうはんばい き う

다양한 물건을 자동판매기에서 팔고 있다.

1030 花火 불꽃
はな び

⋯▸ 花火大会が開かれました。
はな び たいかい ひら

불꽃 대회가 열렸습니다.

1031 滑り台 미끄럼틀
すべ だい

⋯▸ 滑り台の上に子供がたくさんいます。
すべ だい うえ こ ども

미끄럼틀 위에 어린이가 많이 있습니다.

1032 シーソー 시소

⋯▸ シーソーが上がったり、下がったりしています。
あ さ

시소가 올라가기도 하고, 내려가기도 하고 있습니다.

Ⅰ 준비

Ⅱ 출근·등교

Ⅲ 사회생활

Ⅳ 집안일

Ⅴ 외출 1

Ⅵ 외출 2

Ⅶ 개인 시간

1033
ブランコ 그네

···→ 昔、娘はブランコが大好きだった。
むかし むすめ だい す

옛날, 딸은 그네를 참 좋아했다.

1034
砂場 모래밭
すな ば

···→ 砂場で遊んでいる。
すな ば あそ

모래밭에서 놀고 있다.

1035
池 연못
いけ

···→ 池の中に魚がいます。
いけ なか さかな

연못 속에 물고기가 있습니다.

1036
ベンチ 벤치

···→ ベンチに座って景色を眺めている。
すわ け しき なが

벤치에 앉아 경치를 바라보고 있다.

1037
ボート 보트

···→ ボートに乗っているカップルを見ていた。
の み

보트를 타고 있는 커플을 보고 있었다.

1038

怖い 무섭다　※怖がる 무서워하다
こわ　　　　　　　こわ

⋯→ ジェットコースターは怖くて、大嫌いです。
　　　　　　　　　　　こわ　　　だいきら

제트코스터는 무서워서 아주 싫어합니다.

1039

有名だ 유명하다
ゆうめい

⋯→ ここの公園は有名で外国人も多いです。
　　　こうえん　　ゆうめい　　がいこくじん　　おお

여기 공원은 유명해서 외국인도 많습니다.

1040

撮る (사진을) 찍다
と

⋯→ ここで写真を撮ろう。
　　　　しゃしん　と

여기서 사진을 찍자.

1041

ある 있다 (사물, 식물)

⋯→ 公園にはいろんなものがあります。
　　こうえん

공원에는 여러 가지 것들이 있습니다.

1042

いる 있다 (사람, 동물)

⋯→ 人が大勢います。
　　ひと　おおぜい

사람이 많이 있습니다.

1043
多い 많다
おお

⋯⋯ 日曜日で人が多かった。
にちようび ひと おお

일요일이라서 사람이 많았다.

1044
少ない 적다
すく

⋯⋯ 最近、海外旅行に行く人が少なくなっています。
さいきん かいがいりょこう い ひと すく

최근 해외여행을 가는 사람이 적어지고 있습니다.

1045
安全だ 안전하다
あんぜん

⋯⋯ 大観覧車は安全です。
だいかんらんしゃ あんぜん

대관람차는 안전합니다.

1046
危険だ 위험하다 = 危ない
き けん あぶ

⋯⋯ ここは危険だから、近づかないでください。
き けん ちか

여기는 위험하니까 가까이 가지 마세요.

1047
以上 이상
い じょう

⋯⋯ ジェットコースターは10歳以上だけ利用できる。
じゅっさい い じょう りよう

제트코스터는 10살 이상만 이용할 수 있다.

Ⅰ 준비

Ⅱ 출근·등교

Ⅲ 사회생활

Ⅳ 집안일

Ⅴ 외출1

Ⅵ 외출2

Ⅶ 개인시간

1048

以下 이하
いか

⋯→ 7歳 以下だけ入れます。
ななさい　い　か　　　はい

7살 이하만 들어갈 수 있습니다.

1049

連れて行く 데려가다 ↔ **連れて来る** 데려오다
つ　　い　　　　　　　　　　つ　　く

⋯→ 公園に子供を連れて行きました。
こうえん　こ　ども　つ　　い

공원에 아이를 데려갔습니다.

1050

遠足 소풍 ＝ ピクニック
えんそく

⋯→ 遠足はいつも楽しい。
えんそく　　　　　　たの

소풍은 언제나 즐겁다.

1051

大人 어른
おとな

⋯→ 大人は切符を買わないといけない。
おとな　　きっぷ　　か

어른은 표를 사지 않으면 안 된다.

1052

子供 어린이 ※**赤ちゃん, 赤ん坊** 갓난아기
こ　ども　　　　　　あか　　　　あか　　ぼう

⋯→ 子供は無料で入れます。
こ　ども　　むりょう　はい

어린이는 무료로 들어갈 수 있습니다.

1053 注意する 주의하다
ちゅう い

⋯▶ 迷子にならないように注意します。
まい ご　　　　　　　　　　　　ちゅう い

미아가 되지 않도록 주의합니다.

1054 所 곳, 장소
ところ

⋯▶ どんな所が好きですか。
　　　　　ところ　　す

어떤 곳을 좋아합니까?

1055 離れる (사이, 간격이) 벌어지다, 떨어지다　※ 離す 떼다, (거리를) 벌리다
はな　　　　　　　　　　　　　　　　　　　　　　　　　　はな

⋯▶ 子供が遠く離れないようにしています。
こ ども　とお　はな

아이가 멀리 떨어지지 않도록 하고 있습니다.

1056 いなくなる 없어지다 (사람)　※ 無くなる 없어지다 (물건)
　　　　　　　　　　　　　　　　　　　　　　　　　　な

⋯▶ 子供がいなくなって、大騒ぎになりました。
こ ども　　　　　　　　　　　おおさわ

아이가 없어져서 큰 소동이 났습니다.

1057 郊外 교외
こうがい

⋯▶ 久しぶりに郊外のテーマパークに来ました。
ひさ　　　　　　こうがい　　　　　　　　　　　　き

오랜만에 교외의 테마파크에 왔습니다.

I 준비

II 출근 · 등교

III 사회생활

IV 집안일

V 외출1

VI 외출2

VII 개인시간

1 **다음을 일본어로 쓰시오.**

❶ 소풍 _____ ❷ 어른 _____

❸ 불꽃 _____ ❹ 아이 _____

❺ 위험하다 _____ ❻ 안전하다 _____

❼ 많다 _____ ❽ 적다 _____

❾ 북적거리다 _____ ❿ 놀다 _____

2 **다음의 의미를 쓰시오.**

❶ デジカメ _____ ❷ パレード _____

❸ 迷子 _____ ❹ 滑り台 _____

❺ 所 _____ ❻ ストレスが溜まる _____

❼ 怖い _____ ❽ ブランコ _____

❾ 連れて行く _____ ❿ 郊外 _____

3 다음 문장에 들어갈 알맞은 단어를 보기에서 골라 쓰시오.

> 보기   する   とる   まよう   のる   ならぶ

① 写真を ＿＿＿＿＿。

② 大観覧車に ＿＿＿＿＿。

③ 列を ＿＿＿＿＿。

④ 道に ＿＿＿＿＿。

⑤ 昼寝を ＿＿＿＿＿。

정답 1 ① 遠足(えんそく)・ピクニック ② 大人(おとな) ③ 花火(はなび) ④ 子供(こども)
⑤ 危険(きけん)だ・危(あぶ)ない ⑥ 安全(あんぜん)だ ⑦ 多(おお)い ⑧ 少(すく)ない
⑨ 賑(にぎ)やかだ ⑩ 遊(あそ)ぶ

2 ① 디지털 카메라 ② 퍼레이드 ③ 미아 ④ 미끄럼틀 ⑤ 곳
⑥ 스트레스가 쌓이다 ⑦ 무섭다 ⑧ 그네 ⑨ 데려가다 ⑩ 교외

3 ① とる ② のる ③ ならぶ ④ まよう ⑤ する

招待 초대
しょう たい

① 誕生パーティー
たんじょう
생일 파티

⑮ 訪れる 방문하다
おとず

② お菓子
か し
과자

⑯ アイスクリーム
아이스크림

⑭ 風船 풍선
ふうせん

⑬ ろうそく
초

③ カード
카드

⑫ プレゼント
선물

④ 仲間 동료, 친구
なか ま

⑤ 友達 친구
ともだち

⑥ 飴
あめ
사탕

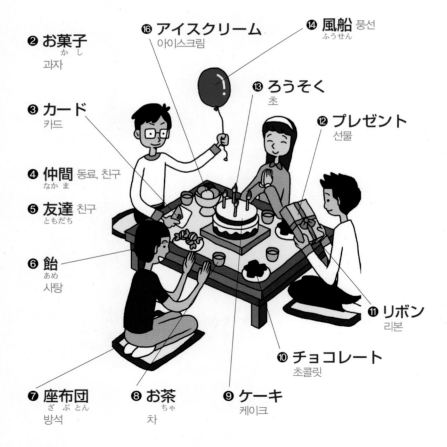

⑪ リボン
리본

⑩ チョコレート
초콜릿

⑦ 座布団
ざ ぶ とん
방석

⑧ お茶
ちゃ
차

⑨ ケーキ
케이크

⑰ 招待 초대
_{しょうたい}

⑱ パーティー 파티

⑲ お誕生日 생신, 생일
_{たんじょう び}

⑳ 生年月日 생년월일
_{せいねんがっ び}

㉑ 迎える 맞이하다
_{むか}

㉒ 見送る 배웅하다
_{み おく}

㉓ お客さん 손님
_{きゃく}

㉔ 先輩 선배
_{せんぱい}

㉕ 後輩 후배
_{こうはい}

㉖ 贈り物 선물
_{おく もの}

I 준비

II 출근 · 등교

III 사회생활

IV 집안일

Ⅴ 외출 1

VI 외출 2

VII 개인 시간

1058
☐ **招待** 초대 ※ **招待状** 초대장
しょうたい　　　　しょうたいじょう

⋯→ クラス全員を招待しました。
　　　　ぜんいん　　しょうたい

반 전체를 초대했습니다.

1059
☐ **パーティー** 파티

⋯→ パーティーに招待されました。
　　　　　　　しょうたい

파티에 초대받았습니다.

1060
☐ **誕生パーティー** 생일 파티
たんじょう

⋯→ 友達の誕生パーティーに招待された。
　　ともだち　たんじょう　　　　　しょうたい

친구의 생일 파티에 초대되었다.

1061
☐ **訪れる** 방문하다　= **訪ねる**
おとず　　　　　　　　　たず

⋯→ 友達と一緒に先生のお宅を訪れました。
　　ともだち　いっしょ　せんせい　　たく　おとず

친구들과 함께 선생님 댁을 방문했습니다.

1062
☐ **仲間** 동료, 친구　※ **同僚** 동료
なか ま　　　　　　　　どうりょう

⋯→ 仲間たちと一緒に釣りに行った。
　　なか ま　　　　いっしょ　つ　　　い

동료들과 함께 낚시를 갔다.

1063

友達 친구 = 友人
ともだち ゆうじん

⋯▶ 友達は多ければ多いほどいいでしょう。
ともだち おお おお

친구는 많으면 많을수록 좋지요.

1064

座布団 방석
ざ ぶ とん

⋯▶ 椅子がないので座布団にお座りください。
い す ざ ぶ とん すわ

의자가 없으니까 방석에 앉아 주세요.

1065

ケーキ 케이크

⋯▶ ケーキを食べましょう。
た

케이크를 먹읍시다.

1066

生クリームケーキ 생크림 케이크
なま

⋯▶ 子供たちは生クリームケーキが大好きです。
こ ども なま だい す

아이들은 생크림 케이크를 아주 좋아합니다.

1067

お菓子 과자
か し

⋯▶ お菓子をたくさん食べないようにしている。
か し た

과자를 많이 먹지 않도록 하고 있다.

I 준비

II 출근·등교

III 사회생활

IV 집안일

V 외출 1

VI 외출 2

VII 개인 시간

1068

☐ **チョコレート** 초콜릿

⋯→ チョコレートは甘すぎて好きじゃない。
あま　　　す

초콜릿은 너무 달아서 좋아하지 않아.

1069

☐ **飴** 사탕　※雨 비
あめ　　　　　あめ

⋯→ 飴をたくさん食べて、歯が痛くなった。
あめ　　　　　た　　　は　いた

사탕을 많이 먹어서 이가 아파졌다.

1070

☐ **アイスクリーム** 아이스크림

⋯→ アイスクリームを食べすぎると、お腹を壊します。
た　　　　　なか　こわ

아이스크림을 너무 많이 먹으면 배탈이 납니다.

1071

☐ **お茶** 차
ちゃ

⋯→ お茶のお代わりできますか。
ちゃ　　か

차 한 잔 더 줄 수 있으세요?

1072

☐ **プレゼント** 선물

⋯→ 誕生日のプレゼントでもらったものです。
たんじょう び

생일 선물로 받은 것입니다.

1073

カード 카드

⋯▸ プレゼントと一緒に誕生日カードをあげました。
　　　　　　　　いっしょ　　　たんじょう び

선물과 함께 생일 카드를 주었습니다.

1074

リボン 리본

⋯▸ 部屋をリボンで飾りました。
　　へ や　　　　　　　かざ

방을 리본으로 장식했습니다.

1075

風船 풍선
　　ふうせん

⋯▸ パーティーの時、風船を空へ飛ばしました。
　　　　　　　　とき　ふうせん　そら　　と

파티 때 풍선을 하늘로 날렸습니다.

1076

ろうそく 초

⋯▸ 毎年、ケーキの上にろうそくが増えていきます。
　　まいとし　　　　　　うえ　　　　　　　　　ふ

매년 케이크 위에 초가 늘어 갑니다.

1077

お誕生日 생신, 생일　= 誕生日
　　たんじょう び　　　　　　　　　たんじょうび

⋯▸ 先生のお誕生日は冬です。
　　せんせい　　たんじょう び　　ふゆ

선생님의 생신은 겨울입니다.

I 준비

II 출근·등교

III 사회생활

IV 집안일

V 외출 1

VI 외출 2

VII 개인시간

1078 生年月日 생년월일
せいねんがっぴ

···→ 生年月日を必ず言ってください。
せいねんがっぴ　かなら　い

생년월일을 꼭 말해 주세요.

1079 お客さん 손님 ＝ お客様, (お)客
きゃく　　　　　　　　きゃくさま　　きゃく

···→ お客さんがいらっしゃる時間です。
きゃく　　　　　　　　　　　　　じかん

손님이 오실 시간입니다.

1080 見送る 배웅하다
みおく

···→ 空港まで行って見送ってあげました。
くうこう　　　い　みおく

공항까지 가서 배웅해 주었습니다.

1081 迎える 맞이하다
むか

···→ 兄を迎えるために、駅まで行った。
あに　むか　　　　　　えき　　い

형을 맞이하기 위해 역으로 갔다.

1082 先輩 선배
せんぱい

···→ 先輩の言うとおりにしました。
せんぱい　い

선배가 말한 대로 했습니다.

1083 　後輩 후배
こうはい

⋯→ 後輩をかわいがっています。
　　　こうはい
후배를 귀여워하고 있습니다.

1084 　お土産 토산품
　　　みやげ

⋯→ 修学旅行でお土産を買って来ました。
　　しゅうがくりょこう　　みやげ　　か　　き
수학여행에서 토산품을 사 왔습니다.

1085 　贈り物 선물
　　おく　もの

⋯→ お世話になった人に贈り物を送りました。
　　せわ　　　　ひと　　おく　もの　　おく
신세 진 사람에게 선물을 보냈습니다.

1086 　大切だ 중요하다, 소중하다 ＝ 大事だ, 重要だ
　　たいせつ　　　　　　　　　　　　だいじ　　じゅうよう

⋯→ 友情というのは本当に大切なものだ。
　　ゆうじょう　　　　ほんとう　　たいせつ
우정이란 것은 정말로 중요한 것이다.

1087 　勝手だ 제멋대로다
　　かって

⋯→ 勝手な人ですね。
　　かって　ひと
제멋대로인 사람이군요.

I 준비

II 출근·등교

III 사회생활

IV 집안일

V 외출1

VI 외출2

VII 개인시간

1088

迷惑 폐, 민폐 ※ **迷惑をかける** 폐를 끼치다
めいわく

⋯→ **他人に迷惑をかけないように気をつけましょう。**
　　た にん　　めいわく　　　　　　　　　　　　　き

다른 사람에게 폐를 끼치지 않도록 조심합시다.

1089

同じだ 동일하다, 똑같다 ※ **同じ + 명사** 같은 (명사)
おな

⋯→ **みんな同じ年です。**
　　　　　おな　とし

모두 같은 나이입니다.

1090

遠慮する 사양하다
えんりょ

⋯→ **遠慮しないで、食べてください。**
　　えんりょ　　　　　た

사양하지 말고 드세요.

1091

もらう 받다

⋯→ **この指輪、誰からもらったんですか。**
　　　　ゆび わ　　だれ

이 반지, 누구에게 받았습니까?

1092

いただく (윗사람에게) 받다

⋯→ **先生から、辞書をいただきました。**
　　せんせい　　　じ しょ

선생님께 사전을 받았습니다.

1093

あげる (남에게) 주다

⋯▶ 友達に何をあげたらいいのか悩んでいます。
ともだち　なに　　　　　　　　　　なや

친구에게 무엇을 줄지 고민하고 있습니다.

1094

さしあげる 드리다

⋯▶ 私は山田先生に本をさしあげました。
わたし　やま だ せんせい　ほん

저는 야마다 선생님께 책을 드렸습니다.

1095

くれる (나에게) 주다

⋯▶ 彼女は僕にセーターをくれた。
かのじょ　ぼく

그녀는 나에게 스웨터를 주었다.

1096

くださる 주시다

⋯▶ お祖父さんは私に本をくださいました。
じい　　　　　わたし　ほん

할아버지는 나에게 책을 주셨습니다.

1097

騒ぐ 떠들다　※大騒ぎ 큰 소동
さわ　　　　　　　　おおさわ

⋯▶ みんなそろって、騒いでいます。
さわ

모두 모여서 떠들고 있습니다.

I 준비

II 출근·등교

III 사회생활

IV 집안일

V 외출 1

VI 외출 2

VII 개인 시간

1098 ☐ **やる** 주다, 하다

⋯⋙ これ、お前にやるよ。
まえ

이거, 너한테 줄게.

⋯⋙ できるかどうかやってみないと、分かりません。
わ

될지 안 될지 해 보지 않으면 모릅니다.

1099 ☐ **祝う** 축하하다 ※ **お祝い** 축하
いわ　　　　　　　　　いわ

⋯⋙ 友達の誕生日を祝ってあげました。
ともだち　たんじょう び　いわ

친구의 생일을 축하해 주었습니다.

1100 ☐ **驚く** 놀라다 ＝ **びっくりする**
おどろ

⋯⋙ プレゼントに高い時計をもらって驚きました。
たか　と けい　　　　　おどろ

선물로 비싼 시계를 받아 놀랐습니다.

1101 ☐ **たぶん** 아마

⋯⋙ たぶん彼も来るでしょう。
かれ　く

아마 그도 오겠죠.

1102

生まれる 태어나다 ※生まれ 태생
う

…▶ 私は1970年に生まれました。
わたし　せんきゅうひゃくななじゅう ねん　う

나는 1970년에 태어났습니다.

1103

機会 기회 ※機械 기계
き かい　　　　　　き かい

…▶ 機会があれば、また遊びに行きたいです。
き かい　　　　　　　　あそ　　　 い

기회가 있으면 또 놀러 가고 싶습니다.

I 준비

II 출근 · 등교

III 사회생활

IV 집안일

V 외출1

VI 외출2

VII 개인시간

1 다음을 일본어로 쓰시오.

❶ 놀라다 _____ ❷ 풍선 _____

❸ 생년월일 _____ ❹ 과자 _____

❺ 케이크 _____ ❻ 차 _____

❼ 방문하다 _____ ❽ 똑같다 _____

❾ 배웅하다 _____ ❿ 맞이하다 _____

2 다음의 의미를 쓰시오.

❶ 祝う _____ ❷ お客さん _____

❸ 大切だ _____ ❹ 機会 _____

❺ 勝手だ _____ ❻ お土産 _____

❼ 遠慮する _____ ❽ たぶん _____

❾ 騒ぐ _____ ❿ 同じだ _____

3 다음 단어들을 비슷한 의미끼리 연결하시오.

❶ 友人
ゆうじん
　　　　　　　•

•　いただく

❷ 同僚
どうりょう
　　　　　　　•

•　生まれた日
　　う　　　　ひ

❸ もらう　　　•

•　贈り物
　おく　もの

❹ お誕生日
　　たんじょう び
　　　　　　　•

•　仲間
　なか ま

❺ プレゼント　•

•　友達
　ともだち

정답 1 ❶ 驚(おどろ)く　❷ 風船(ふうせん)　❸ 生年月日(せいねんがっぴ)　❹ お菓子(かし)
　　❺ ケーキ　❻ お茶(ちゃ)　❼ 訪(おとず)れる　❽ 同(おな)じだ　❾ 見送(みおく)る
　　❿ 迎(むか)える
　2 ❶ 축하하다　❷ 손님　❸ 중요하다, 소중하다　❹ 기회　❺ 제멋대로다
　　❻ 토산품　❼ 사양하다　❽ 아마　❾ 떠들다　❿ 동일하다, 똑같다
　3 ❶ 友達(ともだち)　❷ 仲間(なかま)　❸ いただく　❹ 生(う)まれた日(ひ)　❺ 贈(おく)り物(もの)

scene 04 초대 ● 355

旅行 여행
りょ こう

❶ **旅行** 여행
りょこう

❷ **川** 강
かわ

❸ **景色** 경치
け しき

❹ **素敵だ**
す てき
멋지다

❺ **野原** 들판
の はら

⓫ **山** 산
やま

❿ **運転席**
うんてんせき
운전석

❾ **運転** 운전
うんてん

❽ **車** 차
くるま

❻ **シートベルト**
안전벨트

❼ **カーナビ**
내비게이션

⑫ **飛行機** 비행기
ひこうき

⑬ **搭乗券** 탑승권
とうじょうけん

⑭ **パスポート** 여권

⑮ **温泉** 온천
おんせん

⑯ **旅館** 여관
りょかん

⑰ **ホテル** 호텔

⑱ **暑い** 덥다
あつ

⑲ **寒い** 춥다
さむ

⑳ **涼しい** 시원하다
すず

㉑ **暖かい** 따뜻하다
あたた

Ⅰ 준비

Ⅱ 출근·등교

Ⅲ 사회생활

Ⅳ 집안일

Ⅴ 외출 1

Ⅵ 외출 2

Ⅶ 개인 시간

예문으로 익히는 **생활단어**

1104

☐ **車** 차 ※ **自動車** 자동차
じ どうしゃ

くるま

…▶ **新しい車が欲しい。**
あたら　　くるま　　ほ

새 차를 갖고 싶다.

1105

☐ **運転** 운전

うんてん

…▶ **運転できますか。**
うんてん

운전할 수 있습니까?

1106

☐ **運転席** 운전석

うんてんせき

…▶ **運転できないが、運転席に座ってみました。**
うんてん　　　　　　うんてんせき　　すわ

운전을 할 수 없지만, 운전석에 앉아 보았습니다.

1107

☐ **シートベルト** 안전벨트

…▶ **シートベルトは必ずしめてください。**
かなら

안전벨트를 꼭 매어 주세요.

1108

☐ **カーナビ** 내비게이션

…▶ **カーナビで知らない道も行けます。**
し　　　　みち　　い

내비게이션으로 모르는 길도 갈 수 있습니다.

1109

山 산
やま

⋯ 山に登ってみたいです。
やま のぼ
산에 올라가 보고 싶습니다.

1110

川 강
かわ

⋯ 川で泳ぐ時は注意が必要です。
かわ およ とき ちゅうい ひつよう
강에서 헤엄칠 때는 주의가 필요합니다.

1111

景色 경치 = 眺め
けしき　　　　　　 なが

⋯ ここの景色、最高ですね。
けしき さいこう
여기 경치, 최고네요.

1112

素敵だ 멋지다
すてき

⋯ 素敵な眺めですね。
すてき なが
멋진 경치군요.

1113

川辺 강변
かわ べ

⋯ 川辺から見た向こうの景色が素敵だった。
かわ べ み む けしき すてき
강변에서 본 건너편의 경치가 멋있었다.

I 준비

II 출근·등교

III 사회생활

IV 집안일

V 외출1

VI 외출2

VII 개인시간

1114 ☐

並木道 가로수 길
なみ き みち

⋯▶ 並木道に沿って歩きました。
なみ き みち そ ある

가로수 길을 따라 걸었습니다.

1115 ☐

日の出 일출, 해돋이 ↔ 日の入り 일몰, 해넘이
ひ で ひ い

⋯▶ 新年を迎えて日の出を見に行った。
しん ねん むか ひ で み い

새해를 맞아 해돋이를 보러 갔습니다.

1116 ☐

思い出 추억
おも で

⋯▶ どんな思い出があるんですか。
おも で

어떤 추억이 있어요?

1117 ☐

海 바다
うみ

⋯▶ 広い海を見たら、心まで広くなる気分です。
ひろ うみ み こころ ひろ き ぶん

넓은 바다를 보면 마음까지 넓어지는 기분입니다.

1118 ☐

丘 언덕
おか

⋯▶ 丘の上に草を食べている馬が見えます。
おか うえ くさ た うま み

언덕 위에서 풀을 먹고 있는 말이 보입니다.

1119 **野原** 들판
のはら

⋯→ 野原が広がっています。
のはら　ひろ

들판이 펼쳐져 있습니다.

1120 **湖** 호수
みずうみ

⋯→ 韓国にも湖がありますか。
かんこく　みずうみ

한국에도 호수가 있습니까?

1121 **海辺** 해변
うみべ

⋯→ 海辺を散歩しました。
うみべ　さんぽ

해변을 산책했습니다.

1122 **見物** 구경
けんぶつ

⋯→ 東京市内を見物しました。
とうきょうしない　けんぶつ

도쿄 시내를 구경했습니다.

1123 **素晴らしい** 훌륭하다
すば

⋯→ 空気もいいし、景色もいいし、素晴らしいです。
くうき　　　けしき　　　すば

공기도 좋고 경치도 좋고 훌륭합니다.

I 준비
II 출근·등교
III 사회생활
IV 집안일
V 외출1
VI 외출2
VII 개인시간

1124
夜景 야경
やけい

⋯→ ホンコンの夜景は素晴らしい。
やけい　　すば

홍콩의 야경은 멋지다.

1125
ハイキング 하이킹

⋯→ 土曜日、ハイキングにでも行きましょうか。
どようび　　　　　　　　　　　い

토요일 하이킹이라도 갈까요?

1126
交通渋滞 교통 체증
こうつうじゅうたい

⋯→ 交通渋滞で車が全然動きません。
こうつうじゅうたい　くるま　ぜんぜんうご

교통 체증으로 차가 전혀 움직이질 않습니다.

1127
旅行 여행 ＝旅 여행 ※旅行先 여행지
りょこう　　　　たび　　　　　りょこうさき

⋯→ 家族旅行で学校を休みます。
かぞくりょこう　がっこう　やす

가족 여행으로 학교를 쉽니다.

1128
旅立つ 여행을 떠나다
たびだ

⋯→ 彼は何も言わないで旅立ってしまった。
かれ　なに　い　　　　　　たびだ

그는 아무 말 없이 여행을 떠나 버렸다.

1129 一人旅 혼자 하는 여행
ひとり たび

⋯⟶ たまには一人旅もよさそうです。
ひとり たび

가끔은 혼자 하는 여행도 좋을 것 같아요.

1130 日帰り旅行 당일치기 여행
ひ がえ りょこう

⋯⟶ ちょっと遠いけど、日帰り旅行もできます。
とお ひ がえ りょこう

조금 멀지만 당일치기 여행도 가능해요.

1131 ぜひ 꼭

⋯⟶ 夏休みはぜひ海外へ行きたいです。
なつやす かいがい い

여름휴가는 꼭 해외로 가고 싶습니다.

1132 高速道路 고속도로
こうそくどう ろ

⋯⟶ 週末で高速道路が混んでいます。
しゅうまつ こうそくどう ろ こ

주말이라서 고속도로가 붐비고 있습니다.

1133 乗り物酔い 멀미
の もの よ

⋯⟶ 乗り物酔いで吐きそうです。
の もの よ は

멀미 때문에 토할 것 같습니다.

I 준비

II 출근·등교

III 사회생활

IV 집안일

V 외출1

VI 외출2

VII 개인시간

1134
☐ **晴れる** (하늘이) 개다 ※ **晴れ** 맑음
は

…▸ 天気予報によると、明日は晴れるそうです。
てん き よ ほう　　　　　あした　は

일기 예보에 의하면 내일은 맑답니다.

1135
☐ **降る** (눈, 비가) 내리다 ※ **降りる** (버스 등에서) 내리다
ふ

…▸ 雨が降りそうです。
あめ　ふ

비가 내릴 것 같습니다.

1136
☐ **止む** (눈, 비가) 그치다
や

…▸ 雪がやっと止んだ。
ゆき　　　　や

눈이 겨우 그쳤다.

1137
☐ **曇る** 흐리다 ※ **曇り** 흐림
くも

…▸ 曇っても、雨は降りそうにありません。
くも　　　　あめ　ふ

흐려도 비는 내릴 것 같지 않습니다.

1138
☐ **吹く** 불다
ふ

…▸ 風が吹きそうです。
かぜ　ふ

바람이 불 것 같습니다.

1139 暑い 덥다 ※暑さ 더위
あつ　　　　　あつ

⋯▶ とても暑い日ですね。
　　　　　あつ　ひ
아주 더운 날이군요.

1140 寒い 춥다 ※寒さ 추위
さむ　　　　　さむ

⋯▶ この部屋は寒いので暖房が必要です。
　　　　へ や　さむ　　　　だんぼう　ひつよう
이 방은 추워서 난방이 필요합니다.

1141 涼しい 시원하다
すず

⋯▶ 風が吹いて涼しくなった。
　　かぜ　ふ　　すず
바람이 불어서 시원해졌다.

1142 暖かい 따뜻하다
あたた

⋯▶ 春は暖かくて、気持ちがいい。
　　はる　あたた　　　き も
봄에는 따뜻해서 기분이 좋다.

1143 飛行機 비행기
ひ こう き

⋯▶ 飛行機に乗ってプサンへ行った。
　　ひ こう き　の　　　　　　　い
비행기를 타고 부산에 갔다.

Ⅰ 준비
Ⅱ 출근·등교
Ⅲ 사회생활
Ⅳ 집안일
Ⅴ 외출1
Ⅵ 외출2
Ⅶ 개인시간

¹¹⁴⁴ □

パスポート 여권 ＝旅券
りょけん

‥→ 旅行中、パスポートを落としたら、困ります。
りょこうちゅう　　　　　　　　　　　お　　　　　　　　こま

여행 중 여권을 잃어버리면 난처합니다.

¹¹⁴⁵ □

搭乗券 탑승권
とうじょうけん

‥→ 搭乗券を見せてください。
とうじょうけん　み

탑승권을 보여 주세요.

¹¹⁴⁶ □

入国 입국 ↔出国 출국
しゅっこく
にゅうこく

‥→ たくさんの中国人が入国しました。
ちゅうごくじん　　にゅうこく

많은 중국인이 입국했습니다.

¹¹⁴⁷ □

免税店 면세점
めんぜいてん

‥→ 飛行機に乗る前に免税店に寄ります。
ひこうき　　の　　まえ　めんぜいてん　　よ

비행기를 타기 전에 면세점에 들릅니다.

¹¹⁴⁸ □

温泉 온천
おんせん

‥→ 温泉でのんびりしています。
おんせん

온천에서 느긋하게 보내고 있습니다.

I 준비

II 출근·등교

III 사회생활

V 외출 1

VI 외출 2

VII 개인 시간

1149

旅館 여관

りょかん

⋯→ 今度は旅館に泊まることにした。
こん ど　　りょかん　と

이번에는 여관에 머물기로 했다.

1150

ホテル 호텔

⋯→ 温泉はホテルより旅館ですね。
おんせん　　　　　　りょかん

온천은 호텔보다 여관이지요.

1151

客室 객실

きゃくしつ

⋯→ 空いている客室がありますか。
あ　　　　　きゃくしつ

비어 있는 객실 있나요?

1152

計画 계획

けいかく

⋯→ 旅行の計画を立てています。
りょこう　けいかく　た

여행 계획을 세우고 있습니다.

1153

情報 정보

じょうほう

⋯→ 旅行情報を探している。
りょこうじょうほう　さが

여행 정보를 찾고 있다.

1154 ☐ **国内旅行** 국내 여행 ※ **海外旅行** 해외여행
かいがいりょこう
こくないりょこう

⋯▸ **国内旅行も全然安くないですよ。**
こくないりょこう　　ぜんぜんやす

국내 여행도 전혀 싸지 않아요.

1155 ☐ **経費** 경비
けい ひ

⋯▸ **経費がたくさんかかりました。**
けい ひ

경비가 많이 들었습니다.

1156 ☐ **費用** 비용
ひ よう

⋯▸ **全部合わせて費用はいくらですか。**
ぜん ぷ あ　　　　　　ひ よう

전부 합쳐서 비용은 얼마입니까?

1157 ☐ **露天風呂** 노천탕
ろ てん ぷ ろ

⋯▸ **初めて露天風呂に入った。**
はじ　　ろ てん ぷ ろ　　はい

처음으로 노천탕에 들어갔다.

1158 ☐ **観光地** 관광지
かんこう ち

⋯▸ **この町の観光地はどこですか。**
まち　　かんこう ち

이 마을의 관광지는 어디입니까?

1159
連休 연휴
れんきゅう

⋯→ 連休なのにうちにいるのはもったいない。
れんきゅう

연휴인데 집에 있는 것은 아깝다.

1160
見所 볼만한 곳(것)
み どころ

⋯→ ここは見所がいっぱいある。
み どころ

여기는 볼만한 곳이 많이 있다.

1161
記念品 기념품
き ねんひん

⋯→ 妹にあげる記念品を買いました。
いもうと き ねんひん か

여동생에게 줄 기념품을 샀습니다.

1162
航空券 항공권
こうくうけん

⋯→ 航空券を忘れました。
こうくうけん わす

항공권을 깜빡했습니다.

1163
改める 개선하다
あらた

⋯→ 旅行の計画を改めて、連絡します。
りょこう けいかく あらた れんらく

여행 계획을 개선하여 연락하겠습니다.

I 준비

II 출근·등교

III 사회생활

IV 집안일

V 외출 1

VI 외출 2

VII 개인시간

1 다음을 일본어로 쓰시오.

❶ 덥다 _____ ❷ 춥다 _____

❸ 따뜻하다 _____ ❹ 시원하다 _____

❺ (하늘이) 개다 _____ ❻ 흐리다 _____

❼ 추억 _____ ❽ 계획 _____

❾ 내비게이션 _____ ❿ 꼭 _____

2 다음의 의미를 쓰시오.

❶ 風が吹く _____ ❷ 素晴らしい _____

❸ 雨が降る _____ ❹ 雪が止む _____

❺ 並木道 _____ ❻ 改める _____

❼ 旅立つ _____ ❽ 情報 _____

❾ 素的だ _____ ❿ 野原 _____

3 다음 문장에 들어갈 알맞은 단어를 보기에서 골라 쓰시오.

보기
ひとりたび　　　の　ものよ　　　けんぶつ
一人旅　　乗り物酔い　　見物
けしき　　ひがえ りょこう
景色　　日帰り旅行

❶ たまには_____もよさそうです。

❷ とうきょう し ない
東京市内を_____した。

❸ ちょっと遠とおいけど、_____できます。

❹ _____で吐はきそうです。

❺ ここの_____、最高さいこうですね。

정답 1 ❶暑あつい　❷寒さむい　❸暖あたたかい　❹涼すずしい　❺晴はれる
❻曇くもる　❼思おもい出で　❽計画けいかく　❾カーナビ　❿ぜひ
2 ❶바람이 불다　❷훌륭하다　❸비가 내리다　❹눈이 그치다　❺가로수 길
❻개선하다　❼여행을 떠나다　❽정보　❾멋지다　❿들판
3 ❶一人旅ひとりたび　❷見物けんぶつ　❸日帰ひがえり旅行りょこう
❹乗のり物酔ものよい　❺景色けしき

알아두면 더 좋은 **보충단어**

(1) 시간

① 시

- [ ] 一 時 _{いち じ}　1시
- [ ] 二 時 _{に じ}　2시
- [ ] 三 時 _{さん じ}　3시
- [ ] 四 時 _{よ じ}　4시
- [ ] 五 時 _{ご じ}　5시
- [ ] 六 時 _{ろく じ}　6시
- [ ] 七 時 _{しち じ}　7시
- [ ] 八 時 _{はち じ}　8시
- [ ] 九 時 _{く じ}　9시
- [ ] 十 時 _{じゅう じ}　10시
- [ ] 十 一 時 _{じゅう いち じ}　11시
- [ ] 十 二 時 _{じゅう に じ}　12시

② 분

- [ ] 一 分 _{いっ ぶん}　1분
- [ ] 二 分 _{に ふん}　2분
- [ ] 三 分 _{さん ぶん}　3분
- [ ] 四 分 _{よん ぶん}　4분
- [ ] 五 分 _{ご ふん}　5분
- [ ] 六 分 _{ろっ ぶん}　6분
- [ ] 七 分 _{なな ふん}　7분
- [ ] 八 分 _{はっ ぶん}　8분
- [ ] 九 分 _{きゅう ふん}　9분
- [ ] 十 分 _{じゅっ ぶん}　10분
- [ ] 二 十 分 _{に じゅっ ぶん}　20분
- [ ] 三 十 分 _{さん じゅっ ぶん}　30분
- [ ] 四 十 分 _{よん じゅっ ぶん}　40분
- [ ] 五 十 分 _{ご じゅっ ぶん}　50분
- [ ] 六 十 分 _{ろく じゅっ ぶん}　60분

(2) 날짜

① 월

□ 一月
いちがつ   1월

□ 二月
に がつ   2월

□ 三月
さんがつ   3월

□ 四月
し がつ   4월

□ 五月
ご がつ   5월

□ 六月
ろくがつ   6월

□ 七月
しちがつ   7월

□ 八月
はちがつ   8월

□ 九月
く がつ   9월

□ 十月
じゅうがつ   10월

□ 十一月
じゅういちがつ   11월

□ 十二月
じゅう に がつ   12월

② 일

□ 一日
ついたち   1일

□ 二日
ふつ か   2일

□ 三日
みっ か   3일

□ 四日
よっ か   4일

□ 五日
いつ か   5일

□ 六日
むい か   6일

□ 七日
なの か   7일

□ 八日
よう か   8일

□ 九日
ここの か   9일

□ 十日
とお か   10일

□ 十一日
じゅういちにち   11일

□ 十二日
じゅう に にち   12일

□ 十三日
じゅうさんにち   13일

□ 十四日
じゅうよっ か   14일

☐ **十五日** 15일
　じゅう ご にち

☐ **十六日** 16일
　じゅうろく にち

☐ **十七日** 17일
　じゅうしちにち

☐ **十八日** 18일
　じゅうはちにち

☐ **十九日** 19일
　じゅう く にち

☐ **二十日** 20일
　はつ か

☐ **二十一日** 21일
　に じゅういちにち

☐ **二十二日** 22일
　に じゅう に にち

☐ **二十三日** 23일
　に じゅうさんにち

☐ **二十四日** 24일
　に じゅうよっ か

☐ **二十五日** 25일
　に じゅう ご にち

☐ **二十六日** 26일
　に じゅうろくにち

☐ **二十七日** 27일
　に じゅうしちにち

☐ **二十八日** 28일
　に じゅうはちにち

☐ **二十九日** 29일
　に じゅう く にち

☐ **三十日** 30일
　さんじゅうにち

☐ **三十一日** 31일
　さんじゅういちにち

(3) 때

☐ **朝** あさ	아침		☐ **あさって**	모레
☐ **昼** ひる	점심		☐ **今週** こんしゅう	이번 주
☐ **夜** よる	밤		☐ **来週** らいしゅう	다음 주
☐ **今朝** けさ	오늘 아침		☐ **再来週** さ らいしゅう	다다음 주
☐ **夕べ** ゆう	어젯밤, 어제 저녁		☐ **先週** せんしゅう	지난주
☐ **今夜** こんや	오늘 밤		☐ **先々週** せんせんしゅう	지지난 주
☐ **夕方** ゆうがた	저녁 무렵		☐ **今月** こんげつ	이번 달
☐ **真夜中** ま よ なか	한밤중		☐ **来月** らいげつ	다음 달
☐ **毎朝** まいあさ	매일 아침		☐ **先月** せんげつ	지난달
☐ **毎晩** まいばん	매일 밤		☐ **先々月** せんせんげつ	지지난 달
☐ **毎日** まいにち	매일		☐ **再来月** さ らいげつ	다다음 달
☐ **毎週** まいしゅう	매주		☐ **今年** こ とし	올해
☐ **毎月** まいつき	매월		☐ **来年** らいねん	내년
☐ **毎年** まいとし	매년		☐ **再来年** さ らいねん	내후년
☐ **おととい**	그저께		☐ **去年** きょねん	작년
☐ **昨日** きのう	어제		☐ **おととし**	재작년
☐ **今日** きょう	오늘			
☐ **明日** あした	내일			

(4) 계절

☐ **四季** し き	사계절
☐ **春** はる	봄
☐ **夏** なつ	여름
☐ **秋** あき	가을
☐ **冬** ふゆ	겨울
☐ **真夏** ま なつ	한여름
☐ **真冬** ま ふゆ	한겨울

(5) 요일

☐ **月曜日** げつよう び	월요일
☐ **火曜日** か よう び	화요일
☐ **水曜日** すいよう び	수요일
☐ **木曜日** もくよう び	목요일
☐ **金曜日** きんよう び	금요일
☐ **土曜日** ど よう び	토요일
☐ **日曜日** にちよう び	일요일
☐ **週末** しゅうまつ	주말
☐ **平日** へいじつ	평일

(6) 날씨 및 자연 현상

☐ **天気**
てんき
날씨

☐ **晴れ**
は
맑음

☐ **曇り**
くも
흐림

☐ **雨**
あめ
비

☐ **にわか雨**
あめ
소나기

☐ **梅雨**
つゆ
장마

☐ **湿気**
しっけ
습도

☐ **風**
かぜ
바람

☐ **霧**
きり
안개

☐ **嵐**
あらし
폭풍

☐ **稲妻**
いなづま
번개

☐ **雷**
かみなり
천둥, 벼락

☐ **雪**
ゆき
눈

☐ **台風**
たいふう
태풍

☐ **地震**
じしん
지진

☐ **津波**
つなみ
해일

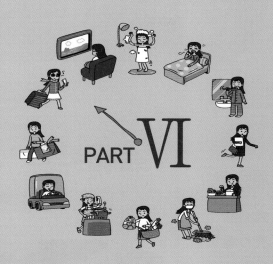

PART VI

외출 2

デパート 백화점

❶ **値段** 가격
　ね だん

❷ **食料品**
　売り場
　しょくりょうひん
　う　ば
　식료품 매장

❸ **電気製品**
　売り場
　でん き せいひん
　う　ば
　전자제품 매장

❹ **エスカレーター**
　에스컬레이터

❺ **アクセサリー売り場**
　う　ば
　액세서리 매장

❻ **駐車場** 주차장
　ちゅうしゃじょう

⓬ **家庭用品コーナー**
　か ていようひん
　가정용품 매장

⓫ **家具売り場**
　か ぐ う　ば
　가구 매장

❿ **スポーツ用品売り場**
　ようひん う　ば
　스포츠 용품 매장

❾ **バーゲン**
　セール
　바겐세일

❽ **紳士服**
　売り場
　しん し ふく
　う　ば
　신사복 매장

❼ **婦人服**
　売り場
　ふ じんふく
　う　ば
　여성복 매장

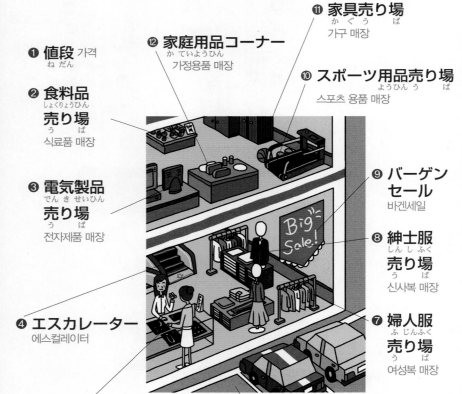

⑬ **店員** 점원
てんいん

⑭ **店** 가게
みせ

⑮ **商店** 상점
しょうてん

⑯ **定休日** 정기 휴일
ていきゅう び

⑰ **大きい** 크다
おお

⑱ **小さい** 작다
ちい

⑲ **安い** 싸다
やす

⑳ **高い** 비싸다, (키가) 크다
たか

㉑ **大型スーパー** 대형 마트
おおがた

㉒ **ショッピングセンター**
쇼핑센터

I 준비

II 출근·등교

III 사회생활

IV 집안일

V 외출1

VI 외출2

VII 개인시간

1164
☐ **値段** 가격 = 価格
ね だん   か かく

⋯▶ **値段がだんだん上がっています。**
　　ね だん　　　　　　　　 あ

가격이 점점 올라가고 있습니다.

1165
☐ **バーゲンセール** 바겐세일 ※ **特別セール** 특별 세일
　　　　　　　　　　　　　　　　　とくべつ

⋯▶ **今週から、バーゲンセールです。**
　　こんしゅう

이번 주부터 바겐세일입니다.

1166
☐ **駐車場** 주차장 ※ **駐車する** 주차하다
　　　　　　　　　　　　　ちゅうしゃ
ちゅうしゃじょう

⋯▶ **駐車場に車を止めました。**
　　ちゅうしゃじょう　くるま　 と

주차장에 차를 세웠습니다.

1167
☐ **売り場** 매장
　 う 　 ば

⋯▶ **化粧品売り場はどこですか。**
　　け しょうひん う 　 ば

화장품 매장은 어디입니까?

1168
☐ **アクセサリー売り場** 액세서리 매장
　　　　　　　　　　う 　 ば

⋯▶ **アクセサリー売り場で指輪を選んでいます。**
　　　　　　　　　 う 　 ば ゆびわ 　えら

액세서리 매장에서 반지를 고르고 있습니다.

1169 食料品売り場 식료품 매장
しょくりょうひん う ば

··· **食料品売り場で買い物をしています。**
しょくりょうひん う ば か もの

식료품 매장에서 쇼핑하고 있습니다.

1170 婦人服売り場 여성복 매장
ふ じんふく う ば

··· **婦人服売り場で服を着てみました。**
ふ じんふく う ば ふく き

여성복 매장에서 옷을 입어 보았습니다.

1171 紳士服売り場 신사복 매장
しん し ふく う ば

··· **紳士服売り場で主人のスーツを一着買った。**
しん し ふく う ば しゅじん いっちゃく か

신사복 매장에서 남편의 양복을 한 벌 샀다.

家庭用品売り場 가정용품 매장
か ていようひん う ば

··· **家庭用品売り場で何を買いましたか。**
か ていようひん う ば なに か

가정용품 매장에서 무엇을 샀습니까?

1173 電気製品売り場 전자제품 매장
でん き せいひん う ば

··· **電気製品売り場でこたつを買いました。**
でん き せいひん う ば か

전자제품 매장에서 고타쓰(일본의 난방기구)를 샀습니다.

I 준비
II 출근·등교
III 사회생활
IV 집안일
V 외출 1
VI 외출 2
VII 개인 시간

1174 □ 家具売り場 가구 매장
かぐうりば

⋯→ 家具売り場にお気に入りのソファーがある。
かぐうりば　　　　き

가구 매장에 마음에 드는 소파가 있다.

1175 □ スポーツ用品売り場 스포츠 용품 매장
ようひんうりば

⋯→ スポーツ用品売り場で運動靴を買いました。
ようひんうりば　うんどうぐつ　か

스포츠 용품 매장에서 운동화를 샀습니다.

1176 □ エスカレーター 에스컬레이터

⋯→ エスカレーターで3階に行きました。
さんがい　い

에스컬레이터로 3층에 갔습니다.

1177 □ 百貨店 백화점　=デパート
ひゃかてん

⋯→ 百貨店は大通りにあります。
ひゃかてん　おおどお

백화점은 큰 도로에 있습니다.

1178 □ 定休日 정기 휴일　※休日 휴일
ていきゅうび　　　　　　　　きゅうじつ

⋯→ 今日は定休日です。
きょう　ていきゅうび

오늘은 정기 휴일입니다.

1179

店員 점원
てんいん

⋯ このデパートの店員は親切です。
　　　 てんいん　　　しんせつ

이 백화점 점원은 친절합니다.

1180

高い 비싸다, (키가) 크다
たか

⋯ デパートは高いです。
　　　　　　　　 たか

백화점은 비쌉니다.

1181

安い 싸다
やす

⋯ よく探してみると、安い物もあります。
　　　 さが　　　　　　　　 やす　 もの

잘 찾아보면 싼 물건도 있습니다.

1182

大きい 크다　※大きな 큰
おお　　　　　　 おお

⋯ 靴が大きいです。
　　 くつ　 おお

구두가 큽니다.

1183

小さい 작다　※小さな 작은
ちい　　　　　　 ちい

⋯ 小さいので、もう一つ上のサイズをください。
　　　 ちい　　　　　　　　 ひと　 うえ

작으니까, 하나 더 위의 사이즈를 주세요.

I 준비

II 출근·등교

III 사회생활

IV 집안일

V 외출 1

VI 외출 2

VII 개인 시간

1184

大型スーパー 대형 마트 ※小型 소형
おおがた　　　　　　　　　　　こ がた

··→ 大型スーパーは24時間営業しています。
　　おおがた　　　　　　にじゅうよ じ かんえいぎょう

대형 마트는 24시간 영업을 하고 있습니다.

1185

ショッピングセンター 쇼핑센터

··→ ショッピングセンターを回ってみました。
　　　　　　　　　　　　　　　まわ

쇼핑센터를 둘러보았습니다.

1186

店 가게
　みせ

··→ 店でアルバイトをしています。
　　みせ

가게에서 아르바이트를 하고 있습니다.

1187

商店 상점 ※商店街 상점가
しょうてん　　　　　しょうてんがい

··→ ここは小さい商店が並んでいます。
　　　　　ちい　　しょうてん　なら

여기는 작은 상점이 늘어서 있습니다.

1188

安売りショップ 할인 매장 ＝ディスカウントショップ
やす う

··→ 安売りショップの品質は大丈夫ですか。
　　やす う　　　　　　ひんしつ　だいじょう ぶ

할인 매장의 품질은 괜찮습니까?

1189
100円ショップ 100엔 숍
ひゃく えん

⋯ 100円ショップで生活用品を買いました。
　　ひゃく えん　　せいかつようひん　　か
100엔 숍에서 생활용품을 샀습니다.

1190
イヤリング 귀걸이

⋯ 誕生日にイヤリングをもらいました。
　　たんじょう び
생일에 귀걸이를 받았습니다.

1191
ネックレス 목걸이

⋯ ネックレスはきれいでしたが、高かったです。
　　　　　　　　　　　　　　　　　たか
목걸이는 예뻤습니다만, 비쌌습니다.

1192
ブローチ 브로치

⋯ この服には黄色いブローチがふさわしい。
　　ふく　　き いろ
이 옷에는 노란 브로치가 어울린다.

1193
指輪 반지
ゆび わ

⋯ 指輪をはめています。
　　ゆび わ
반지를 끼고 있습니다.

I 준비

II 출근 · 등교

III 사회생활

IV 집안일

V 외출1

Ⅵ 외출2

VII 개인시간

1194
□ **手袋** 장갑
て ぶくろ

⋯→ プレゼントの手袋を選んでいます。
　　　　　　　 て ぶくろ えら

선물할 장갑을 고르고 있습니다.

1195
□ **試着** 입어 봄
し ちゃく

⋯→ 試着できますか。
　　し ちゃく

입어 봐도 돼요?

1196
□ **試着室** 탈의실
し ちゃくしつ

⋯→ 試着室で着替えてください。
　　し ちゃくしつ き が

탈의실에서 갈아입어 주세요.

1197
□ **着物** 기모노　※ おび 기모노에 두르는 띠
き もの

⋯→ 日本の着物はきれいですが、不便です。
　　に ほん き もの ふ べん

일본 기모노는 예쁩니다만, 불편합니다.

1198
□ **似合う** 어울리다
に あ

⋯→ この服、あなたによく似合います。
　　ふく に あ

이 옷, 당신에게 잘 어울립니다.

1199

ぴったり 딱, 꼭 들어맞음

···→ このシャツ、あなたにぴったりですね。

이 셔츠, 당신에게 딱 맞네요.

1200

今 지금
いま

···→ デパートは今、セール中です。
　　　いま　　　　　ちゅう

백화점은 지금 세일 중입니다.

1201

今度 이번, 다음
こん ど

···→ 今度こそ、成功させてみせるよ。
　　こん ど　　　せいこう

이번에야말로 성공시켜볼게.

···→ また今度会いましょう。
　　　　こん ど あ

다음에 다시 만납시다.

1202

いろいろ 여러 가지

···→ スカートのデザインはいろいろあります。

스커트 디자인은 여러 가지 있습니다.

I 준비

II 출근·등교

III 사회생활

IV 집안일

V 외출 1

VI 외출 2

VII 개인 시간

1203

たくさん 많이 (사람, 사물) =大勢 많이 (사람)
おおぜい

⋯→ デパートには欲しいものがたくさんあります。
ほ

백화점에는 갖고 싶은 물건이 많이 있습니다.

1204

おもちゃ 장난감

⋯→ うちの子供のおもちゃを買いに来ました。
こ ども か き

우리 아이 장난감을 사러 왔습니다.

1205

いらっしゃる 계시다, 가시다, 오시다

⋯→ 今、お客様がいらっしゃいます。
いま きゃくさま

지금, 손님이 계십니다.

1206

なさる 하시다 ※する 하다

⋯→ どちらになさいますか。

어느 것으로 하시겠습니까?

1207

おっしゃる 말씀하시다 ※言う 말하다
い

⋯→ おっしゃるとおりにいたします。

말씀하신 대로 하겠습니다.

Ⅰ 준비

Ⅱ 출근·등교

Ⅲ 사회생활

Ⅳ 집안일

Ⅴ 외출1

Ⅵ 외출2

Ⅶ 개인시간

1208

ブランド品 명품
ひん

⋯ みんなブランド品を欲しがっている。
　　　　　　　　　ひん　　　ほ

모두 명품을 갖고 싶어 하고 있다.

1209

本物 진짜
ほんもの

⋯ この花は本物です。
　　　はな　ほんもの

이 꽃은 진짜(생화)입니다.

1210

偽物 가짜
にせもの

⋯ 偽物が多くて、よくだまされます。
　　にせもの　おお

가짜가 많아서 잘 속습니다.

1211

階 층
かい

⋯ 婦人服売り場は何階ですか。
　　ふじんふくう　ば　なんがい

여성복 매장은 몇 층입니까?

1212

乳母車 유모차 =ベビーカー
うばくるま

⋯ 乳母車を押しています。
　うばくるま　お

유모차를 밀고 있습니다.

1213

☐ **ベビー服** 유아복
ふく

⋯→ ベビー服の売り場は何階ですか。
ふく　　う　ば　　なんがい

유아복 매장은 몇 층입니까?

1214

☐ **アウトドアウェア** 아웃도어 웨어

⋯→ 最近はアウトドアウェアがよく売れている。
さいきん　　　　　　　　　　　　　う

최근에는 아웃도어 웨어 잘 팔리고 있다.

1215

☐ **マネキン** 마네킹

⋯→ あのマネキンの着ている服が欲しいです。
き　　　　　　ふく　　ほ

저 마네킹이 입고 있는 옷을 갖고 싶습니다.

1216

☐ **試食コーナー** 시식 코너
し しょく

⋯→ 試食コーナーでいろんな食べ物を食べました。
し しょく　　　　　　　　　　た　もの　　た

시식 코너에서 여러 가지 음식을 먹었습니다.

1217

☐ **品質** 품질
ひんしつ

⋯→ ここの商品は品質がいいです。
しょうひん　　ひんしつ

여기 상품은 품질이 좋습니다.

I 준비

II 출근·등교

III 사회생활

IV 집안일

V 외출1

VI 외출2

VII 개인시간

1218

持ち込む 반입하다
も　こ

⋯▶ この化粧品は持ち込めません。
　　け しょうひん　　も　こ

이 화장품은 반입할 수 없습니다.

1 다음을 일본어로 쓰시오.

❶ 브로치 _____

❷ 반입하다 _____

❸ 여러 가지 _____

❹ 어울리다 _____

❺ 매장 _____

❻ 정기 휴일 _____

❼ 입어봄 _____

❽ 장난감 _____

❾ 품질 _____

❿ 마네킹 _____

2 다음을 같은 의미끼리 연결하시오.

❶ 安_{やす}くない　　・

・偽者_{にせもの}

❷ 小_{ちい}さくない　　・

・高_{たか}い

❸ 本物_{ほんもの}ではない　・

・大_{おお}きい

❹ 百貨店_{ひゃっかてん}　　　・

・デパート

3 다음의 의미를 쓰시오.

❶ 店 _____ ❷ 駐車場 _____

❸ 値段 _____ ❹ 手袋 _____

❺ 安売りショップ _____

❻ 指輪 _____ ❼ ブランド品 _____

❽ 試着室 _____ ❾ ぴったり _____

❿ ショッピングセンター _____

정답 1 ❶ ブローチ ❷ 持(も)ち込(こ)む ❸ いろいろ ❹ 似合(にあ)う ❺ 売(う)り場(ば)
❻ 定休日(ていきゅうび) ❼ 試着(しちゃく) ❽ おもちゃ ❾ 品質(ひんしつ) ❿ マネキン

2 ❶ 高(たか)い ❷ 大(おお)きい ❸ 偽者(にせもの) ❹ デパート

3 ❶ 가게 ❷ 주차장 ❸ 값, 가격 ❹ 장갑 ❺ 할인 매장
❻ 반지 ❼ 명품 ❽ 탈의실 ❾ 딱, 꼭 들어맞음 ❿ 쇼핑센터

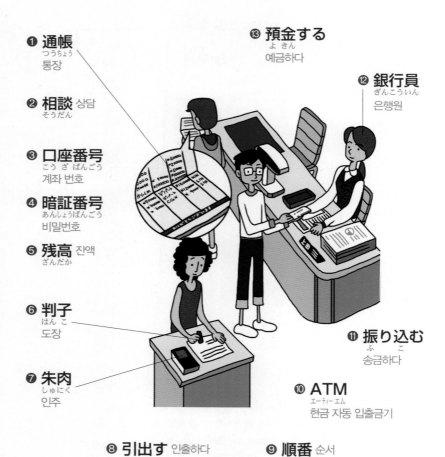

scene 02

銀行 은행
ぎん こう

❶ **通帳** つうちょう 통장

❷ **相談** 상담 そうだん

❸ **口座番号** こう ざ ばんごう 계좌 번호

❹ **暗証番号** あんしょうばんごう 비밀번호

❺ **残高** 잔액 ざんだか

❻ **判子** はん こ 도장

❼ **朱肉** しゅにく 인주

❽ **引出す** 인출하다 ひき だ

❾ **順番** 순서 じゅんばん

❿ **ATM** エーティー エム 현금 자동 입출금기

⓫ **振り込む** ふ こ 송금하다

⓬ **銀行員** ぎんこういん 은행원

⓭ **預金する** よ きん 예금하다

⑭ **貸す** 빌려주다
　　か

⑮ **借りる** 빌리다
　　か

⑯ **返す** 돌려주다
　　かえ

⑰ **小切手** 수표
　　こ ぎっ て

⑱ **ドル** 달러

⑲ **株** 주식
　　かぶ

⑳ **証券** 증권
　　しょうけん

㉑ **年金** 연금
　　ねんきん

㉒ **貯蓄** 저축
　　ちょちく

㉓ **利子** 이자
　　り し

㉔ **保険** 보험
　　ほ けん

I 준비

II 출근·등교

III 사회생활

IV 집안일

V 외출1

Ⅵ 외출2

VII 개인시간

1219
銀行員 은행원

ぎんこういん

⋯→ 父は銀行員です。
   ちち　ぎんこういん

아버지는 은행원입니다.

1220
通帳 통장

つうちょう

⋯→ あの、すみません。通帳を作りたいんですが。
   　　　　　　　　　　つうちょう　つく

저기, 실례합니다. 통장을 만들고 싶은데요.

1221
順番 순서　=順序
   じゅんじょ

じゅんばん

⋯→ 順番を待っています。
   じゅんばん　ま

순서를 기다리고 있습니다.

1222
口座番号 계좌 번호

こう ざ ばんごう

⋯→ ここに口座番号を書きます。
   　　　こう ざ ばんごう　か

여기에 계좌 번호를 씁니다.

1223
暗証番号 비밀번호

あんしょうばんごう

⋯→ 暗証番号が覚えられないんです。
   あんしょうばんごう　おぼ

비밀번호가 기억나지 않습니다.

1224 判子 도장
はんこ

⋯▸ ここに判子を押してください。
はんこ　お

여기에 도장을 찍어 주세요.

1225 印鑑 인감
いんかん

⋯▸ 印鑑は必要だから、忘れないようにしてね。
いんかん　ひつよう　わす

인감은 필요하니까 잊어버리지 않도록 해.

1226 朱肉 인주
しゅにく

⋯▸ 朱肉をつけてください。
しゅにく

인주를 묻혀 주세요.

1227 相談 상담
そうだん

⋯▸ 預金について相談しようと思う。
よきん　そうだん　おも

예금에 대해서 상담하려고 하다.

1228 預金する 예금하다
よきん

⋯▸ 毎月、預金しています。
まいつき　よきん

매달 예금을 하고 있습니다.

I 준비

II 출근·등교

III 사회생활

IV 집안일

V 외출1

VI 외출2

VII 개인시간

1229

引出す 인출하다 =下ろす
ひき だ　　　　　　　　お

⋯ 5万円を引出した。
　　ご まんえん　ひき だ

5만 엔을 인출했다.

1230

振り込む 송금하다 ※振り込み 송금
ふ こ　　　　　　　　　　ふ こ

⋯ 振り込む金額を確かめてください。
　ふ こ　きんがく　たし

송금할 금액을 확인해 주세요.

1231

残高 잔액
ざんだか

⋯ 残高が少ししか残っていない。
　ざんだか　すこ　　　　のこ

잔액이 조금밖에 남아 있지 않다.

1232

ATM 현금 자동 입출금기
エーティーエム

⋯ ATMは24時間利用できます。
　エーティーエム　にじゅうよ じ かん り よう

현금 자동 입출금기는 24시간 이용할 수 있습니다.

1233

貸す 빌려주다
か

⋯ お金を貸してあげました。
　かね　か

돈을 빌려주었습니다.

1234 ☐ 返す 돌려주다 ※恩返し 보답
かえ おんがえ

…▸ お金を返してもらいました。
かね かえ

돈을 돌려받았습니다.

1235 ☐ 借りる 빌리다
か

…▸ お金を借りて、まだ返していません。
かね か かえ

돈을 빌려서 아직 갚지 않고 있습니다.

1236 ☐ ドル 달러

…▸ ドルはヨーロッパでも使えますか。
つか

달러는 유럽에서도 사용할 수 있습니까?

1237 ☐ 利子 이자
りし

…▸ 少しだけど、利子がついて気分がいい。
すこ りし きぶん

조금이지만, 이자가 붙어서 기분이 좋다.

1238 ☐ 円 엔
えん

…▸ 円は日本の貨幣単位です。
えん にほん かへいたんい

엔은 일본 화폐 단위입니다.

I 준비

II 출근·등교

III 사회생활

IV 집안일

V 외출1

Ⅵ 외출2

VII 개인시간

1239
稼ぐ 벌다 (생계 유지)
かせ

···▶ **工場で働いてお金を稼いでいます。**
こうじょう　はたら　　　かね　かせ

공장에서 일해서 돈을 벌고 있습니다.

1240
もうける 벌다 (뜻밖의 금전 이득)

···▶ **どうやってお金をもうけましたか。**
かね

어떻게 돈을 벌었습니까?

株 주식
かぶ

···▶ **株でお金をもうけました。**
かぶ　　かね

주식으로 돈을 벌었습니다.

1242
証券 증권
しょうけん

···▶ **証券に投資しました。**
しょうけん　とう　し

증권에 투자했습니다.

1243
保険 보험
ほ けん

···▶ **保険に加入して安心です。**
ほ けん　か にゅう　　あんしん

보험에 가입해서 안심입니다.

1244

☐ **年金** 연금

ねんきん

⋯ 年金は何歳からもらえますか。
　　ねんきん　なんさい

연금은 몇 살부터 받을 수 있습니까?

1245

☐ **貯蓄** 저축

ちょちく

⋯ 貯蓄が減っています。
　　ちょちく　へ

저축이 줄고 있습니다.

1246

☐ **小切手** 수표

こぎって

⋯ 小切手を発行してもらいました。
　　こぎって　はっこう

수표를 발행해 받았습니다.

1247

☐ **赤字** 적자

あかじ

⋯ 貿易赤字を解決するいい方法はありませんか。
　　ぼうえきあかじ　かいけつ　　ほうほう

무역 적자를 해결할 좋은 방법은 없을까요?

1248

☐ **黒字** 흑자

くろじ

⋯ 輸出が増えて、貿易黒字になっている。
　　ゆしゅつ　ふ　　ぼうえきくろじ

수출이 늘어서 무역 흑자가 되고 있다.

I 준비

II 출근·등교

III 사회생활

IV 집안일

V 외출1

VI 외출2

VII 개인시간

1249
へそくり 비상금

⋯→ へそくりをどこに隠しましたか。
かく

비상금을 어디에 감췄습니까?

1250
どんどん 자꾸자꾸

⋯→ 預金がどんどん増えていきます。
よ きん   ふ

예금이 자꾸자꾸 늘어 갑니다.

1251
きっと 꼭, 반드시

⋯→ いつかはきっとお金持ちになります。
かね も

언젠가는 반드시 부자가 되겠습니다.

1252
初めて 처음으로
はじ

⋯→ 日本に来て初めて通帳を作りました。
に ほん き はじ   つうちょう つく

일본에 와서 처음으로 통장을 만들었습니다.

1253
満期 만기
まん き

⋯→ この預金はいつ満期になりますか。
よ きん   まん き

이 예금은 언제 만기가 됩니까?

1254 □ **できるだけ** 될수있으면 = なるべく

…▶ できるだけ利子が高い商品を勧めてください。
り し　　たか　しょうひん　すす

될 수 있으면 이자가 높은 상품을 권해 주세요.

1255 □ **支出** 지출　※支出額 지출액
し しゅつ　　　　　　　し しゅつがく

…▶ 支出が増えています。
し しゅつ　ふ

지출이 늘어나고 있습니다.

1256 □ **消費** 소비　※消費者 소비자
しょう ひ　　　　　　　しょう ひ しゃ

…▶ 物価が上がって消費が減っています。
ぶっか　あ　　　　しょう ひ　　へ

물가가 올라서 소비가 줄고 있습니다.

1257 □ **増やす** 늘리다　※増える 늘다
ふ　　　　　　　　　　ふ

…▶ 彼は財テクで財産を増やしています。
かれ　ざい　　　　ざいさん　ふ

그는 재테크로 재산을 늘리고 있습니다.

1258 □ **減らす** 줄이다　※減る 줄다
へ　　　　　　　　　　へ

…▶ 消費を減らさなければならない。
しょう ひ　へ

소비를 줄이지 않으면 안 된다.

I 준비

II 출근·등교

III 사회생활

IV 집안일

V 외출1

Ⅵ 외출2

VII 개인시간

1259

☐ **お金持ち** 부자
かね も

⋯ 一生懸命努力してお金持ちになった。
いっしょうけんめい ど りょく　　　　　かね も

열심히 노력해서 부자가 되었다.

1260

☐ **貧乏だ** 가난하다 ※**貧乏** 가난뱅이
びんぼう　　　　　　　　　　　　　びんぼう

⋯ 貧乏な生活をしています。
びんぼう　せいかつ

가난한 생활을 하고 있습니다.

1261

☐ **けち** 구두쇠

⋯ 彼はけちで、先にお金を出したことがありません。
かれ　　　　　　　さき　　かね　だ

그는 구두쇠라서 먼저 돈을 낸 적이 없습니다.

1262

☐ **増加** 증가
ぞう か

⋯ 最近は貯蓄する人が増加している。
さいきん　ちょちく　　ひと　ぞう か

최근에는 저축하는 사람이 증가하고 있다.

1263

☐ **減少** 감소
げんしょう

⋯ 自動化で、銀行の支店の数が減少している。
じ どう か　　　　ぎんこう　し てん　かず　げんしょう

자동화로 은행 지점 수가 감소하고 있다.

1264
財テク 재테크
ざい

⋯▸ 財テクに興味を持つ人が多くなった。
　　ざい　　　きょう み　　も　　ひと　おお

재테크에 관심을 가지는 사람이 많아졌다.

1265
財産 재산
ざいさん

⋯▸ 財産を分配しました。
　　ざいさん　ぶんぱい

재산을 분배했습니다.

1266
インターネットバンキング 인터넷 뱅킹 ※テレバンク 텔레뱅킹

⋯▸ インターネットバンキングで振り込みました。
　　　　　　　　　　　　　　　　　　ふ　　こ

인터넷 뱅킹으로 송금했습니다.

1267
保証 보증
ほ しょう

⋯▸ 保証してくれる人が必要です。
　　ほ しょう　　　　ひと　ひつよう

보증해 줄 사람이 필요합니다.

1268
不渡り 부도
ふ わた

⋯▸ 仕方なく不渡りを出しました。
　　し かた　　ふ わた　　だ

어쩔 수 없이 부도를 냈습니다.

I 준비

II 출근·등교

III 사회생활

IV 집안일

V 외출1

VI 외출2

VII 개인시간

1269 ☐ ゆうし 대출, 융자

⋯→ 銀行からお金をゆうししてもらいました。
ぎんこう　　　　かね

은행으로부터 돈을 대출해 받았습니다.

1270 ☐ 差し押さえ 압류
さ　　お

⋯→ 税務署に差し押さえられました。
ぜいむしょ　　さ　お

세무서로부터 압류를 당했습니다.

1271 ☐ 身分証明書 신분증
み ぶんしょうめいしょ

⋯→ 身分証明書を持って来てください。
み ぶんしょうめいしょ　も　　き

신분증을 가지고 와 주세요.

1272 ☐ 指紋 지문
し もん

⋯→ これから指紋の登録が要らなくなった。
しもん　とうろく　い

이제부터 지문 등록이 필요 없어졌다.

1273 ☐ 窓口 창구
まどぐち

⋯→ 順番どおりに窓口に来てください。
じゅんばん　　　まどぐち　き

순서대로 창구로 와 주세요.

Ⅰ 준비

Ⅱ 출근·등교

Ⅲ 사회생활

Ⅳ 집안일

Ⅴ 외출 1

Ⅵ 외출 2

Ⅶ 개인 시간

1274

番号札 번호표

ばんごうふだ

⋯ 番号札を取って順番を待っている。
ばんごうふだ　と　　じゅんばん　ま

번호표를 뽑아서 순서를 기다리고 있다.

1275

あらかじめ 미리

⋯ あらかじめ順番を確認しておいてください。
　　　　　じゅんばん　かくにん

미리 순서를 확인해 두세요.

1276

手数料 수수료

て すうりょう

⋯ 手数料は全部でいくらですか。
て すうりょう　ぜん ぶ

수수료는 전부 해서 얼마입니까?

1277

引き換え 교환

ひ か

⋯ 手数料と引き換えにお受け取りください。
て すうりょう　ひ か　　　う と

수수료와 교환하여 받아주세요.

1278

両替 환전

りょうがえ

⋯ 両替できますか。
りょうがえ

환전 됩니까?

1 다음을 일본어로 쓰시오.

❶ 주식 _____ ❷ 은행 _____

❸ 송금 _____ ❹ 계좌 번호 _____

❺ 수수료 _____ ❻ 잔액 _____

❼ 교환 _____ ❽ 비상금 _____

❾ 적자 _____ ❿ 흑자 _____

2 다음의 의미를 쓰시오.

❶ 順番^{じゅんばん} _____ ❷ 小切手^{こぎって} _____

❸ 暗証番号^{あんしょうばんごう} _____ ❹ 財産^{ざいさん} _____

❺ 貸す^か _____ ❻ 借りる^か _____

❼ 返す^{かえ} _____ ❽ けち _____

❾ お金持ち^{かね も} _____ ❿ 貧乏だ^{びんぼう} _____

3 다음 문장에 들어갈 알맞은 단어를 보기에서 골라 쓰시오.

> 보기   つく　押す　作る　加入する　引出す

❶ 통장을 만든다.　通帳を ＿＿＿＿＿＿＿＿。

❷ 도장을 찍는다.　判子を ＿＿＿＿＿＿＿＿。

❸ 이자가 붙다.　利子が ＿＿＿＿＿＿＿＿。

❹ 돈을 인출한다.　お金を ＿＿＿＿＿＿＿＿。

❺ 보험에 가입하다.　保険に ＿＿＿＿＿＿＿＿。

정답 1 ❶ 株(かぶ)　❷ 銀行(ぎんこう)　❸ 振(ふ)り込(こ)み　❹ 口座番号(こうざばんごう)
　　❺ 手数料(てすうりょう)　❻ 残高(ざんだか)　❼ 引(ひ)き換(か)え　❽ へそくり
　　❾ 赤字(あかじ)　❿ 黒字(くろじ)

2 ❶ 순서　❷ 수표　❸ 비밀번호　❹ 재산　❺ 빌려주다
　　❻ 빌리다　❼ 돌려주다　❽ 구두쇠　❾ 부자　❿ 가난하다

3 ❶ 作(つく)る　❷ 押(お)す　❸ つく　❹ 引出(ひきだ)す　❺ 加入(かにゅう)する

scene 03

病院 병원
びょう いん

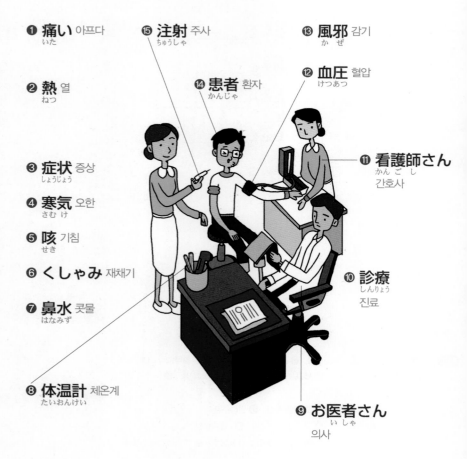

❶ **痛い** 아프다
いた

❷ **熱** 열
ねつ

❸ **症状** 증상
しょうじょう

❹ **寒気** 오한
さむ け

❺ **咳** 기침
せき

❻ **くしゃみ** 재채기

❼ **鼻水** 콧물
はなみず

❽ **体温計** 체온계
たいおんけい

⓯ **注射** 주사
ちゅうしゃ

⓮ **患者** 환자
かんじゃ

❾ **お医者さん**
い しゃ
의사

⓭ **風邪** 감기
か ぜ

⓬ **血圧** 혈압
けつあつ

⓫ **看護師さん**
かん ご し
간호사

⓾ **診療**
しんりょう
진료

⑯ **薬** 약
くすり

⑰ **薬局** 약국
やっきょく

⑱ **受付** 접수
うけつけ

⑲ **処方** 처방
しょほう

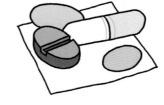

⑳ **レントゲン** 엑스레이

㉑ **薬剤師** 약사
やくざい し

㉒ **食前** 식전
しょくぜん

㉓ **食後** 식후
しょく ご

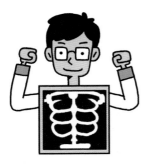

㉔ **入院** 입원
にゅういん

㉕ **退院** 퇴원
たいいん

㉖ **手術** 수술
しゅじゅつ

Ⅰ 준비

Ⅱ 출근·등교

Ⅲ 사회생활

Ⅳ 집안일

Ⅴ 외출1

Ⅵ 외출2

Ⅶ 개인시간

1279 お医者さん 의사 ＝医者
いしゃ

⋯▸ 僕の夢はお医者さんになることです。
ぼく ゆめ いしゃ

제 꿈은 의사가 되는 것입니다.

1280 看護師さん 간호사 ＝看護師
かんごし

⋯▸ 看護師さんを呼んでください。
かんごし よ

간호사를 불러 주세요.

1281 患者 환자
かんじゃ

⋯▸ あの先生は患者に親切です。
せんせい かんじゃ しんせつ

저 선생님은 환자에게 친절합니다.

1282 注射 주사
ちゅうしゃ

⋯▸ 注射を打っている。
ちゅうしゃ う

주사를 놓고 있다.

1283 打たれる 맞다
う

⋯▸ 注射を打たれました。
ちゅうしゃ う

주사를 맞았습니다.

1284 ☐ **血圧** 혈압　※ **高血圧** 고혈압, **低血圧** 저혈압
けつあつ

⋯ **血圧を計っている。**
けつあつ　はか

혈압을 재고 있다.

1285 ☐ **薬** 약　※ **薬を飲む** 약을 먹다
くすり

⋯ **薬を飲みました。**
くすり　の

약을 먹었습니다.

1286 ☐ **熱** 열
ねつ

⋯ **熱があるので、薬を飲みます。**
ねつ　くすり　の

열이 있어서 약을 먹습니다.

1287 ☐ **体温計** 체온계　※ **熱を計る** 열을 재다
たいおんけい　　ねつ　はか

⋯ **体温計で熱を計ってみましょう。**
たいおんけい　ねつ　はか

체온계로 열을 재어 봅시다.

1288 ☐ **風邪** 감기　※ **風** 바람, **風邪を引く** 감기에 걸리다
かぜ　　　かぜ　　　かぜ　ひ

⋯ **風邪を引いたので、学校を休みました。**
かぜ　ひ　　　がっこう　やす

감기에 걸려서 학교를 쉬었습니다.

Ⅰ 준비

Ⅱ 출근 · 등교

Ⅲ 사회생활

Ⅳ 집안일

Ⅴ 외출1

Ⅵ 외출2

Ⅶ 개인시간

1289
☐

症状 증상
しょうじょう

… 症状を正確に言ってください。
しょうじょう せいかく い

증상을 정확하게 말해 주세요.

1290
☐

寒気 오한
さむ け

… 寒気がしました。
さむ け

오한이 났습니다.

1291
☐

鼻水 콧물
はなみず

… 鼻水が止まりません。
はなみず と

콧물이 멈추지 않습니다.

1292
☐

咳 기침
せき

… 咳が出て苦しいです。
せき で くる

기침이 나서 괴롭습니다.

1293
☐

くしゃみ 재채기

… くしゃみで、鼻水が出ました。
はなみず で

재채기로 콧물이 나왔습니다.

1294

診療 진료
しんりょう

⋯▸ 診療を受けました。
しんりょう　う
진료를 받았습니다.

1295

診察券 진찰권
しんさつけん

⋯▸ 診察券を持って来てください。
しんさつけん　も　　　き
진찰권을 가지고 와 주세요.

1296

痛い 아프다
いた

⋯▸ 久しぶりに運動をして体のあちこちが痛かった。
ひさ　　　　うんどう　　　からだ　　　　　　　いた
오랜만에 운동을 해서 몸 여기저기가 아팠다.

1297

痛む 아프다
いた

⋯▸ 悲しい話を聞いて心が痛んだ。
かな　　はなし　き　　こころ　いた
슬픈 이야기를 듣고 마음이 아팠다.

1298

受付 접수
うけつけ

⋯▸ 受付に健康保険証を出しました。
うけつけ　けんこう ほ けんしょう　だ
접수처에 건강 보험증을 냈습니다.

I 준비

II 출근·등교

III 사회생활

IV 집안일

V 외출 1

VI 외출 2

VII 개인 시간

1299
☐

効く 잘 듣다, 효과가 있다
き

⋯→ この風邪薬はよく効きます。
かぜぐすり　　　き

이 감기약은 잘 듣습니다.

1300
☐

薬局 약국 = 薬屋
やっきょく　　　くすりや

⋯→ 薬局で薬を買いました。
やっきょく　くすり　か

약국에서 약을 샀습니다.

1301
☐

処方 처방
しょほう

⋯→ 薬を処方してもらいました。
くすり　しょほう

약을 처방받았습니다.

1302
☐

薬剤師 약사
やくざいし

⋯→ 薬については薬剤師に聞いてください。
くすり　　　　　やくざいし　き

약에 대해서는 약사에게 물어보세요.

1303
☐

食前 식전 = 食事の前
しょくぜん　　　しょくじ　まえ

⋯→ この薬は必ず食前に飲んでください。
くすり　かなら　しょくぜん　の

이 약은 반드시 식전에 드세요.

1304

食後 식후 ＝食事の後
しょく ご　　　　　しょくじ　あと

⋯ 食後３０分以内に飲んでください。
しょく ご さんじゅっぷん い ない　　の

식후 30분 이내에 드세요.

1305

レントゲン 엑스레이

⋯ レントゲンを撮ってみましょう。
と

엑스레이를 찍어 봅시다.

1306

手術 수술　※麻酔 마취
しゅじゅつ　　　　　ますい

⋯ 手術しなければなりません。
しゅじゅつ

수술하지 않으면 안 됩니다.

1307

入院 입원
にゅういん

⋯ 入院してから、健康の大切さが分かりました。
にゅういん　　　　　けんこう　たいせつ　　わ

입원하고 나서 건강의 중요성을 알았습니다.

1308

退院 퇴원
たいいん

⋯ 退院の手続きをしています。
たいいん　て つづ

퇴원 수속을 하고 있습니다.

I 준비

II 출근·등교

III 사회생활

IV 집안일

V 외출1

VI 외출2

VII 개인 시간

1309

☐ **急に** 갑자기
きゅう

⋯→ **急にお腹を壊して、病院に行きました。**
きゅう　　　なか　こわ　　　　びょういん　い

갑자기 배탈이 나서 병원에 갔습니다.

1310

☐ **倒れる** 쓰러지다　※ **倒す** 쓰러뜨리다
たお　　　　　　　　　　　　たお

⋯→ **彼は過労で倒れてしまいました。**
かれ　かろう　　たお

그는 과로로 쓰러지고 말았습니다.

1311

☐ **しっかり** 확실히

⋯→ **ドアをしっかり閉めてください。**
し

문을 확실히 닫아 주세요.

1312

☐ **必ず** 반드시
かなら

⋯→ **必ず食前に飲んでください。**
かなら　しょくぜん　　の

반드시 식전에 드세요.

1313

☐ **捻挫** 관절을 삠
ねん ざ

⋯→ **捻挫して湿布を貼っています。**
ねん ざ　　しっ ぷ　は

관절을 삐어서 파스를 붙이고 있습니다.

1314 ☐

骨折 골절
こっせつ

⋯ 骨折して１ヶ月入院しました。
こっせつ　　　いっ か げつにゅういん

골절이 되어 1개월 입원했습니다.

1315 ☐

病気 병
びょう き

⋯ 病気にかかって、病院に通っています。
びょう き　　　　　びょういん　　かよ

병에 걸려 병원을 다니고 있습니다.

1316 ☐

治る 낫다　※治す 고치다
なお　　　　　　　　なお

⋯ 病気が治って、よかった。
びょう き　なお

병이 나아서 다행이다.

1317 ☐

お見舞い 문병
み ま

⋯ 友達が入院したので、お見舞いに行きました。
ともだち　にゅういん　　　　　　　み ま　い

친구가 입원해서 문병을 갔습니다.

1318 ☐

世話 신세, 돌봄　※お世話になりました。 신세 졌습니다.
せ わ　　　　　　　　　　　　せ わ

⋯ お年寄りの世話をする仕事をしています。
としよ　せ わ　　　しごと

노인을 돌보는 일을 하고 있습니다.

Ⅰ 준비

Ⅱ 출근·등교

Ⅲ 사회생활

Ⅳ 집안일

Ⅴ 외출1

Ⅵ 외출2

Ⅶ 개인시간

1319 ☐

生きる 살다, 생존하다 ↔ 死ぬ 죽다
い　　　　　　　　　　　し

···→ 生きるために食べる。
　　　い　　　　　　　　た

살기 위해 먹는다.

1320 ☐

大事だ 소중하다, 중요하다 =大切だ, 重要だ
だい じ　　　　　　　　　　　たいせつ　じゅうよう

···→ 私には大事な写真です。
　　　わたし　　　だい じ　しゃしん

나에게는 소중한 사진입니다.

···→ お大事に。
　　　だい じ

빠른 쾌유를 빕니다.

1321 ☐

残念だ 유감스럽다
ざんねん

···→ 事故にあって、残念ですね。
　　　じ こ　　　　　　　ざんねん

사고를 당해서 유감이군요.

1322 ☐

怪我 상처 =傷口
け が　　　　　　 きずくち

···→ 怪我をしたので、薬局へ行きました。
　　　け が　　　　　　　　　やっきょく　い

상처가 나서 약국에 갔습니다.

1323

引く (감기에) 걸리다, 당기다, 빼다
ひ

···→ 風邪を引いて苦労しました。
　　 かぜ ひ くろう

　　 감기에 걸려서 고생했습니다.

···→ ドアを引きました。
　　　　 ひ

　　 문을 당겼습니다.

···→ 5から1を引くと、4になります。
　　 ご いち ひ よん

　　 5에서 1을 빼면 4가 됩니다.

1324

吐く 토하다 ※履く 신다, 입다, 掃く 쓸다, 吐き気 구역질
は 　　　　は 　　　　は 　　　は け

···→ 体の調子が悪くて吐きそうだ。
　　 からだ ちょうし わる は

　　 몸 컨디션이 나빠서 토할 것 같다.

1325

頭痛 두통
ず つう

···→ 薬を飲んだのに頭痛が治らない。
　　 くすり の ずつう なお

　　 약을 먹었는데도 두통이 낫지 않는다.

1326

痛み止め 진통제
いた ど

···→ 歯が痛いので痛み止めを飲みました。
　　 は いた いた ど の

　　 이가 아파서 진통제를 먹었습니다.

I 준비

II 출근·등교

III 사회생활

IV 집안일

V 외출1

VI 외출2

VII 개인시간

1327

下痢 설사

げ り

··→ お腹を壊して下痢をしました。
なか こわ げ り

배탈이 나서 설사를 했습니다.

1328

火傷 화상

やけ ど

··→ 火事で火傷しました。
か じ やけ ど

화재로 화상을 입었습니다.

1329

湿度 습도 ※温度 온도
おん ど

しつ ど

··→ 湿度を調節します。
しつ ど ちょうせつ

습도를 조절합니다.

1330

肥満 비만

ひ まん

··→ 肥満は健康の敵だ。
ひ まん けんこう てき

비만은 건강의 적이다.

1331

糖尿 당뇨

とうにょう

··→ 糖尿は怖い病気です。
とうにょう こわ びょう き

당뇨는 무서운 병입니다.

1332 コレステロール 콜레스테롤

⋯ コレステロールの数値がとても高いです。
すうち　　　　　　　たか

콜레스테롤 수치가 너무 높습니다.

1333 健康診断 건강 검진
けんこうしんだん

⋯ 定期的に健康診断を受けてください。
てい き てき　けんこうしんだん　う

정기적으로 건강 검진을 받아 주세요.

1334 救急車 구급차
きゅうきゅうしゃ

⋯ 急いで救急車をお呼びください。
いそ　　　きゅうきゅうしゃ　　　よ

서둘러서 구급차를 불러 주세요.

1335 服用 복용
ふくよう

⋯ この薬はどのように服用しますか。
くすり　　　　　　　　ふくよう

이 약은 어떻게 복용하나요?

1336 副作用 부작용
ふく さ よう

⋯ この症状がこの薬の副作用です。
しょうじょう　　　くすり　ふく さ よう

이 증상이 이 약의 부작용입니다.

I 준비

II 출근·등교

III 사회생활

IV 집안일

V 외출1

VI 외출2

VII 개인시간

1337
聴診器 청진기
ちょうしんき

… お医者さんは聴診器を持っています。
いしゃ　　　　ちょうしんき　も

의사는 청진기를 가지고 있습니다.

1338
錠剤 알약
じょうざい

… 錠剤でお願いします。
じょうざい　　　ねが

알약으로 부탁합니다.

1339
粉薬 가루약
こなぐすり

… 粉薬が飲めません。
こなぐすり　　の

가루약을 먹지 못합니다.

1340
薬袋 약봉지
くすりぶくろ

…「食後」と薬袋に書いてあります。
しょくご　　くすりぶくろ　か

'식후'라고 약봉지에 적혀 있습니다.

1341
車椅子 휠체어
くるまいす

… 足を骨折して車椅子を使っている。
あし　こっせつ　　くるまいす　つか

발이 골절되어 휠체어를 사용하고 있다.

I 준비

II 출근·등교

III 사회생활

IV 집안일

V 외출 1

VI 외출 2

VII 개인 시간

1342

日程 일정

にってい

⋯→ 診療の日程を知っていますか。
しんりょう　にってい　し

진료 일정을 알고 있나요?

1343

お知らせ 공지

し

⋯→ 手術についてお知らせします。
しゅじゅつ　し

수술에 대해 공지하겠습니다.

1344

慰める 위로하다

なぐさ

⋯→ 遺族を慰めてあげました。
い ぞく　なぐさ

유족을 위로해 드렸습니다.

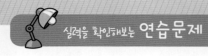

1 다음을 일본어로 쓰시오.

① 골절 ＿＿＿＿＿＿＿＿   ② 관절을 삠 ＿＿＿＿＿＿＿＿

③ 병 ＿＿＿＿＿＿＿＿   ④ 신세, 돌봄 ＿＿＿＿＿＿＿＿

⑤ 두통 ＿＿＿＿＿＿＿＿   ⑥ 진통제 ＿＿＿＿＿＿＿＿

⑦ 약사 ＿＿＿＿＿＿＿＿   ⑧ 화상 ＿＿＿＿＿＿＿＿

⑨ 약 ＿＿＿＿＿＿＿＿   ⑩ 문병 ＿＿＿＿＿＿＿＿

2 다음의 의미를 쓰시오.

① 怪我 ＿＿＿＿＿＿＿＿   ② 効く ＿＿＿＿＿＿＿＿

③ 残念だ ＿＿＿＿＿＿＿＿   ④ 大事だ ＿＿＿＿＿＿＿＿

⑤ 受付 ＿＿＿＿＿＿＿＿   ⑥ 鼻水 ＿＿＿＿＿＿＿＿

⑦ 吐く ＿＿＿＿＿＿＿＿   ⑧ 寒気 ＿＿＿＿＿＿＿＿

⑨ 看護師さん ＿＿＿＿＿＿＿＿   ⑩ お医者さん ＿＿＿＿＿＿＿＿

3 다음을 연결하여 문장을 완성하시오.

❶ 目_めが　　　・　　　・痛_{いた}くて聞_きこえない。

❷ 耳_{みみ}が　　　・　　　・かゆくて赤_{あか}い。

❸ 注射_{ちゅうしゃ}を　　　・　　　・かかる。

❹ 風邪_{かぜ}を　　　・　　　・引_ひく。

❺ 病気_{びょうき}に　　　・　　　・打_うたれた。

정답 1 ❶ 骨折(こっせつ) ❷ 捻挫(ねんざ) ❸ 病気(びょうき) ❹ 世話(せわ) ❺ 頭痛(ずつう)
　　　❻ 痛(いた)み止(ど)め ❼ 薬剤師(やくざいし) ❽ 火傷(やけど) ❾ 薬(くすり) ❿ お見舞(みま)い
　　2 ❶ 상처 ❷ 잘 듣다, 효과가 있다 ❸ 유감스럽다 ❹ 소중하다, 중요하다 ❺ 접수
　　　❻ 콧물 ❼ 토하다 ❽ 오한 ❾ 간호사 ❿ 의사
　　3 ❶ かゆくて赤(あか)い。 ❷ 痛(いた)くて聞(き)こえない。 ❸ 打(う)たれた。 ❹ 引(ひ)く。 ❺ かかる。

郵便局・役所 우체국·관공서
ゆう びん きょく　やく しょ

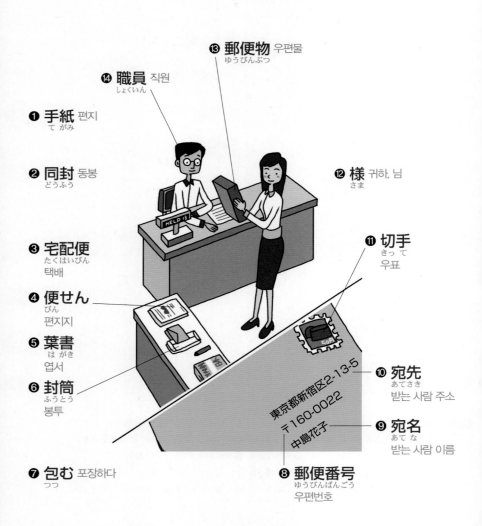

⓭ **郵便物** 우편물
ゆうびんぶつ

⓮ **職員** 직원
しょくいん

❶ **手紙** 편지
て がみ

❷ **同封** 동봉
どうふう

⓬ **様** 귀하, 님
さま

❸ **宅配便** 택배
たくはいびん

❹ **便せん**
びん
편지지

❺ **葉書** 엽서
は がき

❻ **封筒** 봉투
ふうとう

⓫ **切手**
きって
우표

東京都新宿区2-13-5
〒160-0022
中島花子

⓾ **宛先**
あてさき
받는 사람 주소

❾ **宛名**
あて な
받는 사람 이름

❼ **包む** 포장하다
つつ

❽ **郵便番号**
ゆうびんばんごう
우편번호

⑮ **郵便配達人** 우편배달부
ゆうびんはいたつにん

⑯ **小包** 소포
こ づつみ

⑰ **送る** 보내다
おく

⑱ **届く** 도착하다
とど

⑲ **外務省** 외무성
がい む しょう

⑳ **外交官** 외교관
がいこうかん

㉑ **公務員** 공무원
こう む いん

㉒ **国会** 국회
こっかい

㉓ **政府** 정부
せい ふ

I 준비

II 출근·등교

III 사회생활

IV 집안일

V 외출 1

VI 외출 2

VII 개인 시간

1345

切手 우표
きって

···→ 切手1枚いくらですか。
きっ て いちまい

우표는 1장에 얼마입니까?

1346

職員 직원
しょくいん

···→ 切手の値段を職員に聞いてみます。
きっ て ねだん しょくいん き

우표 가격을 직원에게 물어봅니다.

1347

郵便物 우편물
ゆうびんぶつ

···→ 郵便物があふれている。
ゆうびんぶつ

우편물이 넘쳐나고 있다.

1348

山積み 산적(산처럼 많이 쌓인 모양)
やまづ

···→ 山積みの郵便物、大変ですね。
やまづ ゆうびんぶつ たいへん

산더미 같은 우편물, 힘들겠네요.

1349

宅配便 택배
たくはいびん

···→ 宅配便が増えています。
たくはいびん ふ

택배가 늘고 있습니다.

1350 小包 소포
こづつみ

⋯▶ 小包の中に何がありますか。
こ づつみ なか なに

소포 안에 무엇이 있습니까?

1351 包む 포장하다
つつ

⋯▶ 箱を包んでいます。
はこ つつ

상자를 포장하고 있습니다.

1352 返事 답장
へん じ

⋯▶ 友達からの返事がありません。
ともだち へん じ

친구로부터 답장이 없습니다.

1353 手紙 편지
て がみ

⋯▶ 手紙をもらって返事を書きました。
て がみ へん じ か

편지를 받고 답장을 썼습니다.

1354 便せん 편지지
びん

⋯▶ きれいな便せんに手紙を書きます。
びん て がみ か

예쁜 편지지에 편지를 씁니다.

I 준비
II 출근·등교
III 사회생활
IV 집안일
V 외출1
VI 외출2
VII 개인시간

1355

葉書 엽서 ※絵はがき 그림엽서
は がき
え

⋯ **葉書を買いました。**
は がき か

엽서를 샀습니다.

1356

送る 보내다
おく

⋯ **友達に手紙を送りました。**
ともだち て がみ おく

친구에게 편지를 보냈습니다.

1357

同封 동봉
どうふう

⋯ **小包の中に手紙を同封しました。**
こ づつみ なか て がみ どうふう

소포 속에 편지를 동봉합니다.

1358

封筒 봉투
ふうとう

⋯ **封筒10枚ください。**
ふうとう じゅう まい

봉투 10장 주세요.

1359

郵便番号 우편 번호
ゆうびんばんごう

⋯ **郵便番号を記入してください。**
ゆうびんばんごう き にゅう

우편 번호를 기입해 주세요.

1360
☐ **宛名** 받는 사람 이름
あて な

⋯ **宛名を確認します。**
あて な　　かくにん

받는 사람 이름을 확인합니다.

1361
☐ **宛先** 받는 사람 주소
あてさき

⋯ **宛先が合っているかどうか、確かめてください。**
あてさき　　あ　　　　　　　　　　たし

받는 사람 주소가 맞는지 어떤지 확인해 주세요.

1362
☐ **様** 귀하, 님
さま

⋯ **封筒に名前を書いてから「様」も書いてください。**
ふうとう　なまえ　か　　　　　さま　か

봉투에 이름을 쓰고 나서 '귀하'도 써 주세요.

1363
☐ **住所** 주소
じゅうしょ

⋯ **住所を教えてください。**
じゅうしょ　おし

주소를 가르쳐 주세요.

1364
☐ **名前** 이름
な まえ

⋯ **名前を教えてください。**
な まえ　おし

이름을 가르쳐 주세요.

I 준비

II 출근·등교

III 사회생활

IV 집안일

V 외출1

VI 외출2

VII 개인시간

1365

☐ **郵便配達人** 우편배달부

ゆうびんはいたつにん

⋯→ **郵便配達人を待っています。**
ゆうびんはいたつにん　ま

우편배달부를 기다리고 있습니다.

1366

☐ **外国人登録証** 외국인 등록증

がいこくじんとうろくしょう

⋯→ **外国人登録証を発給してもらいました。**
がいこくじんとうろくしょう　はっきゅう

외국인 등록증을 발급받았습니다.

1367

☐ **届く** 도착하다

とど

⋯→ **手紙が届きました。**
て がみ　とど

편지가 도착했습니다.

1368

☐ **速達** 속달

そくたつ

⋯→ **速達でお願いします。**
そくたつ　ねが

속달로 부탁합니다.

1369

☐ **書留** 등기

かきとめ

⋯→ **重要な書類ですから、書留でお願いします。**
じゅうよう　しょるい　かきとめ　ねが

중요한 서류니까 등기로 부탁합니다.

1370 ☐ **航空便** 항공편
こうくうびん

⋯ 航空便の方が速いです。
こうくうびん　ほう　はや

항공편 쪽이 빠릅니다.

1371 ☐ **船便** 배편
ふなびん

⋯ 船便は安いけど、時間がかかります。
ふなびん　やす　　　　じ かん

배편은 싸지만, 시간이 걸립니다.

1372 ☐ **重い** 무겁다 ※重さ 무게
おも　　　　　　　　　おも

⋯ 荷物がけっこう重いですね。
に もつ　　　　　おも

짐이 꽤 무겁군요.

1373 ☐ **軽い** 가볍다 ※軽さ 가벼움
かる　　　　　　　　　かる

⋯ 軽かったら、料金が安いです。
かる　　　　　りょうきん　やす

가벼우면 요금이 쌉니다.

1374 ☐ **箱** 상자
はこ

⋯ 送るものが多くて大きい箱が必要です。
おく　　　　おお　　おお　　はこ　ひつよう

보낼 물건이 많아서 큰 상자가 필요합니다.

Ⅰ 준비
Ⅱ 출근·등교
Ⅲ 사회생활
Ⅳ 집안일
Ⅴ 외출1
Ⅵ 외출2
Ⅶ 개인시간

1375
☐ **ずっと** 훨씬, 쭉

··· **航空便の方がずっと速いです。**
こうくうびん ほう はや

항공편 쪽이 훨씬 빠릅니다.

··· **ずっとあなたが好きだった。**
す

쭉 당신을 좋아했어.

1376
☐ **もう** 벌써, 이제, 더

··· **手紙がもう届きました。**
て がみ とど

편지가 벌써 도착했습니다.

··· **もう寝る時間です。**
ね じ かん

이제 잘 시간입니다.

··· **もう一人来てもいいです。**
ひとり き

한 명 더 와도 됩니다.

1377
☐ **一週間** 일주일
いっしゅうかん

··· **一週間に一回手紙が送られます。**
いっしゅうかん いっかい て がみ おく

일주일에 한 번 편지가 보내져 옵니다.

1378

一ヶ月 한달
いっかげつ

···→ 船便で送ると、一ヶ月ぐらいかかるそうです。
ふなびん　おく　　　　いっかげつ

배편으로 보내면, 한 달 정도 걸린다고 합니다.

1379

一年 일년
いちねん

···→ 一年過ぎても便りがない。
いちねん　す　　　たよ

일 년 지나도 소식이 없다.

1380

さっき 아까, 조금 전

···→ さっき手紙を送った者ですが。
てがみ　おく　　もの

아까 편지를 부친 사람입니다만.

1381

便り 소식
たよ

···→ 彼からの便りがありません。
かれ　　　たよ

그로부터 소식이 없습니다.

1382

形 모양
かたち

···→ 小包の形だけでは中身が分かりません。
こづつみ　かたち　　　なかみ　わ

소포 모양만으로는 내용물을 알 수 없습니다.

I 준비
II 출근·등교
III 사회생활
IV 집안일
V 외출 1
VI 외출 2
VII 개인 시간

1383

触る 만지다
さわ

⋯→ 割れやすいから、触らないでください。
わ　　　　　　　　 さわ

깨지기 쉬우므로 만지지 마세요.

1384

比べる 비교하다 ※比較 비교
くら　　　　　　　　　　 ひ かく

⋯→ 航空便と船便を比べています。
こうくうびん　　ふなびん　 くら

항공편과 배편을 비교하고 있습니다.

1385

喜ぶ 기뻐하다, 즐거워하다
よろこ

⋯→ 彼女から手紙の返事をもらって喜んでいる。
かのじょ　　て がみ　 へん じ　　　　　　　 よろこ

그녀로부터 편지의 답장을 받고 기뻐하고 있다.

1386

困る 난처하다, 곤란하다
こま

⋯→ 宛先を間違えて困りました。
あてさき　　ま ちが　　 こま

받는 사람 주소를 틀려서 곤란했습니다.

1387

行う 행하다
おこな

⋯→ 区役所でイベントを行っています。
く やくしょ　　　　　　　　 おこな

구청에서 이벤트를 행하고 있습니다.

細かい 꼼꼼하다, 자세하다, 세세하다
こま

⋯ 細かい性格だから、郵便番号を必ず書く。
こま　　　せいかく　　　ゆうびんばんごう　　かなら　か

꼼꼼한 성격이어서 우편 번호를 꼭 적는다.

⋯ 私も細かいことはよく知りません。
わたし　こま　　　　　　　　　　し

나도 자세한 것은 잘 모릅니다.

1389

宅配ドライバー 택배 기사
たくはい

⋯ 宅配ドライバーって大変ですよ。
たくはい　　　　　　たいへん

택배 기사는 힘들어요.

1390

送料 택배비
そうりょう

⋯ 送料はいくらですか。
そうりょう

택배비는 얼마입니까?

1391

前払い 선불
まえばら

⋯ 前払いにしますか。
まえばら

선불로 하겠습니까?

I 준비

II 출근·등교

III 사회생활

IV 집안일

V 외출1

VI 외출2

VII 개인시간

1392
□ **着払い** 착불

ちゃくばらい

⋯⋯▶ **着払いなのに、家に誰もいない。**
ちゃくばらい　　　　　いえ　　だれ

착불인데 집에 아무도 없다.

1393
□ **返送** 반송

へんそう

⋯⋯▶ **送った手紙が返送された。**
おく　　て がみ　　へんそう

보낸 편지가 반송되었다.

1394
□ **郵便ポスト** 우체통

ゆうびん

⋯⋯▶ **最近は郵便ポストがなかなか見あたらない。**
さいきん　　ゆうびん　　　　　　　　　　み

최근에는 우체통이 좀처럼 보이지 않는다.

1395
□ **税金** 세금

ぜいきん

⋯⋯▶ **この金額は税金込みですか。**
きんがく　　ぜいきん こ

이 금액은 세금 포함입니까?

1396
□ **役所** 관공서　※ **市役所** 시청, **区役所** 구청
　　　　　　　　　　　　しゃくしょ　　　くやくしょ

やくしょ

⋯⋯▶ **午前中の役所は忙しい。**
ご ぜんちゅう　　やくしょ　　いそが

오전 중의 관공서는 바쁘다.

1397 公務員 공무원 =役人(やくにん)
こうむいん

… **公務員はもう少し親切にして欲しい。**
こうむいん　すこ　しんせつ　ほ

공무원은 좀 더 친절했으면 좋겠다.

1398 発給 발급
はっきゅう

… **証明書を発給してもらった。**
しょうめいしょ　はっきゅう

증명서를 발급해 받았다.

1399 住民票 주민등록표 (현주소 증명, 선거인 등록, 인구조사 등에 이용)
じゅうみんひょう

… **新しい住民票をもらいました。**
あたら　じゅうみんひょう

새 주민등록표를 받았습니다.

1400 婚姻届 혼인신고서
こんいんとどけ

… **婚姻届を出しました。**
こんいんとどけ　だ

혼인신고서를 냈습니다.

1401 戸籍 호적
こせき

… **戸籍謄本が必要だそうです。**
こせきとうほん　ひつよう

호적 등본이 필요하다고 합니다.

I 준비

II 출근·등교

III 사회생활

IV 집안일

V 외출1

VI 외출2

VII 개인시간

1402
お問い合わせ 문의

と　あ

⋯⋯ **お問い合わせください。**

と　　あ

문의 주세요.

1403
援助 원조

えんじょ

⋯⋯ **貧乏だから援助してもらっている。**

びんぼう　　　　　えんじょ

가난해서 원조를 받고 있다.

1404
福祉 복지

ふく　し

⋯⋯ **国は国民の福祉に気を使っている。**

くに　こくみん　ふく　し　き　つか

국가는 국민의 복지에 신경을 쓰고 있다.

1405
罰金 벌금

ばっきん

⋯⋯ **来週までに罰金を払わなければならない。**

らいしゅう　　　　ばっきん　はら

다음 주까지 벌금을 내지 않으면 안 된다.

1406
政府 정부

せい ふ

⋯⋯ **政府は公共料金を来年から引き上げることにした。**

せい ふ　こうきょうりょうきん　らいねん　　　ひ　あ

정부는 공공요금을 내년부터 올리기로 했다.

1407 　　**治める** 다스리다, 통치하다 　※ **収める** 거두다, 얻다
　　　おさ　　　　　　　　　　　　　　　　　おさ

⋯▸ 一つの国を治めることは大変だ。
　　ひと　　くに　おさ　　　　　　　　たいへん
　　한 나라를 다스리는 것은 힘들다.

1408 　　**国会** 국회
　　　こっかい

⋯▸ 国会を開きます。
　　こっかい　　ひら
　　국회를 열겠습니다.

1409 　　**首相** 수상
　　　しゅしょう

⋯▸ 日本の首相は誰なのか知っていますか。
　　に　ほん　　しゅしょう　だれ　　　　し
　　일본 수상이 누군지 아세요?

1410 　　**外交官** 외교관
　　　がいこうかん

⋯▸ 外交官になってアメリカに住んでいる。
　　がいこうかん　　　　　　　　　　　す
　　외교관이 되어서 미국에 살고 있다.

1411 　　**外務省** 외무성 (외교 업무를 담당하는 일본의 국가행정기관)
　　　がい む しょう

⋯▸ 外務省が重大な発表をした。
　　がい む しょう　じゅうだい　はっぴょう
　　외무성이 중대한 발표를 했다.

Ⅰ 준비

Ⅱ 출근·등교

Ⅲ 사회생활

Ⅳ 집안일

Ⅴ 외출1

Ⅵ 외출2

Ⅶ 개인시간

1412

☐ **財務省** 재무성 (경제 업무를 담당하는 일본의 국가행정기관)

ざい む しょう

⋯→ **財務省は来年の予算を増やすつもりです。**

ざい む しょう　らいねん　よ さん　ふ

재무성은 내년 예산을 늘릴 계획입니다.

1413

☐ **厚生労働省** 후생노동성 (복지, 고용 업무를 담당하는 일본의 국가행정기관)

こうせいろうどうしょう

⋯→ **厚生労働省は国民の健康を担当している。**

こうせいろうどうしょう　こくみん　けんこう　たんとう

후생노동성은 국민의 건강을 담당하고 있습니다.

1414

☐ **法務省** 법무성 (법에 관한 업무를 담당하는 일본의 국가행정기관)

ほう む しょう

⋯→ **法務省は外国人に厳しい。**

ほう む しょう　がいこくじん　きび

법무부는 외국인에게 엄격하다.

1415

☐ **防衛省** 방위성 (국방에 관한 업무를 담당하는 일본의 국가행정기관)

ぼうえいしょう

⋯→ **日本の防衛省は何をしている所ですか。**

に ほん　ぼうえいしょう　なに　ところ

일본의 방위성은 무엇을 하는 곳입니까?

1416

☐ **裁判所** 법원, 재판소

さいばんしょ

⋯→ **裁判所で順番を待っている。**

さいばんしょ　じゅんばん　ま

법원에서 순서를 기다리고 있다.

1417

取り締まり 단속
とし

…▸ 速度違反の取り締まりをやっています。
そく ど い はん　 と　し

과속 운전 단속을 하고 있습니다.

1418

詳しい 상세하다
くわ

…▸ 連絡先を詳しく書いてください。
れんらくさき　くわ　　か

연락처를 상세하게 써 주세요.

1419

詳細 상세
しょうさい

…▸ 詳細を教えてください。
しょうさい　おし

상세하게 가르쳐 주세요.

I 준비

II 출근·등교

III 사회생활

IV 집안일

V 외출 1

VI 외출 2

VII 개인 시간

1 다음을 일본어로 쓰시오.

❶ 복지 _____ ❷ 속달 _____

❸ 상세 _____ ❹ 세금 _____

❺ 문의 _____ ❻ 시청 _____

❼ 엽서 _____ ❽ 공무원 _____

❾ 무겁다 _____ ❿ 가볍다 _____

2 다음의 의미를 쓰시오.

❶ 小包 _____ ❷ 便り _____
   こづつみ   たよ

❸ 切手 _____ ❹ 行う _____
   きって   おこな

❺ 比べる _____ ❻ 困る _____
   くら   こま

❼ 婚姻届 _____ ❽ 取り締まり _____
   こんいんとどけ   と し

❾ 返事 _____ ❿ 着払い _____
   へんじ   ちゃくばら

3 다음 문장에 들어갈 알맞은 단어를 보기에서 골라 쓰시오.

> **보기**   送^{おく}る   治^{おさ}める   届^{とど}く   払^{はら}う   包^{つつ}む

❶ 国^{くに}を_____。

❷ 書留^{かきとめ}が_____。

❸ 罰金^{ばっきん}を_____。

❹ 箱^{はこ}を_____。

❺ 手紙^{てがみ}を_____。

정답 1 ❶ 福祉(ふくし) ❷ 速達(そくたつ) ❸ 詳細(しょうさい) ❹ 税金(ぜいきん) ❺ 問(と)い合(あ)わせ
    ❻ 市役所(しやくしょ) ❼ 葉書(はがき) ❽ 公務員(こうむいん) ❾ 重(おも)い ❿ 軽(かる)い

2 ❶ 소포 ❷ 소식 ❸ 우표 ❹ 행하다 ❺ 비교하다
    ❻ 곤란하다 ❼ 혼인신고서 ❽ 단속 ❾ 답장 ❿ 착불

3 ❶ 治(おさ)める ❷ 届(とど)く ❸ 払(はら)う ❹ 包(つつ)む ❺ 送(おく)る

scene 05 レストラン 레스토랑

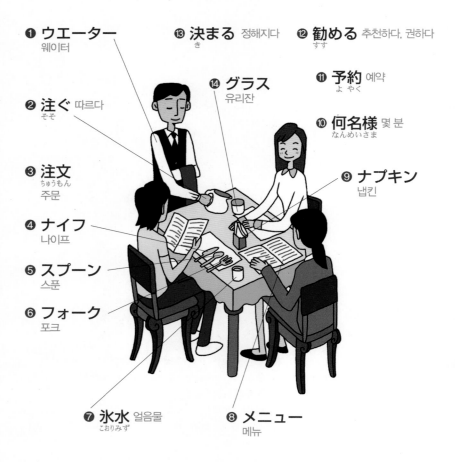

❶ **ウエーター**
웨이터

❷ **注ぐ** 따르다
そそ

❸ **注文**
ちゅうもん
주문

❹ **ナイフ**
나이프

❺ **スプーン**
스푼

❻ **フォーク**
포크

❼ **氷水** 얼음물
こおりみず

❽ **メニュー**
메뉴

❾ **ナプキン**
냅킨

❿ **何名様** 몇 분
なんめいさま

⓫ **予約** 예약
よ やく

⓬ **勧める** 추천하다, 권하다
すす

⓭ **決まる** 정해지다
き

⓮ **グラス**
유리잔

⑮ **デザート** 디저트

⑯ **お代わり** 리필, 한 그릇 더
か

⑰ **取消し** 취소
とり け

⑱ **おごる** 한턱내다

⑲ **伝票** 계산서
でんぴょう

⑳ **少々** 잠시, 조금
しょうしょう

㉑ **割り勘** 각자 부담
わ かん

㉒ **中華料理** 중화요리
ちゅうか りょうり

㉓ **フランス料理** 프랑스 요리
りょうり

㉔ **韓国料理** 한국 요리
かんこくりょうり

Ⅰ 준비

Ⅱ 출근·등교

Ⅲ 사회생활

Ⅳ 집안일

Ⅴ 외출1

Ⅵ 외출2

Ⅶ 개인시간

1420
☐ **予約** 예약
　　よやく

⋯ **予約の確認をしたいんですが。**
　　よやく　かくにん

예약 확인을 하고 싶습니다만.

1421
☐ **何名様** 몇 분　※ **何人** 몇 명
　　なんめいさま　　　　　なんにん

⋯ **何名様ですか。**
　　なんめいさま

몇 분이십니까?

1422
☐ **ウエーター** 웨이터　↔ **ウエートレス** 웨이트리스

⋯ **ウエーターが奥まで案内してくれました。**
　　　　　　　　おく　　あんない

웨이터가 안까지 안내해 주었습니다.

1423
☐ **氷水** 얼음물
　　こおりみず

⋯ **氷水を頼みました。**
　　こおりみず　たの

얼음물을 부탁했습니다.

1424
☐ **グラス** 유리잔

⋯ **グラスは割れやすいから気をつけてください。**
　　　　　　　　わ　　　　　　　　き

유리잔은 깨지기 쉬우니까 주의해 주세요.

1425

注ぐ 따르다
そそ

···➤ ウエーターが水を注いでくれました。
　　　みず　　そそ

웨이터가 물을 따라 주었습니다.

1426

メニュー 메뉴

···➤ メニューを選んでいる。
　　　　　　えら

메뉴를 고르고 있다.

1427

特別メニュー 특별 메뉴
とくべつ

···➤ このレストランの特別メニューは何ですか。
　　　　　　　　　　とくべつ　　　　　　なん

이 레스토랑의 특별 메뉴는 무엇입니까?

1428

推薦 추천
すいせん

···➤ シェフから推薦してもらった料理ですよ。
　　　　　　すいせん　　　　　　　りょうり

셰프에게 추천받은 요리예요.

1429

勧める 추천하다, 권하다　※進める (앞으로) 나아가다
すす　　　　　　　　　　　　すす

···➤ ウエーターにステーキを勧められました。
　　　　　　　　　　　　すす

웨이터에게 스테이크를 추천받았습니다.

Ⅰ 준비

Ⅱ 출근·등교

Ⅲ 사회생활

Ⅳ 집안일

Ⅴ 외출 1

Ⅵ 외출 2

Ⅶ 개인 시간

1430
注文 주문
ちゅうもん

···→ 注文しようと、ウエーターを呼びました。
　　ちゅうもん　　　　　　　　　　　　　　よ

주문하려고 웨이터를 불렀습니다.

1431
決まる 정해지다 ※決める 정하다
き　　　　　　　　　　　　き

···→ 夕ご飯は和食に決まりました。
　　ゆう　はん　わ しょく　き

저녁밥은 일식으로 정했습니다.

1432
ナプキン 냅킨

···→ ナプキンを替えてください。
　　　　　　　　か

냅킨을 바꿔 주세요.

1433
フォーク 포크

···→ テーブルの上にフォークがありません。
　　　　　　うえ

테이블 위에 포크가 없습니다.

1434
ナイフ 나이프

···→ ナイフは皿の右側にあります。
　　　　　　さら　みぎがわ

나이프는 접시 오른쪽에 있습니다.

1435

☐ スプーン 스푼

⋯→ スプーンをテーブルの下に落としてしまいました。

스푼을 테이블 밑으로 떨어뜨리고 말았습니다.

1436

☐ 取消し 취소
とりけ

⋯→ 予約の取消しをお願いします。
よやく とりけ ねが

예약 취소 부탁드립니다.

1437

☐ お代わり 리필, 한 그릇 더
か

⋯→ お代わりをください。
か

한 그릇 더 주세요.

1438

☐ デザート 디저트

⋯→ デザートは何にする?
なに

디저트는 무엇으로 할 거야?

1439

☐ 伝票 계산서
でんぴょう

⋯→ 伝票をお願いします。
でんぴょう ねが

계산서를 부탁합니다.

I 준비

II 출근·등교

III 사회생활

IV 집안일

V 외출1

VI 외출2

VII 개인시간

1440
☐ **おごる** 한턱내다 ※ごちそうする (음식) 대접하다

⋯→ **給料をもらったので、友達におごりました。**
きゅうりょう ともだち

월급을 받아서 친구에게 한턱냈습니다.

1441
☐ **割り勘** 각자 부담
わ かん

⋯→ **今日のお昼は割り勘にしましょう。**
きょう ひる わ かん

오늘 점심은 각자 부담으로 합시다.

1442
☐ **和食** 일식
わ しょく

⋯→ **今日は和食を食べに行きます。**
きょう わ しょく た い

오늘은 일식을 먹으러 갑니다.

1443
☐ **中華料理** 중화요리
ちゅう か りょう り

⋯→ **私は中華料理が好きです。**
わたし ちゅう か りょう り す

나는 중화요리를 좋아합니다.

1444
☐ **フランス料理** 프랑스 요리
りょう り

⋯→ **フランス料理は世界中で愛されています。**
りょう り せ かいじゅう あい

프랑스 요리는 전 세계에서 사랑받고 있습니다.

1445

韓国料理 한국 요리
かんこくりょう り

⋯ 海外では韓国料理が人気だそうです。
かいがい　　　かんこくりょう り　　にん き

해외에서 한국 요리가 인기가 있답니다.

1446

コック長 주방장
ちょう

⋯ あの方がコック長です。
かた　　　　　　ちょう

저 분이 주방장입니다.

1447

和風 일본풍
わ ふう

⋯ この居酒屋は和風です。
い ざか や　　わ ふう

이 선술집은 일본풍입니다.

1448

割れる 깨지다 ※割る 깨다
わ　　　　　　　　　　　わ

⋯ グラスが割れています。
わ

유리잔이 깨져 있습니다.

1449

落ちる 떨어지다 ※落とす 떨어뜨리다
お　　　　　　　　　　　　　お

⋯ ナプキンが落ちています。
お

냅킨이 떨어져 있습니다.

I 준비

II 출근·등교

III 사회생활

IV 집안일

V 외출 1

VI 외출 2

VII 개인 시간

1450
☐ **お願い** 부탁　※**願う** 바라다
ねが　　　　　　　　ねが

…→ どうぞよろしくお願いします。
　　　　　　　　　　　　ねが

부디 잘 부탁드립니다.

1451
☐ **頼む** 부탁하다
たの

…→ お客さんの接待を頼まれました。
　　きゃく　　せったい　　たの

손님의 접대를 부탁받았습니다.

1452
☐ **特に** 특히
とく

…→ ここは全部おいしいが、特にデザートがおいしい。
　　　　ぜん ぶ　　　　　　　とく

여기는 전부 맛있지만, 특히 디저트가 맛있다.

1453
☐ **ほど** 만큼

…→ 今日のステーキは先週ほど柔らかくありません。
　　きょう　　　　　　せんしゅう　　やわ

오늘의 스테이크는 지난주만큼 연하지 않습니다.

1454
☐ **熱い** 뜨겁다　※**厚い** 두껍다, **暑い** 덥다
あつ　　　　　　　あつ　　　　あつ

…→ 料理が熱いから、気をつけてください。
　　りょう り　　あつ　　　　　き

요리가 뜨거우니까 조심하세요.

1455 冷たい 차다
つめ

··→ 冷たい氷水をお願いします。
　　つめ　　こおりみず　　ねが

차가운 얼음물을 부탁합니다.

1456 間 사이, 동안
あいだ

··→ 食事の間は席をはずさないでください。
　　しょくじ　　あいだ　　せき

식사하는 동안에는 자리를 뜨지 마세요.

1457 どうぞ 자, 부디

··→ どうぞお入りください。
　　　　　　はい

자, 들어오세요.

1458 どうも 대단히

··→ どうもありがとうございます。

대단히 고맙습니다.

1459 少々 잠시, 조금 ＝ちょっと
しょうしょう

··→ 少々お待ちください。
　　しょうしょう　ま

잠시 기다려 주십시오.

Ⅰ 준비
Ⅱ 출근·등교
Ⅲ 사회생활
Ⅳ 집안일
Ⅴ 외출1
Ⅵ 외출2
Ⅶ 개인시간

¹⁴⁶⁰
☐ **グルメ** 미식가

⋯▸ 二人ともグルメですよ。
　　ふたり

둘 다 미식가예요.

¹⁴⁶¹
☐ **マネージャー** 매니저

⋯▸ マネージャーを呼んでください。
　　　　　　　　　　　よ

매니저를 불러 주세요.

¹⁴⁶²
☐ **不親切だ** 불친절하다
　　ふ しんせつ

⋯▸ 本当に不親切なレストランですね。
　　ほんとう　　ふ しんせつ

진짜 불친절한 레스토랑이군요.

¹⁴⁶³
☐ **窓側** 창가
　　まどがわ

⋯▸ 窓側でお願いします。
　　まどがわ　　ねが

창가로 부탁합니다.

¹⁴⁶⁴
☐ **使用中** 사용 중 ※**空き** 비었음
　　し ようちゅう　　　　あ

⋯▸ トイレは使用中です。
　　　　　　し ようちゅう

화장실은 사용 중입니다.

1465

お勧め 추천
すす

⋯ お勧めの料理は何ですか。
すす　りょう り　なん

추천 요리는 무엇입니까?

1466

室内 실내 ↔ 室外 실외
　　　　　　　しつがい
しつない

⋯ 室内にいた方がいいです。
しつない　　ほう

실내에 있는 편이 좋습니다.

1467

夕食 저녁식사 ＝晩ご飯
　　　　　　　　ばん　はん
ゆうしょく

⋯ 今日の夕食は何ですか。
きょう　ゆうしょく　なん

오늘 저녁식사는 무엇입니까?

I 준비

II 출근·등교

III 사회생활

IV 집안일

V 외출1

VI 외출2

VII 개인시간

1 **다음을 일본어로 쓰시오.**

❶ 뜨겁다 _____ ❷ 차다 _____

❸ 요리 _____ ❹ 일본풍 _____

❺ 취소 _____ ❻ 디저트 _____

❼ 주문 _____ ❽ 예약 _____

❾ 일식 _____ ❿ 얼음물 _____

2 **다음의 의미를 쓰시오.**

❶ 割り勘 _____ ❷ ウエーター _____

❸ 伝票 _____ ❹ 頼む _____

❺ 何名様 _____ ❻ お願い _____

❼ グルメ _____ ❽ どうぞ _____

❾ 勧める _____ ❿ どうも _____

3 다음 문장에 들어갈 알맞은 단어를 보기에서 골라 쓰시오.

> 보기　　注(そそ)いで　落(お)ちて　割(わ)れて
> 　　　　決(き)まりました　おごりました

❶ 水(みず)を ＿＿＿＿＿＿＿います。

❷ 夕食(ゆうしょく)は和食(わしょく)に ＿＿＿＿＿＿＿＿＿＿。

❸ グラスが ＿＿＿＿＿＿＿います。

❹ 給料(きゅうりょう)をもらったので、友達(ともだち)に ＿＿＿＿＿＿＿＿＿＿。

❺ ナプキンが ＿＿＿＿＿＿＿います。

정답 1 ❶ 熱(あつ)い　❷ 冷(つめ)たい　❸ 料理(りょうり)　❹ 和風(わふう)　❺ 取消(とりけ)し
　　❻ 디저트　❼ 注文(ちゅうもん)　❽ 予約(よやく)　❾ 和食(わしょく)　❿ 氷水(こおりみず)
　2 ❶ 각자 부담　❷ 웨이터　❸ 계산서　❹ 부탁하다　❺ 몇 분
　　❻ 부탁　❼ 미식가　❽ 자, 부디　❾ 추천하다, 권하다　❿ 대단히
　3 ❶ 注(そそ)いで　❷ 決(き)まりました　❸ 割(わ)れて　❹ おごりました　❺ 落(お)ちて

(1) 숫자

一 いち 1	二 に 2	三 さん 3	四 よん・し 4	五 ご 5
六 ろく 6	七 しち・なな 7	八 はち 8	九 きゅう・く 9	十 じゅう 10

二十 に じゅう 20	三十 さんじゅう 30	四十 よんじゅう 40	五十 ご じゅう 50	
六十 ろくじゅう 60	七十 ななじゅう 70	八十 はちじゅう 80	九十 きゅうじゅう 90	百 ひゃく 100

二百 に ひゃく 200	三百 さん びゃく 300	四百 よん ひゃく 400	五百 ご ひゃく 500	
六百 ろっ ぴゃく 600	七百 なな ひゃく 700	八百 はっ ぴゃく 800	九百 きゅうひゃく 900	千 せん 1,000

二千 に せん 2,000	三千 さんぜん 3,000	四千 よんせん 4,000	五千 ご せん 5,000	
六千 ろくせん 6,000	七千 ななせん 7,000	八千 はっせん 8,000	九千 きゅうせん 9,000	一万 いちまん 10,000

(2) 조수사

1. 하나 ~ 열   いくつ 몇 개

一つ ひと	二つ ふた	三つ みっ	四つ よっ	五つ いつ
六つ むっ	七つ なな	八つ やっ	九つ ここの	十 とお

2. 한 명 ~ 열 명   何人 몇 명
なんにん

一人 ひとり	二人 ふたり	三人 さんにん	四人 よ にん	五人 ご にん
六人 ろくにん	七人 しちにん・ななにん	八人 はちにん	九人 きゅうにん	十人 じゅうにん

3. 한 장 ~ 열 장   何枚 몇 장
なんまい

一枚 いちまい	二枚 に まい	三枚 さんまい	四枚 よんまい	五枚 ご まい
六枚 ろくまい	七枚 ななまい	八枚 はちまい	九枚 きゅうまい	十枚 じゅうまい

4. 한 대 ~ 열 대   何台 몇 대
なんだい

一台 いちだい	二台 に だい	三台 さんだい	四台 よんだい	五台 ご だい
六台 ろくだい	七台 ななだい	八台 はちだい	九台 きゅうだい	十台 じゅうだい

5. 한 권 ~ 열 권

何冊 몇 권
なんさつ

一冊	二冊	三冊	四冊	五冊
いっさつ	に さつ	さんさつ	よんさつ	ご さつ
六冊	七冊	八冊	九冊	十冊
ろくさつ	ななさつ	はっさつ	きゅうさつ	じゅっさつ

6. 한 채 ~ 열 채

何軒 몇 채
なんげん

一軒	二軒	三軒	四軒	五軒
いっけん	に けん	さんげん	よんけん	ご けん
六軒	七軒	八軒	九軒	十軒
ろくけん	ななけん	はっけん	きゅうけん	じゅっけん

7. 한 켤레 ~ 열 켤레

何足 몇 켤레
なんぞく

一足	二足	三足	四足	五足
いっそく	に そく	さんぞく	よんぞく	ご そく
六足	七足	八足	九足	十足
ろっそく	ななそく	はっそく	きゅうそく	じゅっそく

8. 일층 ~ 십층

何階 몇 층
なんがい

一階	二階	三階	四階	五階
いっかい	に かい	さんがい	よんかい	ご かい
六階	七階	八階	九階	十階
ろっかい	ななかい	はっかい	きゅうかい	じゅっかい

9. 한 자루 ~ 열 자루, 한 병 ~ 열 병　**何本** 몇 자루, 몇 병
　　　　　　　　　　　　　　　　　　なんぼん

一本 いっぽん	二本 に ほん	三本 さんぼん	四本 よんほん	五本 ご ほん
六本 ろっぽん	七本 ななほん	八本 はっぽん	九本 きゅうほん	十本 じゅっぽん

10. 한 마리 ~ 열 마리 (동물)　　　　　　**何匹** 몇 마리
　　　　　　　　　　　　　　　　　　なんびき

一匹 いっぴき	二匹 に ひき	三匹 さんびき	四匹 よんひき	五匹 ご ひき
六匹 ろっぴき	七匹 ななひき	八匹 はっぴき	九匹 きゅうひき	十匹 じゅっぴき

11. 한 마리 ~ 열 마리 (닭, 새)　　　　**何羽** 몇 마리
　　　　　　　　　　　　　　　　　　なん わ

一羽 いち わ	二羽 に わ	三羽 さん わ	四羽 よん わ	五羽 ご わ
六羽 ろく わ	七羽 しちわ・ななわ	八羽 はち わ	九羽 きゅう わ	十羽 じゅっ ば

(3) 병원

☐ **内科**
　ないか　　　　　내과

☐ **外科**
　げか　　　　　　외과

☐ **小児科**
　しょうにか　　　소아과

☐ **産婦人科**
　さんふじんか　　산부인과

☐ **整形外科**
　せいけいげか　　정형외과

☐ **歯科**
　しか　　　　　　치과

☐ **眼科**
　がんか　　　　　안과

☐ **耳鼻咽喉科**
　じびいんこうか　이비인후과

☐ **皮膚科**
　ひふか　　　　　피부과

PART VII

개인 시간

帰り・家 귀가・집
かえ　　いえ

❶ 帰る 돌아가다
かえ

❷ 帰宅 귀가
き たく

❸ つける
켜다, 달다, 적다

⓮ ゆったり
느긋하게

⓭ ほぐす
풀다

❹ くつろぐ
(편하게) 쉬다

⓬ ベル
벨, 초인종

❺ 疲れる
つか
지치다, 피곤해지다

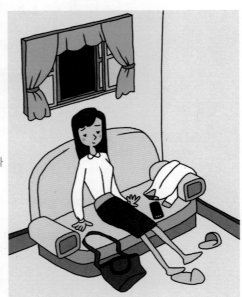

⓫ のんびり
한가로이

❻ 楽だ 편하다
らく

⓾ 開ける
あ
열다

❼ くたびれる
지치다, 피로하다

❽ 留守番電話 부재중 전화
る す ばんでん わ

❾ 脱ぐ 벗다
ぬ

⑮ **家** 집
いえ

⑯ **建物** 건물
たてもの

⑰ **ビル** 빌딩

⑱ **住む** 살다, 거주하다
す

⑲ **一戸建て** 단독 주택
いっ こ だ

⑳ **二階建て** 이층집
に かい だ

㉑ **アパート** 아파트

㉒ **マンション** 맨션

㉓ **新しい** 새롭다
あたら

㉔ **古い** 낡다, 오래되다
ふる

㉕ **1DK** 방 하나, 식당 겸 주방 있는 집
ワンディーケー

㉖ **2LDK** 방 두 개, 거실, 식당 겸 주방 있는 집
に－エルディーケー

I 준비

II 출근·등교

III 사회생활

IV 집안일

V 외출 1

VI 외출 2

VII 개인 시간

1468
帰る 돌아가다 ※ 예외적 1그룹 동사
かえ

···▸ **早くうちへ帰りたいです。**
はや　　　　　　かえ

일찍 집으로 돌아가고 싶습니다.

···▸ **お帰りなさい。**
　　かえ

잘 다녀오셨어요?

1469
帰宅 귀가
き たく

···▸ **帰宅の時間は何時頃ですか。**
き たく　　じ かん　なん じ ごろ

귀가 시간은 몇 시쯤입니까?

1470
脱ぐ 벗다　↔**着る** 입다, **履く** 신다, (바지, 치마를) 입다
ぬ　　　　　　　き　　　　　は

···▸ **靴下を脱いでください。**
くつした　ぬ

양말을 벗어 주세요.

1471
留守番電話 부재중 전화　※**留守** 부재
る す ばんでん わ　　　　　　　　る す

···▸ **留守番電話を確認してみます。**
る す ばんでん わ　　かくにん

부재중 전화를 확인해 봅니다.

1472 つける 켜다, 달다, 적다 ※つく 켜지다, 붙다

⋯▶ 暗いから、スタンドをつけてもいいです。
くら
어두우니까 스탠드를 켜도 됩니다.

⋯▶ ブローチをつけています。
브로치를 달고 있습니다.

⋯▶ 日記をつけている。
にっき
일기를 적고 있다.

1473 消す 끄다, 지우다 ※消える 꺼지다
け　　　　　　　　　　き

⋯▶ 電気を消してください。
でんき　け
전등을 꺼 주세요.

⋯▶ 消しゴムで消します。
け　　　　　け
지우개로 지웁니다.

1474 開ける 열다 ※開く 열리다
あ　　　　　　　　　あ

⋯▶ ドアを開けています。
あ
문을 열고 있습니다.

1475

☐ **閉める** 닫다 ※ **閉まる** 닫히다
し

…▸ 寒いので窓を閉めます。
さむ　　　まど し

추워서 창문을 닫습니다.

…▸ スカートのファスナーをちゃんと閉めなさい。
し

스커트 지퍼를 잘 잠그렴.

1476

☐ **のんびり** 한가로이

…▸ 田舎でのんびり過ごしています。
いなか　　　　　　　す

시골에서 한가로이 지내고 있습니다.

1477

☐ **ゆったり** 느긋하게

…▸ 服を脱いでソファーにゆったり座っている。
ふく　ぬ　　　　　　　　　　　すわ

옷을 벗고 소파에 느긋하게 앉아 있다.

1478

☐ **くつろぐ** (편하게) 쉬다

…▸ ゆっくりとくつろいでいます。

푹 쉬고 있습니다.

I 준비

II 출근 · 등교

III 사회생활

IV 집안일

V 외출1

VI 외출2

VII 개인시간

1479
疲れる 지치다, 피곤해지다
つか

⋯ 残業でいつも疲れています。
ざんぎょう　　　　つか

잔업으로 항상 지쳐 있습니다.

1480
くたびれる 지치다, 피로하다

⋯ 仕事が多くてくたびれています。
し　ごと　おお

일이 많아서 지쳐 있습니다.

1481
楽だ 편하다
らく

⋯ 横になると楽です。
よこ　　　　らく

누우면 편합니다.

1482
ほぐす 풀다

⋯ 緊張をほぐします。
きんちょう

긴장을 풉니다.

1483
ベル 벨, 초인종 =呼び鈴
よ　りん

⋯ ベルが鳴りました。
な

벨이 울렸습니다.

1484

☐ **住む** 살다, 거주하다 ※ **〜に住む** 〜에 살다, **済む** 해결되다, 끝나다
 す　　　　　　　　　　　 す　　　 す

⋯⋯▸ **木村さんは東京に住んでいます。**
　　 き むら　　　　 とうきょう　　 す

기무라 씨는 도쿄에 살고 있습니다.

1485

☐ **建物** 건물
 たてもの

⋯⋯▸ **この建物は高いです。**
　　　　 たてもの　 たか

이 건물은 높습니다.

1486

☐ **ビル** 빌딩

⋯⋯▸ **このビルに住んでいますか。**
　　　　　　　　 す

이 빌딩에 살고 있습니까?

1487

☐ **木造建築物** 목조 건축물
 もくぞうけんちくぶつ

⋯⋯▸ **木造建築物は火事の時、危険です。**
　　 もくぞうけんちくぶつ　 か じ　 とき　 き けん

목조 건축물은 화재 시 위험합니다.

1488

☐ **うち** 집, 우리

⋯⋯▸ **私のうちには車が2台あります。**
　　 わたし　　　　　　 くるま　 に だい

우리 집에는 차가 두 대 있습니다.

···→ うちの会社は8月が一番忙しいです。

우리 회사는 8월이 가장 바쁩니다.

1489
一戸建て 단독 주택

いっ こ だ

···→ 東京の一戸建ては高い。

도쿄의 단독 주택은 비싸다.

1490
二階建て 이층집

に かい だ

···→ 二階建てに住みたいです。

이층집에 살고 싶습니다.

1491
アパート 아파트

···→ 私のアパートには風呂がありません。

나의 아파트에는 목욕탕이 없습니다.

1492
マンション 맨션

···→ 韓国のアパートは日本語で言うとマンションです。

한국의 아파트는 일본어로 말하면 맨션입니다.

I 준비

II 출근·등교

III 사회생활

IV 집안일

V 외출1

VI 외출2

VII 개인시간

ワンルーム 원룸

⋯ **上京してワンルームで暮らしています。**
じょうきょう　　　　　　　　　　　　　　く

상경해서 원룸에서 지내고 있습니다.

家 집
いえ

⋯ **私の家は一戸建てです。**
わたし　いえ　いっこ　だ

나의 집은 단독 주택입니다.

風呂つき 목욕탕이 딸려 있음
ふ　ろ

⋯ **このマンションは風呂つきです。**
ふ　ろ

이 맨션에는 목욕탕이 딸려 있습니다.

1DK 방하나식당겸주방있는집
ワンディーケー

⋯ **僕は1DKの部屋を探しています。**
ぼく　ワンディーケー　へ　や　さが

나는 1DK 방을 구하고 있습니다.

2LDK 방두개거실식당겸주방있는집
にーエルディーケー

⋯ **2LDK は個室が二つあります。**
にーエルディーケー　こ　しつ　ふた

2LDK에는 방이 두 개 있습니다.

1498 新しい 새롭다
あたら

⋯▶ **新しいマンションに引っ越しました。**
　　あたら　　　　　　　　　ひ　こ

새 맨션에 이사했습니다.

1499 古い 낡다, 오래되다
ふる

⋯▶ **古いビルなので家賃が安いです。**
　　ふる　　　　　　や ちん　　やす

낡은 빌딩이라서 집세가 쌉니다.

1500 安心する 안심하다
あんしん

⋯▶ **私が側にいるから、安心して寝てください。**
　　わたし　そば　　　　　　　　あんしん　　　ね

내가 옆에 있으니까, 안심하고 자요.

1501 下宿 하숙
げ しゅく

⋯▶ **大学の前で下宿しています。**
　　だい がく　まえ　げ しゅく

대학교 앞에서 하숙하고 있습니다.

1502 大家 집주인
おお や

⋯▶ **今度の大家は優しくて親切です。**
　　こん ど　おお や　やさ　　　　しん せつ

이번 집주인은 상냥하고 친절합니다.

I 준비

II 출근·등교

III 사회생활

IV 집안일

V 외출 1

VI 외출 2

Ⅶ 개인시간

1503

賃貸住宅 임대 주택
ちんたいじゅうたく

⋯→ 日本は賃貸住宅が多い。
　　に　ほん　　ちんたいじゅうたく　　おお

일본은 임대 주택이 많다.

1504

家賃 집세
や　ちん

⋯→ 東京の家賃は思ったより高いですね。
　　とうきょう　　や　ちん　　おも　　　　　　　たか

도쿄의 집세는 생각한 것보다 비싸군요.

1505

管理人 관리인
かん　り　にん

⋯→ うちのビルの管理人はとても親切です。
　　　　　　　　　かん　り　にん　　　　　　しんせつ

우리 빌딩의 관리인은 매우 친절합니다.

1506

疲れ 피로
つか

⋯→ 会社の残業で疲れがたまっています。
　　かいしゃ　　ざんぎょう　　つか

회사 잔업으로 피로가 쌓여 있습니다.

1507

建てる (건물 등을) 짓다
た

⋯→ この建物は建てたばかりの新築です。
　　　　たてもの　　た　　　　　　　　しんちく

이 건물은 막 지은 신축 건물입니다.

1508 引っ越す 이사하다 ※引っ越し 이사
ひ　こ　　　　　　　　　ひ　こ

⋯→ 来月、引っ越します。
　　らいげつ　ひ　こ

　다음 달 이사합니다.

1509 引っ越しセンター 이삿짐센터
ひ　こ

⋯→ 引っ越しセンターに電話をかけました。
　　ひ　こ　　　　　　　　でん　わ

　이삿짐센터에 전화를 걸었습니다.

1510 運ぶ 운반하다, 나르다
はこ

⋯→ 荷物を運んでくれました。
　　に　もつ　はこ

　짐을 날라 주었습니다.

1511 移す 옮기다
うつ

⋯→ 本棚を隣の部屋に移すつもりだ。
　　ほんだな　となり　へ　や　うつ

　책꽂이를 옆방으로 옮길 생각이다.

1512 貼る 붙이다 ※春 봄
は　　　　　　　　　はる

⋯→ ドアに何か貼ってありました。
　　　　なに　は

　문에 뭔가 붙여져 있습니다.

Ⅰ 준비
Ⅱ 출근·등교
Ⅲ 사회생활
Ⅳ 집안일
Ⅴ 외출1
Ⅵ 외출2
Ⅶ 개인시간

1513

☐ **不動産屋** 부동산 중개인
ふ どうさん や

⋯▸ **不動産屋からマンションを紹介してもらった。**
ふ どうさん や　　　　　　　　　　　しょうかい

부동산 중개인한테 맨션을 소개받았다.

1514

☐ **転入** 전입 ↔ **転出** 전출
てんにゅう　　　　　てんしゅつ

⋯▸ **転入届けを出しました。**
てんにゅうとど　　だ

전입 신고서를 냈습니다.

1515

☐ **静かだ** 조용하다
しず

⋯▸ **このビルは静かすぎます。**
しず

이 빌딩은 너무 조용합니다.

1516

☐ **早い** 빠르다 (시간) ※ **速い** 빠르다 (속도)
はや　　　　　　　　　　　はや

⋯▸ **うちへ早く帰りました。**
はや　かえ

집으로 빨리 돌아갔습니다.

1517

☐ **心配だ** 걱정되다
しんぱい

⋯▸ **娘が帰って来なくて心配です。**
むすめ　かえ　こ　　　　　しんぱい

딸이 돌아오지 않아서 걱정됩니다.

1518

☐ **遅い** 늦다
おそ

… 遅く帰って、母に心配をかけました。
　おそ　　かえ　　　　はは　しんぱい

늦게 돌아가서, 엄마에게 걱정을 끼쳤습니다.

1519

☐ **私生活** 사생활 ＝プライベート
し せいかつ

… 私生活は保護されるべきだ。
　し せいかつ　　ほ ご

사생활은 보호받아야 한다.

Ⅰ 준비

Ⅱ 출근·등교

Ⅲ 사회생활

Ⅳ 집안일

Ⅴ 외출1

Ⅵ 외출2

Ⅶ 개인시간

1 다음을 일본어로 쓰시오.

❶ 집세 _____   ❷ 맨션 _____

❸ 사생활 _____   ❹ 부재중 전화 _____

❺ 새롭다 _____   ❻ 느긋하게 _____

❼ 이사 _____   ❽ 지치다 _____

❾ 전입 _____   ❿ 늦다 _____

2 다음과 어울리는 것을 골라 문장을 완성하시오.

❶ うちへ (早く / 速く) 帰りました。

❷ 電気を (消して / 消えて) ください。

❸ 寒いので窓を (閉まります / 閉めます)。

❹ ビルを (立てる / 建てる)。

❺ 木村さんは東京に (住んで / 済んで) います。

3 다음의 의미를 쓰시오.

❶ 心配^{しんぱい}だ ＿＿＿＿＿＿＿＿＿＿＿＿

❷ うちへ帰^かえる ＿＿＿＿＿＿＿＿＿＿

❸ ドアを開^あける ＿＿＿＿＿＿＿＿＿＿

❹ 引^ひっ越^こしセンター ＿＿＿＿＿＿＿

❺ 電気^{でんき}をつける ＿＿＿＿＿＿＿＿＿

❻ 木造建築物^{もくぞうけんちくぶつ} ＿＿＿＿＿＿＿＿＿＿

❼ うち ＿＿＿＿＿＿＿＿ ❽ 一戸建^{いっこだ}て ＿＿＿＿＿＿＿

❾ 貼^はる ＿＿＿＿＿＿＿＿ ❿ 運^{はこ}ぶ ＿＿＿＿＿＿＿＿

정답 1 ❶ 家賃(やちん) ❷ マンション ❸ 私生活(しせいかつ) ❹ 留守番電話(るすばんでんわ)
❺ 新(あたら)しい ❻ ゆったり ❼ 引(ひ)っ越(こ)し ❽ 疲(つか)れる ❾ 転入(てんにゅう)
❿ 遅(おそ)い
2 ❶ 早(はや)く ❷ 消(け)して ❸ 閉(し)めます ❹ 建(た)てる ❺ 住(す)んで
3 ❶ 걱정되다 ❷ 집으로 돌아가다 ❸ 문을 열다 ❹ 이삿짐센터 ❺ 전등을 켜다
❻ 목조건축물 ❼ 집, 우리 ❽ 단독 주택 ❾ 붙이다 ❿ 운반하다, 나르다

scene 02 テレビ・読書 텔레비전·독서
どく しょ

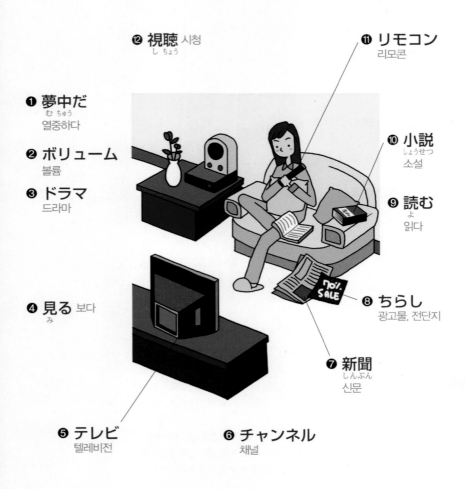

⓬ 視聴 시청
し ちょう

⓫ リモコン
리모콘

❶ 夢中だ
む ちゅう
열중하다

⓾ 小説
しょうせつ
소설

❷ ボリューム
볼륨

❾ 読む
よ
읽다

❸ ドラマ
드라마

❹ 見る 보다
み

❽ ちらし
광고물, 전단지

❼ 新聞
しんぶん
신문

❺ テレビ
텔레비전

❻ チャンネル
채널

⑬ **アニメ** 만화 영화

⑭ **生放送** 생방송
　　なまほうそう

⑮ **再放送** 재방송
　　さいほうそう

⑯ **番組** 프로그램
　　ばんぐみ

⑰ **天気予報** 일기 예보
　　てん き よ ほう

⑱ **クイズ番組** 퀴즈 프로그램
　　　　　　ばんぐみ

⑲ **雑誌** 잡지
　　ざっ し

⑳ **ニュース** 뉴스

㉑ **単行本** 단행본
　　たんこうぼん

㉒ **ベストセラー** 베스트셀러

Ⅰ 준비

Ⅱ 출근·등교

Ⅲ 사회생활

Ⅳ 집안일

Ⅴ 외출 1

Ⅵ 외출 2

Ⅶ 개인시간

1520
テレビ 텔레비전

··· テレビを見ている。
_み

텔레비전을 보고 있다.

1521
リモコン 리모콘

··· 彼はいつもリモコンを手に持っている。
_{かれ} _て _も

그는 언제나 리모콘을 손에 들고 있다.

1522
チャンネル 채널

··· チャンネルはそのままで!

채널은 그대로(두세요)!

1523
ボリューム 볼륨

··· ボリュームを小さくしてください。
_{ちい}

볼륨을 작게 해 주세요.

1524
ドラマ 드라마 ※ ドラマ好き 드라마를 좋아함, 드라마를 좋아하는 사람
_ず

··· 日本のドラマが好きですか。
_{に ほん} _す

일본 드라마를 좋아합니까?

1525 見る 보다 ※ 見える 보이다, 見せる 보여주다
み　　　　　　み　　　　　　　　み

⋯ テレビを見ながら、ビールを飲む。
み　　　　　　　　　　　の

텔레비전을 보면서 맥주를 마신다.

1526 タレント 탤런트

⋯ あのタレントは有名になりました。
ゆうめい

저 탤런트는 유명해졌습니다.

1527 せりふ 대사

⋯ あの俳優のせりふ素敵ですね。
はいゆう　　　　　すてき

저 배우의 대사 멋지네요.

1528 夢中だ 열중하다
む ちゅう

⋯ 夢中になって、テレビを見ている。
む ちゅう　　　　　　　　み

열중해서 텔레비전을 보고 있다.

1529 ニュース 뉴스

⋯ あのニュースを聞いて、びっくりしました。
き

그 뉴스를 듣고 깜짝 놀랐습니다.

I 준비

II 출근 · 등교

III 사회생활

IV 집안일

V 외출 1

VI 외출 2

VII 개인 시간

1530

☐ **視聴** 시청 ※ **視聴率** 시청률
　　しちょう　　　　しちょうりつ

⋯▸ ニュースを視聴している。
　　　　　　　しちょう

뉴스를 시청하고 있다.

1531

☐ **小説** 소설
　　しょうせつ

⋯▸ 恋愛小説が大好きです。
　　れんあいしょうせつ　だいす

연애 소설을 아주 좋아합니다.

1532

☐ **読む** 읽다
　　よ

⋯▸ この漢字が読めますか。
　　　　かんじ　よ

이 한자를 읽을 수 있습니까?

1533

☐ **新聞** 신문
　　しんぶん

⋯▸ 新聞を読んでいる。
　　しんぶん　よ

신문을 읽고 있다.

1534

☐ **ちらし** 광고물, 전단지

⋯▸ 新聞の中にちらしが入っている。
　　しんぶん　なか　　　　　はい

신문 안에 전단지가 들어 있다.

1535 放送 방송
ほうそう

⋯→ 今放送されている番組は何ですか。
いまほうそう　　　　　ばんぐみ　なん

지금 방송되고 있는 프로그램은 무엇입니까?

1536 生放送 생방송
なまほうそう

⋯→ ニュースは生放送です。
なまほうそう

뉴스는 생방송입니다.

1537 再放送 재방송
さいほうそう

⋯→ おもしろかったドラマを再放送で見ている。
さいほうそう　み

재미있었던 드라마를 재방송으로 보고 있다.

1538 番組 프로그램
ばんぐみ

⋯→ この番組は人気があります。
ばんぐみ　にんき

이 프로그램은 인기가 있습니다.

1539 アニメ 만화 영화

⋯→ このアニメはみんなに愛されている。
あい

이 만화 영화는 모두에게 사랑받고 있다.

I 준비

II 출근·등교

III 사회생활

IV 집안일

V 외출1

VI 외출2

VII 개인시간

1540

クイズ番組 퀴즈 프로그램
ばんぐみ

⋯▸ 家族そろってクイズ番組を見ている。
か ぞく　　　　　　　ばん ぐみ　み

가족이 모여서 퀴즈 프로그램을 보고 있다.

1541

天気予報 일기 예보　※天気 날씨
てん き よ ほう　　　　　　　　てん き

⋯▸ 明日の天気予報です。
あす　　てん き よ ほう

내일의 일기 예보입니다.

1542

雑誌 잡지
ざっ し

⋯▸ 毎週、雑誌を買っています。
まいしゅう　ざっ し　か

매주 잡지를 사고 있습니다.

1543

単行本 단행본
たんこうぼん

⋯▸ この本は単行本で売っています。
ほん　たんこうぼん　う

이 책은 단행본으로 팔고 있습니다.

1544

出版 출판
しゅっぱん

⋯▸ この本はまだ出版されている。
ほん　　　　しゅっぱん

이 책은 아직 출판되고 있다.

1545 ベストセラー 베스트셀러

⋯ この本はベストセラーで、誰でも持っています。
　　ほん　　　　　　　　　　　　　　だれ　　　　も
이 책은 베스트셀러로 누구라도 가지고 있습니다.

1546 司会者 사회자
　　　し かいしゃ

⋯ この番組の司会者、格好いいです。
　　ばんぐみ　　し かいしゃ　　かっこう
이 프로그램 사회자, 멋있습니다.

1547 出演者 출연자
　　　しゅつえんしゃ

⋯ この番組の出演者は人気者です。
　　ばんぐみ　しゅつえんしゃ　にん き もの
이 프로그램 출연자는 인기인입니다.

1548 厚い 두껍다
　　　あつ

⋯ 厚い本でもすぐ読めます。
　　あつ　ほん　　　　　　よ
두꺼운 책이라도 금방 읽을 수 있습니다.

Ⅰ 준비

Ⅱ 출근 · 등교

Ⅲ 사회생활

Ⅳ 집안일

Ⅴ 외출 1

Ⅵ 외출 2

Ⅶ 개인 시간

1549

☐ **薄い** 얇다, 연하다

うす

⋯▸ **本が薄くて、すぐ読んでしまった。**
　　 ほん　うす　　　　　　　　　　 よ

책이 얇아서 금세 다 읽어버렸다.

⋯▸ **薄く塗ってください。**
　　 うす　ぬ

연하게 칠해 주세요.

1550

☐ **一晩中** 밤새

ひとばんじゅう

⋯▸ **小説がおもしろくて一晩中読んでいました。**
　　 しょうせつ　　　　　　　　　　 ひとばんじゅう よ

소설이 재미있어서 밤새 읽었습니다.

1551

☐ **毎日** 매일

まいにち

⋯▸ **毎日新聞を読んでいます。**
　　 まいにちしんぶん　 よ

매일 신문을 읽고 있습니다.

1552

☐ **夜中** 한밤중

よ なか

⋯▸ **夜中までテレビを見ています。**
　　 よ なか　　　　　　　　 み

한밤중까지 텔레비전을 보고 있습니다.

1553 ☐ **編集** 편집
へんしゅう

⋯▶ 編集で徹夜しました。
へんしゅう てつや
편집으로 밤을 새웠습니다.

1554 ☐ **中継** 중계
ちゅうけい

⋯▶ スポーツ競技を中継しています。
きょう ぎ ちゅうけい
스포츠 경기를 중계하고 있습니다.

1555 ☐ **歌手** 가수
か しゅ

⋯▶ この歌手の歌はすごく人気があります。
か しゅ うた にん き
이 가수의 노래는 굉장히 인기가 있습니다.

1556 ☐ **紅白歌合戦** 홍백가합전
こうはくうたがっせん

⋯▶ 年末は紅白歌合戦が楽しみだ。
ねんまつ こうはくうたがっせん たの
연말에는 홍백가합전이 기대된다.

1557 ☐ **真っ黒** 새까맘 ※**真っ赤** 새빨감
ま くろ ま か

⋯▶ 急にテレビの画面が真っ黒になった。
きゅう が めん ま くろ
갑자기 텔레비전 화면이 새까매졌다.

I 준비

II 출근 · 등교

III 사회생활

IV 집안일

V 외출 1

VI 외출 2

VII 개인 시간

1558

慣れる 익숙해지다 ※ ~に慣れる ~에 익숙해지다
な   な

… テレビのない生活には慣れにくい。
　　　　　　　せいかつ　　　　な

텔레비전 없는 생활에는 익숙해지기 어렵다.

1559

祭り 축제
まつ

… テレビで祭りに関する番組をしています。
　　　　　まつ　　　かん　　　ばんぐみ

텔레비전에서 축제에 관한 프로그램을 하고 있습니다.

1560

終り 끝 ※ 終映 종영
おわ　　　　しゅうえい

… 人気のあったドラマが今日で終わりだ。
　にんき　　　　　　　　　　　きょう　　おわ

인기 있었던 드라마가 오늘로 끝이다.

1561

プロデューサー 프로듀서

… プロデューサーは番組の責任者です。
　　　　　　　　　　　ばんぐみ　せきにんしゃ

프로듀서는 프로그램의 책임자입니다.

1562

演出家 연출가
えんしゅつ か

… 演出家の言うとおりにしてください。
　えんしゅつか　い

연출가가 말하는 대로 해 주세요.

1563
☐ **スポンサー** 협찬

⋯⟶ ご覧のスポンサーの提供でお送りします。
　　らん　　　　　　　　ていきょう　　　おく

이 협찬사 제공으로 (방송을) 보내드립니다.

1564
☐ **横** 가로, 옆　※**縦** 세로
　よこ　　　　　　　　たて

⋯⟶ 本棚の本が横に倒れた。
　　ほんだな　ほん　よこ　たお

책꽂이의 책이 옆으로 쓰러졌다.

I 준비

II 출근·등교

III 사회생활

IV 집안일

V 외출 1

VI 외출 2

VII 개인 시간

1 **다음을 일본어로 쓰시오.**

① 두껍다 _____   ② 가수 _____

③ 잡지 _____   ④ 축제 _____

⑤ 생방송 _____   ⑥ 출연자 _____

⑦ 출판 _____   ⑧ 채널 _____

⑨ 끝 _____   ⑩ 매일 _____

2 **다음의 의미를 쓰시오.**

① ちらし _____   ② ベストセラー _____

③ <ruby>紅白歌合戦<rt>こうはくうたがっせん</rt></ruby> _____   ④ <ruby>一晩中<rt>ひとばんじゅう</rt></ruby> _____

⑤ <ruby>慣<rt>な</rt></ruby>れる _____   ⑥ <ruby>真<rt>ま</rt></ruby>っ<ruby>黒<rt>くろ</rt></ruby> _____

⑦ スポンサー _____   ⑧ ドラマ _____

⑨ プロデューサー _____   ⑩ <ruby>夢中<rt>むちゅう</rt></ruby>だ _____

3 다음을 문장이 되도록 알맞게 연결하시오.

① 新聞を　　　　•　　　　• 持っている。

② アニメを　　　•　　　　• 読んでいる。

③ リモコンを　　•　　　　• 聞いている。

④ せりふを　　　•　　　　• 見ている。

⑤ 勉強を　　　　•　　　　• している。

勉強・趣味 공부·취미
べんきょう　しゅみ

❶ 頑張る 분발하다
がん ば

❿ チェック
체크

❾ 一生懸命 열심히
いっしょうけんめい

❽ インターネット
인터넷

❼ ブログ
블로그

❷ がり勉 공붓벌레
べん

❻ ウェブサイト
웹 사이트

❸ 一夜漬け
ひと や づ
밤샘 벼락치기

❺ メール
메일

❹ チャット 채팅

⑪ **日記** 일기
にっき

⑫ **絵** 그림
え

⑬ **オンラインショッピング**
온라인 쇼핑, 인터넷 쇼핑

⑭ **趣味** 취미
しゅみ

⑮ **登山** 등산
とざん

⑯ **生け花** 꽃꽂이
い　ばな

⑰ **書道** 서예
しょどう

⑱ **ゲーム** 게임

⑲ **歌う** 노래하다
うた

⑳ **踊る** 춤추다
おど

㉑ **編み物** 뜨개질
あ　もの

I 준비

II 출근 · 등교

III 사회생활

IV 집안일

V 외출 1

VI 외출 2

Ⅶ 개인시간

1565 □

一生懸命 열심히 =**熱心に** ※**精一杯** 최선을 다해, 힘껏
いっしょうけんめい ねっしん せいいっぱい

···→ **一生懸命勉強しています。**
いっしょうけんめいべんきょう

열심히 공부하고 있습니다.

1566 □

頑張る 분발하다
がん ば

···→ **もう少し頑張ってください。**
すこ がん ば

조금 더 분발해 주세요.

···→ **精一杯頑張ります。**
せいいっぱいがん ば

최선을 다해 분발하겠습니다.

1567 □

インターネット 인터넷

···→ **夜遅くまでインターネットをしています。**
よるおそ

밤늦게까지 인터넷을 하고 있습니다.

1568 □

ブログ 블로그

···→ **私のブログに遊びに来てください。**
わたし あそ き

내 블로그에 놀러 와 주세요.

ウェブサイト 웹사이트

··· 料理に関するウェブサイトを探しています。
りょう り かん さが

요리에 관한 웹 사이트를 찾고 있습니다.

インターネットユーザー 네티즌

··· インターネットユーザーの間で話題になった。
あいだ わ だい

네티즌 사이에서 화제가 되었다.

ログイン 로그인

··· まず、ログインしてください。

먼저 로그인 해 주세요.

パスワード 패스워드

··· パスワードを忘れてしまった。
わす

패스워드를 까먹었다.

メール 메일

··· メールを確認してください。
かくにん

메일을 확인해 주세요.

I 준비

II 출근 · 등교

III 사회생활

IV 집안일

V 외출 1

VI 외출 2

VII 개인시간

1574 チェック 체크

···▸ 毎晩、メールをチェックしています。
まいばん

매일 밤 메일을 체크하고 있습니다.

1575 チャット 채팅

···▸ 若者たちは夜遅くまでチャットをしています。
わかもの　　　よるおそ

젊은이들은 밤늦게까지 채팅을 하고 있습니다.

1576 日記 일기
にっき

···▸ 毎晩、日記をつけています。
まいばん　にっき

매일 밤 일기를 적고 있습니다.

1577 ゲーム 게임

···▸ ゲーム中毒は怖いです。
ちゅうどく　こわ

게임 중독은 무섭습니다.

1578 オンラインショッピング 온라인 쇼핑, 인터넷 쇼핑

···▸ オンラインショッピングで本を買いました。
ほん　か

온라인 쇼핑으로 책을 샀습니다.

1579 趣味 취미
しゅ み

⋯▶ 趣味は何ですか。
しゅ み　なん

취미는 무엇입니까?

1580 登山 등산 =山登り
と ざん　　　　　やま のぼ

⋯▶ 登山は健康にいいです。
と ざん　　けんこう

등산은 건강에 좋습니다.

1581 生け花 꽃꽂이
い　ばな

⋯▶ 生け花を習っています。
い　ばな　なら

꽃꽂이를 배우고 있습니다.

1582 書道 서예
しょどう

⋯▶ 書道をすると、心が落ち着きます。
しょどう　　　　　こころ　お　つ

서예를 하면 마음이 가라앉습니다.

1583 絵 그림
え

⋯▶ 絵を描いています。
え　か

그림을 그리고 있습니다.

1584

歌う 노래하다 ※**歌** 노래
うた

···▸ **歌を歌いにカラオケに行きました。**
うた　うた　　　　　　　　い

노래를 부르러 노래방에 갔습니다.

1585

踊る 춤추다 ※**踊り** 춤
おど

···▸ **一緒に踊りましょうか。**
いっしょ　おど

함께 춤출까요?

1586

編み物 뜨개질
あ　もの

···▸ **編み物はすればするほど、おもしろい。**
あ　もの

뜨개질은 하면 할수록 재미있다.

1587

登る 등산하다, 오르다
のぼ

···▸ **久しぶりに山に登りました。**
ひさ　　　　　やま　のぼ

오랜만에 산에 올랐습니다.

1588

珍しい 드물다, 진귀하다, 희귀하다
めずら

···▸ **あの子が勉強するなんて、珍しいことです。**
こ　べんきょう　　　　　　めずら

저 애가 공부하다니 드문 일입니다.

1589 欲しい 바라다, 갖고 싶다 ※ ～が欲しい ～를 갖고 싶다
ほ

⋯▶ 勉強するのに、いい机と椅子が欲しい。
べんきょう　　　　　　　つくえ　　いす　　ほ

공부하는 데 좋은 책상과 의자를 갖고 싶다.

1590 編む 뜨개질하다
あ

⋯▶ 彼にあげるセーターを編んでいます。
かれ　　　　　　　　　　　　あ

그에게 줄 스웨터를 짜고 있습니다.

1591 釣る 낚다 ※ 釣り 낚시
つ　　　　　　　　つ

⋯▶ 大きな魚を釣りました。
おお　さかな　つ

큰 물고기를 낚았습니다.

1592 ピアノ 피아노

⋯▶ 私の趣味はピアノ演奏です。
わたし　しゅみ　　　　　　えんそう

내 취미는 피아노 연주입니다.

1593 弾く (악기를) 치다, 연주하다
ひ

⋯▶ ピアノを弾いています。
ひ

피아노를 치고 있습니다.

Ⅰ 준비
Ⅱ 출근 · 등교
Ⅲ 사회생활
Ⅳ 집안일
Ⅴ 외출 1
Ⅵ 외출 2
Ⅶ 개인 시간

1594
☐ **いつも** 언제나

⋯→ あの子はいつも勉強ばかりしている。
　　　こ　　　　　　べんきょう

　저 아이는 언제나 공부만 하고 있다.

1595
☐ **よく** 자주(빈도), 잘(정도)

⋯→ よく図書館に行きますか。
　　　としょかん　　い

　자주 도서관에 갑니까?

⋯→ よくできました。

　잘했습니다.

1596
☐ **時々** 때때로
ときどき

⋯→ 彼は時々勉強に夢中になる。
　　かれ　　ときどきべんきょう　　むちゅう

　그는 때때로 공부에 열중한다.

1597
☐ **たまに** 가끔

⋯→ たまには勉強を休んでください。
　　　　　　べんきょう　やす

　가끔은 공부를 쉬세요.

1598 □

あまり 그다지

⋯ 試験の点数があまりよくない。
　　し　けん　てんすう
시험 점수가 그다지 좋지 않다.

1599 □

ほとんど 거의(+부정문)

⋯ 試験前に勉強をほとんどしなかった。
　　し　けんまえ　べんきょう
시험 전에 공부를 거의 하지 않았다.

1600 □

全然 전혀(+부정문)
ぜんぜん

⋯ 僕は英語が全然できません。
　　ぼく　えい ご　ぜんぜん
나는 영어를 전혀 못합니다.

1601 □

カレンダー 달력

⋯ カレンダーに勉強する科目を書いて置いた。
　　　　　　　べんきょう　か もく　か　お
달력에 공부할 과목을 적어 놓았다.

1602 □

漢字 한자
かん じ

⋯ 漢字がなかなか読めない。
　　かん じ　　　　　よ
한자를 좀처럼 읽을 수 없다.

I 준비

II 출근·등교

III 사회생활

IV 집안일

V 외출1

VI 외출2

VII 개인시간

¹⁶⁰³
☐ **作文** 작문
さくぶん

⋯→ **作文の宿題はあまり好きじゃない。**
　　さくぶん　しゅくだい　　　　　す

작문 숙제는 그다지 좋아하지 않는다.

¹⁶⁰⁴
☐ **問題** 문제
もんだい

⋯→ **一人で数学の問題を解いた。**
　　ひとり　すうがく　もんだい　と

혼자서 수학 문제를 풀었다.

¹⁶⁰⁵
☐ **だめだ** 안 된다

⋯→ **何度も解いてみたが、だめだった。**
　　なんど　と

몇 번이나 풀어 보았지만, 안 됐다.

¹⁶⁰⁶
☐ **変だ** 이상하다
へん

⋯→ **この問題はちょっと変ですね。**
　　　もんだい　　　　　へん

이 문제는 조금 이상하군요.

¹⁶⁰⁷
☐ **がり勉** 공붓벌레
べん

⋯→ **勉強ばかりして、がり勉と呼ばれる。**
　　べんきょう　　　　　　　べん　よ

공부만 해서 공붓벌레로 불린다.

1608

☐

お気に入り 즐겨찾기
き　い

⋯ お気に入りに保存して置きました。
き　い　　　　ほ　ぞん　　お

즐겨찾기에 저장해 두었습니다.

1609

☐

間違える 틀리다
ま　ちが

⋯ 答えを全部間違えました。
こた　　　ぜん ぶ ま ちが

답이 전부 틀렸습니다.

1610

☐

正解 정답
せいかい

⋯ この問題の正解は何ですか。
もんだい　せいかい　なん

이 문제의 정답은 무엇입니까?

1611

☐

一夜漬け 밤샘 벼락치기
いち や づ

⋯ 一夜漬けするのはよくない。
いち や づ

밤샘 벼락치기하는 것은 좋지 않다.

Ⅰ 준비

Ⅱ 출근·등교

Ⅲ 사회생활

Ⅳ 집안일

Ⅴ 외출1

Ⅵ 외출2

Ⅶ 개인시간

실력을 확인해보는 **연습문제**

1 다음을 일본어로 쓰시오.

❶ 메일 _____ ❷ 네티즌 _____

❸ 노래하다 _____ ❹ 취미 _____

❺ 춤추다 _____ ❻ 서예 _____

❼ 때때로 _____ ❽ 낚다 _____

❾ 그림 _____ ❿ 이상하다 _____

2 다음의 의미를 쓰시오.

❶ お気に入り _____ ❷ 登山 _____

❸ ウェブサイト _____ ❹ ブログ _____

❺ 一生懸命 _____ ❻ 頑張る _____

❼ 珍しい _____ ❽ だめだ _____

❾ ログイン _____ ❿ パスワード _____

3 다음 문장에 알맞은 조사를 쓰시오.

❶ ピアノ＿＿＿弾^ひいています。

❷ 毎晩^{まいばん}、日記^{にっき}＿＿＿つけています。

❸ 勉強^{べんきょう}するのにいい机^{つくえ}と椅子^{いす}＿＿＿欲^ほしいです。

❹ 漢字^{かんじ}＿＿＿なかなか読^よめない。

❺ 久^{ひさ}しぶりに山^{やま}＿＿＿登^{のぼ}りました。

scene
04 ボディーケア 보디 케어

❶ シャワー
샤워

❷ シャワーヘッド
샤워기 헤드

❸ シャワー キャップ
샤워 모자

⓮ メイク落とし
메이크업 클렌저

⓭ 栄養クリーム
えいよう
영양 크림

⓬ 入浴剤
にゅうよくざい
입욕제

⓫ ボディーソープ
보디 샴푸

⓾ シャンプー
샴푸

❾ リンス
린스

❽ シャワーカーテン
샤워 커튼

❼ マッサージ
마사지

❹ 湯気 김
ゆ げ

❺ 湯船 욕조
ゆ ぶね

❻ バスタオル
목욕 수건

⑮ **こする** 문지르다, (때를) 밀다

⑯ **流れる** 흐르다
なが

⑰ **爪切り** 손톱깎이
つめ き

⑱ **マニキュア** 매니큐어

⑲ **泡立てる** 거품 내다
あわ だ

⑳ **あふれる** 넘치다

㉑ **パック** 팩

㉒ **ダイエット** 다이어트

㉓ **太る** 살찌다
ふと

㉔ **痩せる** 마르다
や

㉕ **体重** 체중
たいじゅう

㉖ **量る** 재다
はか

I 준비

II 출근·등교

III 사회생활

IV 집안일

V 외출1

VI 외출2

VII 개인시간

1612

シャワー 샤워

⋯▶ シャワーを浴びながら、歌を歌います。

샤워를 하면서 노래를 부릅니다.

1613

浴びる 샤워하다

⋯▶ シャワーを浴びています。

샤워를 하고 있습니다.

1614

バスタオル 목욕 수건

⋯▶ シャワーの後、バスタオルを使っています。

샤워 후, 목욕 수건을 쓰고 있습니다.

1615

シャワーカーテン 샤워 커튼

⋯▶ シャワーカーテンが汚くなりました。

샤워 커튼이 더러워졌습니다.

1616

シャワーヘッド 샤워기 헤드

⋯▶ シャワーヘッドを手に持って、シャワーを浴びます。

샤워기 헤드를 손에 들고 샤워를 합니다.

1617 シャワーキャップ 샤워 모자

…▸ シャワーキャップをかぶってシャワーを浴びる。

샤워 모자를 쓰고 샤워를 한다.

1618 メイク落とし 메이크업 클렌저

…▸ クリームタイプのメイク落としを使っています。

크림 타입의 메이크업 클렌저를 사용하고 있습니다.

1619 栄養クリーム 영양 크림

…▸ 肌のために栄養クリームを使用します。

피부를 위해 영양 크림을 사용합니다.

1620 入浴剤 입욕제

…▸ 疲れた時は、入浴剤を入れます。

피로할 때는 입욕제를 넣습니다.

1621 ボディーソープ 보디 샴푸

…▸ ボディーソープで体を洗います。

보디 샴푸로 몸을 씻습니다.

Ⅰ 준비

Ⅱ 출근·등교

Ⅲ 사회생활

Ⅳ 집안일

Ⅴ 외출1

Ⅵ 외출2

Ⅶ 개인시간

1622 シャンプー 샴푸

··· シャンプーで髪を洗います。

샴푸로 머리를 감습니다.

1623 リンス 린스

··· リンスを使うと、髪が潤います。

린스를 사용하면 머리가 윤이 납니다.

1624 マッサージ 마사지

··· 足のマッサージをすると、気持ちいいです。

발 마사지를 하면 기분이 좋습니다.

1625 湯船 욕조
ゆ ぶね

··· 湯船にお湯をためます。

욕조에 더운 물을 받습니다.

1626 湯気 김
ゆ げ

··· 湯気で前がよく見えません。

김 때문에 앞이 잘 안 보입니다.

1627
こする 문지르다, (때를) 밀다 ※ **あかをこする** 때를 밀다

⋯→ あかをこすっています。

때를 밀고 있습니다.

1628
流れる 흐르다 ※ **流す** 흘려보내다
なが

⋯→ 水が流れています。
みず なが

물이 흐르고 있습니다.

1629
泡立てる 거품 내다
あわ だ

⋯→ ボディーソープを泡立てます。
あわ だ

보디 샴푸로 거품을 냅니다.

1630
あふれる 넘치다

⋯→ 湯船の水があふれています。
ゆ ぶね みず

욕조의 물이 넘치고 있습니다.

1631
パック 팩

⋯→ 肌のために顔にパックをします。
はだ かお

피부를 위해 얼굴에 팩을 합니다.

I 준비

II 출근·등교

III 사회생활

IV 집안일

V 외출1

VI 외출2

VII 개인시간

1632

量る 재다
はか

⋯▸ 水の量を量ります。
みず りょう はか

물의 양을 잽니다.

1633

体重 체중
たいじゅう

⋯▸ 体重を量ってみます。
たいじゅう はか

체중을 재어 봅니다.

1634

ダイエット 다이어트

⋯▸ ダイエットは成功しにくい。
せいこう

다이어트는 성공하기 어렵다.

1635

献立 식단
こんだて

⋯▸ 献立のとおりに食べています。
こんだて た

식단대로 먹고 있습니다.

1636

体重計 체중계
たいじゅうけい

⋯▸ 体重計が故障している。
たいじゅうけい こ しょう

체중계가 고장 나 있다.

1637

あかすり 때수건

⋯ あかすりを持って来なかった。
もこ

때수건을 가져오지 않았다.

1638

浴衣 유카타 (목욕 후나 여름에 입는 간편한 일본 의복)
ゆかた

⋯ 温泉に入った後、浴衣を着ました。
おんせん はい あと ゆかた き

온천에 들어갔다 온 후, 유카타를 입었습니다.

1639

お風呂場 목욕탕 ＝お風呂
ふろば ふろ

⋯ お風呂場に行って来ました。
ふろば い き

목욕탕에 갔다 왔습니다.

1640

銭湯 대중목욕탕
せんとう

⋯ 家の前に銭湯があって便利ですよ。
いえ まえ せんとう べんり

집 앞에 대중목욕탕이 있어서 편리해요.

1641

女湯 여탕 ※男湯 남탕
おんな ゆ おとこ ゆ

⋯ 間違えて女湯に入った。
まちが おんな ゆ はい

잘못해서 여탕에 들어갔다.

Ⅰ 준비

Ⅱ 출근·등교

Ⅲ 사회생활

Ⅳ 집안일

Ⅴ 외출1

Ⅵ 외출2

Ⅶ 개인시간

1642
☐ **貸しタオルセット** 대여 타올 세트
か

⋯▶ **貸しタオルセットをもらいました。**
か

대여 타올 세트를 받았습니다.

1643
☐ **太る** 살찌다
ふと

⋯▶ **だんだん太っています。**
ふと

점점 살찌고 있습니다.

1644
☐ **痩せる** 마르다
や

⋯▶ **病気かもしれません。だんだん痩せていきます。**
びょう き や

병일지도 모릅니다. 점점 말라 갑니다.

1645
☐ **爪切り** 손톱깎이
つめ き

⋯▶ **爪切りで爪を切っています。**
つめ き つめ き

손톱깎이로 손톱을 자르고 있습니다.

1646
☐ **マニキュア** 매니큐어

⋯▶ **爪にマニキュアを塗っています。**
つめ ぬ

손톱에 매니큐어를 칠하고 있습니다.

1647

とても 매우, 아주

···▶ シャワーの後はとても気持ちがいいです。

샤워 후에는 아주 기분이 좋습니다.

1648

夜食 야식
やしょく

···▶ 夜食を食べないようにしてください。

야식을 먹지 않도록 해 주세요.

1649

おやつ 간식

···▶ おやつで餅を食べました。
もち

간식으로 떡을 먹었습니다.

1650

におい 냄새

···▶ せっけんのにおいが好きです。
す

비누 냄새를 좋아합니다.

1651

香り 향기
かお

···▶ 香水の香りで頭が痛いです。
こうすい かお あたま いた

향수 향기 때문에 머리가 아픕니다.

I 준비

II 출근·등교

III 사회생활

IV 집안일

V 외출 1

VI 외출 2

VII 개인 시간

1652

☐ **毎晩** 매일 밤

まいばん

⋯➡ **毎晩シャワーを浴びます。**
まいばん　　　　　　あ

매일 밤 샤워를 합니다.

1653

☐ **背** 키 ※**背が高い** 키가 크다, **背が低い** 키가 작다
　　　　　せ　たか　　　　　　　　せ　ひく
せ

⋯➡ **背が高いですね。**
せ　たか

키가 크군요.

1654

☐ **低い** 낮다, (키가) 작다

ひく

⋯➡ **家の前に低い山があります。**
いえ　まえ　ひく　やま

집 앞에 낮은 산이 있습니다.

⋯➡ **彼の背は低い方です。**
かれ　せ　ひく　ほう

그의 키는 작은 편입니다.

1655

☐ **丸い** 둥글다 ＝ **円い**
　　　　　　　　　　まる
まる

⋯➡ **せっけんは丸い形をしています。**
まる　かたち

비누는 둥근 모양을 하고 있습니다.

1656 だるい 피곤하다, 나른하다

… **体がだるくて動きたくない。**
からだ　　　　　うご

몸이 피곤해서 움직이고 싶지 않다.

1657 具合 형편 상태
ぐ あい

… **体の具合はいかがですか。**
からだ　ぐ あい

몸 상태는 어떠신가요?

1658 調子 상태, 컨디션　※〜そうにない 〜할 것 같지 않다
ちょう し

… **この調子だと、明日、学校へ行けそうにない。**
ちょう し　　　　あした　がっこう　い

이 상태라면 내일 학교를 갈 수 없을 것 같다.

1659 お風呂 목욕　＝お風呂場　※お風呂に入る 목욕을 하다
ふ ろ　　　　　　　ふ ろ ば　　　　　お ふ ろ　はい

… **家に帰って、お風呂に入りました。**
いえ　かえ　　　　　ふ ろ　はい

집에 돌아가서 목욕을 했습니다.

I 준비

II 출근·등교

III 사회생활

IV 집안일

V 외출1

VI 외출2

VII 개인시간

1 **다음을 일본어로 쓰시오.**

❶ 둥글다 _____ ❷ 냄새 _____

❸ 때수건 _____ ❹ 손톱깎이 _____

❺ 흐르다 _____ ❻ 마르다 _____

❼ 야식 _____ ❽ 간식 _____

❾ 다이어트 _____ ❿ 매일 밤 _____

2 **다음의 의미를 쓰시오.**

❶ 調子
ちょうし
 _____ ❷ だるい _____

❸ 貸しタオルセット
か
 _____

❹ メイク落とし
お
 _____

❺ 背が高い
せ たか
 _____ ❻ 背が低い
せ ひく
 _____

❼ 入浴剤
にゅうよくざい
 _____ ❽ 銭湯
せんとう
 _____

❾ 爪切り
つめ き
 _____ ❿ 泡立てる
あわ だ
 _____

3 다음을 문장이 되도록 알맞게 연결하시오.

❶ たくさん食べて　・

❷ 湯船の水が　・

❸ シャワーを　・

❹ 体重を　・

❺ お風呂に　・

・ 浴びて、テレビを見る。

・ 太っている。

・ 入りました。

・ 量ってびっくりしました。

・ あふれています。

정답 1 ❶ 丸(まる)い　❷ におい　❸ あかすり　❹ 爪切(つめき)り　❺ 流(なが)れる
❻ 痩(や)せる　❼ 夜食(やしょく)　❽ おやつ　❾ ダイエット　❿ 毎晩(まいばん)
2 ❶ 상태, 컨디션　❷ 피곤하다, 나른하다　❸ 대여 타올 세트　❹ 메이크업 클렌저　❺ 키가 크다
❻ 키가 작다　❼ 입욕제　❽ 대중목욕탕　❾ 손톱깎이　❿ 거품 내다
3 ❶ 太(ふと)っている。❷ あふれています。❸ 浴(あ)びて、テレビを見(み)る。
❹ 量(はか)ってびっくりしました。　❺ 入(はい)りました。

就寝 취침
しゅう しん

❶ **眠気** 졸음
ねむ け

❿ **眠り** 잠
ねむ

❾ **眠る** 잠들다
ねむ

❽ **横になる**
よこ
(옆으로 혹은 바로)
눕다

❷ **睡眠** 수면
すいみん

❼ **仰向け**
あおむ
바로, 위를 향하여
(누움)

❻ **寝返り**
ねがえ
자면서 몸을
뒤척임

❸ **毛布**
もうふ
담요

❹ **寝る** 자다
ね

❺ **寝かす** 재우다
ね

⑪ **敷く** 깔다
し

⑫ **たたむ** 개다

⑬ **うつぶせ** 엎드려 누움

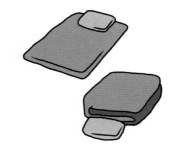

⑭ **夢** 꿈
ゆめ

⑮ **不眠症** 불면증
ふ みんしょう

⑯ **徹夜** 밤새움, 철야
てつ や

⑰ **はぎしり** 이를 갊, 이갈이

⑱ **いびき** 코골이

⑲ **寝言** 잠꼬대
ね ごと

Ⅰ 준비

Ⅱ 출근·등교

Ⅲ 사회생활

Ⅳ 집안일

Ⅴ 외출1

Ⅵ 외출2

Ⅶ 개인시간

1660 ☐

毛布 담요
もう ふ

⋯ 新しく買った毛布はとても暖かいです。
あたら　　か　　もうふ　　　　　　あたた

새로 산 담요는 참 따뜻합니다.

1661 ☐

眠気 졸음
ねむ け

⋯ 眠気にはガムが効果的です。
ねむ け　　　　　　　こう か てき

졸음에는 껌이 효과적입니다.

1662 ☐

寝る 자다
ね

⋯ 赤ちゃんが寝ています。
あか　　　　　ね

아기가 자고 있습니다.

1663 ☐

眠る 잠들다　※ 眠れる 잠자는, 자고 있는
ねむ　　　　　　　　　　　　ねむ

⋯ 疲れて、ぐっすり眠りました。
つか　　　　　　　　ねむ

피곤해서 푹 잠들었습니다.

1664 ☐

睡眠 수면　※ 睡眠を取る 수면을 취하다
すいみん　　　　　　　すいみん　と

⋯ 調子が悪い時は早く睡眠を取った方がいい。
ちょうし　わる　とき　はや　すいみん　と　　ほう

컨디션이 나쁠 때는 일찍 수면을 취하는 게 좋다.

1665
□ **眠り** 잠
ねむ

⋯▸ **深い眠りに入りました。**
ふか ねむ はい

깊은 잠에 빠졌습니다.

1666
□ **横になる** (옆으로 혹은 바로) 눕다
よこ

⋯▸ **寝ようと思って横になりました。**
ね おも よこ

자려고 누웠습니다.

1667
□ **仰向け** 바로, 위를 향하여 (누움)
あお む

⋯▸ **仰向けになって空を見た。**
あお む そら み

바로 누워서 하늘을 보았다.

1668
□ **敷く** 깔다
し

⋯▸ **敷き布団が敷いてあります。**
し ぶ とん し

요가 깔려 있습니다.

1669
□ **たたむ** 개다

⋯▸ **毛布をちゃんとたたんでください。**
もう ふ

담요를 잘 개어 주세요.

I 준비
II 출근·등교
III 사회생활
IV 집안일
V 외출1
VI 외출2
VII 개인시간

1670

うつぶせ 엎드려 누움

⋯→ うつぶせになって寝るのは体によくないそうです。

엎드려 자는 것은 몸에 좋지 않다고 합니다.

1671

不眠症 불면증
ふ みんしょう

⋯→ 彼女は不眠症で苦しんでいる。

그녀는 불면증으로 고생하고 있다.

1672

徹夜 밤새움, 철야
てつ や

⋯→ 徹夜して、目が真っ赤です。

밤을 새서 눈이 새빨갛습니다.

1673

寝返り 자면서 몸을 뒤척임 ※ 寝返りをうつ 자다가 몸을 뒤척이다
ね がえ

⋯→ 疲れた時はよく寝返りをうちます。

피곤할 때는 종종 자면서 몸을 뒤척입니다.

1674

寝かす 재우다
ね

⋯→ 赤ちゃんを寝かしています。

아기를 재우고 있습니다.

1675
はぎしり 이를 갊, 이갈이

··· 彼ははぎしりがひどいです。
かれ

그는 이갈이가 심합니다.

1676
いびき 코골이

··· 友達のいびきで、あまり眠れませんでした。
ともだち　　　　　　　　　　ねむ

친구의 코골이로 그다지 자지 못했습니다.

1677
寝言 잠꼬대　※ **寝言を言う** 잠꼬대를 하다
ね ごと　　　　　　　　ね ごと　い

··· 夕べ、僕が何か寝言を言いませんでしたか。
ゆう　 ぼく　なに　ね ごと　い

어젯밤 제가 뭔가 잠꼬대를 하지 않았습니까?

1678
夢 꿈　※ **悪夢** 악몽　※ **夢を見る** 꿈을 꾸다
ゆめ　　　　　 あくむ　　　　　　　ゆめ　み

··· いい夢を見た時は宝くじを買います。
ゆめ　み　 とき　たから　　　 か

좋은 꿈을 꾸었을 때는 복권을 삽니다.

1679
すぐ 곧장

··· 疲れてすぐ眠りました。
つか　　　　　ねむ

피곤해서 곧장 잠들었습니다.

Ⅰ 준비

Ⅱ 출근·등교

Ⅲ 사회생활

Ⅳ 집안일

Ⅴ 외출1

Ⅵ 외출2

Ⅶ 개인시간

1680

☐ **夕方** 저녁 무렵
　ゆうがた

··· **疲れて夕方頃、眠ってしまいました。**
　　つか　　ゆうがたごろ　　ねむ

　　피곤해서 저녁 무렵 잠들어 버렸습니다.

1681

☐ **夕べ** 어젯밤, 어제 저녁
　ゆう

··· **夕べはぐっすり眠れました。**
　　ゆう　　　　　　　ねむ

　　어젯밤에는 푹 잤습니다.

1682

☐ **今夜** 오늘 밤
　こんや

··· **今夜も徹夜です。**
　　こんや　てつや

　　오늘 밤도 철야입니다.

1683

☐ **夜明け** 새벽
　よ　あ

··· **夜明けに目が覚めました。**
　　よ　あ　　め　さ

　　새벽에 눈이 떠졌습니다.

1684

☐ **悩み** 고민　※ **悩む** 고민하다, 괴로워하다
　なや　　　　　　　なや

··· **悩みがある時はすぐ眠れません。**
　　なや　　　　とき　　　　ねむ

　　고민이 있을 때는 금방 잠들지 못합니다.

1685

もうすぐ 이제 곧

⋯▸ もうすぐ夜明けだから、少しでも寝なくちゃ。

이제 곧 날이 밝으니까 조금이라도 자야 해.

1686

空気 공기
くうき

⋯▸ 空気が息苦しくて窓を開けました。

공기가 답답해서 창문을 열었습니다.

1687

気温 기온
きおん

⋯▸ 夜は気温が下がります。

밤에는 기온이 내려갑니다.

1688

加湿器 가습기
かしつき

⋯▸ 加湿器をつけてから寝ます。

가습기를 켜고 나서 잡니다.

1689

空気清浄機 공기 청정기
くうき せいじょうき

⋯▸ 寝る前に空気清浄機をつけて置きました。

자기 전에 공기 청정기를 켜 두었습니다.

I 준비
II 출근·등교
III 사회생활
IV 집안일
V 외출 1
VI 외출 2
Ⅶ 개인 시간

1690
☐

こたつ 고타쓰 (상 밑에 난로를 달고 이불로 덮은 일본의 난방 기구)

⋯ こたつの中は暖かくて出たくない。
　　なか　あたた　　　　で
고타쓰 안은 따뜻해서 나가고 싶지 않다.

1691
☐

戸締まり 문단속
と　じ

⋯ 寝る前は必ず戸締まりを忘れないでください。
　ね　まえ　かなら　と　じ　　　わす
자기 전에는 반드시 문단속을 잊지 마세요.

1692
☐

この頃 요즘 ※最近 최근
　　ごろ　　　　さいきん

⋯ この頃、早く寝ます。
　　ごろ　はや　ね
요즘 일찍 잡니다.

1693
☐

午前 오전 ↔午後 오후
ご　ぜん　　　　ご　ご

⋯ 午前3時になって、やっと眠りました。
　ご　ぜんさん じ　　　　　　　　　ねむ
오전 3시가 되어, 겨우 잠들었습니다.

1694
☐

月 달
つき

⋯ 今夜の月はとても明るいです。
　こん や　つき　　　　　あか
오늘 밤 달은 참 밝습니다.

1695

満月 보름달
まんげつ

⋯ 今日は15日だから満月ですね。
きょう　　じゅうごにち　　　　まんげつ

오늘은 15일이라서 보름달이 떴네요.

1696

星 별
ほし

⋯ 空が晴れて、星もよく見えます。
そら　は　　　　ほし　　　　み

하늘이 맑아서 별도 잘 보입니다.

1697

流れ星 별똥별
なが　ぼし

⋯ 今、流れ星を見ましたか。
いま　なが　ぼし　み

지금, 별똥별을 보셨나요?

1698

日 해, 태양 = 太陽
ひ　　　　　　　　　たいよう

⋯ 日がまぶしいです。
ひ

해가 눈부십니다.

1699

現在 현재
げんざい

⋯ 現在は不眠症が治った。
げんざい　ふ　みんしょう　なお

현재는 불면증이 나았다.

Ⅰ 준비

Ⅱ 출근·등교

Ⅲ 사회생활

Ⅳ 집안일

Ⅴ 외출1

Ⅵ 외출2

Ⅶ 개인시간

1700
過去 과거
かこ

⋯▶ 過去の私は、ぬいぐるみなしでは眠れなかった。
かこ　わたし　　　　　　　　　　　　　　　　ねむ

과거의 나는 봉제인형 없이는 잠들 수 없었다.

1701
未来 미래
みらい

⋯▶ 夕べ、100年後の未来の夢を見た。
ゆう　　ひゃくねんご　みらい　ゆめ　み

어젯밤, 100년 후 미래의 꿈을 꾸었다.

1702
最後 마지막, 최후　↔**最初** 최초
さいご　　　　　　　　　　　　　　さいしょ

⋯▶ この家で寝るのは今夜が最後です。
いえ　ね　　　　こんや　さいご

이 집에서 자는 것은 오늘 밤이 마지막입니다.

1703
最高 최고　↔**最低** 최저
さいこう　　　　　　　　さいてい

⋯▶ 何と言ってもゆっくり休めるのが最高です。
なん　い　　　　　　　　　やす　　　　さいこう

뭐니뭐니 해도 푹 쉴 수 있는 것이 최고입니다.

1704
最悪 최악
さいあく

⋯▶ 夕べは蒸し暑くて最悪でした。
ゆう　　む　あつ　　さいあく

어젯밤은 찌는 듯이 더워서 최악이었습니다.

I 준비

II 출근·등교

III 사회생활

IV 집안일

V 외출1

VI 외출2

VII 개인시간

1705

成功 성공 ↔**失敗** 실패
せいこう　　しっぱい

せいこう

… **未来の成功のため、日々努力します。**
　　み らい　せいこう　　　　ひ び ど りょく

미래의 성공을 위해 매일 노력합니다.

1 **다음을 일본어로 쓰시오.**

① 오전 _____

② 코골이 _____

③ 최고 _____

④ 마지막, 최악 _____

⑤ 별 _____

⑥ 최후 _____

⑦ 문단속 _____

⑧ 성공 _____

⑨ 고민 _____

⑩ 곧장 _____

2 **다음의 의미를 쓰시오.**

① この頃 _____

② もうすぐ _____

③ 夕方 _____

④ 今夜 _____

⑤ 眠る _____

⑥ 夜明け _____

⑦ 眠気 _____

⑧ 仰向け _____

⑨ 横になる _____

⑩ うつぶせ _____

3 다음 문장에 들어갈 알맞은 단어를 보기에서 골라 쓰시오.

> 보기　　　みる　　うつ　　たたむ　　とる　　いう

❶ 毛布を_____。

❷ 夢を_____。

❸ 寝言を_____。

❹ 睡眠を_____。

❺ 寝返りを_____。

정답　1 ❶ 午前(ごぜん)　❷ いびき　❸ 最高(さいこう)　❹ 最悪(さいあく)　❺ 星(ほし)
　　　❻ 最後(さいご)　❼ 戸締(とじ)まり　❽ 成功(せいこう)　❾ 悩(なや)み　❿ すぐ
　　2 ❶ 요즘　❷ 곧　❸ 저녁 무렵　❹ 오늘 밤　❺ 잠들다
　　　❻ 새벽　❼ 졸음　❽ 바로, 위를 향하여(누움)　❾ 눕다　❿ 엎드려 누움
　　3 ❶ たたむ　❷ みる　❸ いう　❹ とる　❺ うつ

(1) 가족

〈 나의 가족 〉		〈 타인의 가족 〉	
☐ 家族 か ぞく	가족	☐ ご家族 か ぞく	가족
☐ 祖父 そ ふ	할아버지	☐ お祖父さん じ い	할아버지
☐ 祖母 そ ぼ	할머니	☐ お祖母さん ば あ	할머니
☐ 父 ちち	아버지	☐ お父さん とう	아버지
☐ 母 はは	어머니	☐ お母さん かあ	어머니
☐ 姉 あね	누나, 언니	☐ お姉さん ねえ	누나, 언니
☐ 妹 いもうと	여동생	☐ 妹さん いもうと	여동생
☐ 兄 あに	형, 오빠	☐ お兄さん にい	형, 오빠
☐ 弟 おとうと	남동생	☐ 弟さん おとうと	남동생
☐ 親, 両親 おや りょうしん	부모	☐ ご両親 りょうしん	부모
☐ 夫婦 ふう ふ	부부	☐ ご夫妻 ふ さい	부부
☐ 主人, 夫 しゅじん おっと	남편	☐ ご主人 しゅじん	남편
☐ 家内, 妻 か ない つま	아내	☐ 奥さん おく	부인
☐ 息子 むす こ	아들	☐ お子さん こ	자제분
☐ 娘 むすめ	딸	☐ 息子さん むす こ	아드님
☐ 孫 まご	손주	☐ 娘さん むすめ	따님
		☐ お孫さん まご	손주

찾아
보기

い

か

き

찾아보기

こ

찾아보기

さ

し

す

せ

ち

つ

な

に

へ

み

찾아보기

ろ

わ